1. Teil
Vor- und »Früh«-Geschichte

Das Tagebuch meines Großvaters

1981 schrieb ich einen Aufsatz mit dem Titel ›Die vererbte Verdrängung oder Das moralische Verlangen nach Umkehrung‹.[1] Ich versuchte darin in autobiographischer Form zu zeigen, daß die Nachkriegsgeneration das Erbe ihrer Eltern trotz aller bewußten Distanzierung nicht ausschlagen kann; es vielmehr längst angetreten hat, ohne sich dessen bewußt zu sein. Den autobiographischen Teil, der sich mit der bislang unerkannten Bedeutung meines gefallenen Vaters für mein Leben befaßte, erweiterte ich ein Jahr später um die Darstellung, die die Mutter-Tochter-Beziehung im Prozeß der Identifikation mit dem Vater gespielt hatte.[2] Beide Aufsätze zielten auf die Frage, wie »die Generation danach« mit der ungeheuren Schuldmasse des Dritten Reiches fertig wird, wie sie zu moralischer Integrität und verantwortlichem Handeln in der Gegenwart finden kann. Damals sah ich noch keinen Weg, wie die positive und negative Seite der Elternbilder, die zutiefst widersprüchliche Einstellung zur Geschichte Deutschlands und zur Nachkriegsgesellschaft sich je integrieren lassen würden. Immer wieder brachen Haß, Rache- und Idealisierungsbedürfnisse unvermittelt auf, um nach einiger Zeit intensiver Beschäftigung mit irgendeinem Teilaspekt wieder zu verschwinden. Die Auseinandersetzung vollzog sich schubweise, in Wellen. Oft wünschte ich mir den Zeitpunkt herbei, an dem ich das alles endlich würde zu den Akten legen können, noch dieser Artikel oder jene Sendung, dann müsse aber wirklich Schluß sein.

Bis jetzt gab es diesen Schluß nicht. Inzwischen bin ich der Überzeugung, daß der Prozeß, unsere Geschichte als »verwirklichte Welt- und Selbstverneinung, als (sein) negatives Eigentum in Anspruch zu nehmen«,[3] in meiner Generation nicht beendet sein wird. Daher kann auch hier nur Vorläufiges mitgeteilt werden.

Bis 1984 hatte ich versucht, mir die Gestalt des Vaters aus seiner SS-Personalakte, die ich aus dem Document Center

Berlin erhalten hatte, und aus Erinnerungsbruchstücken von Verwandten und Kriegskameraden zusammenzusetzen. Dabei ging es mir zunächst darum herauszufinden, ob er außerhalb von Kriegshandlungen an Verbrechen beteiligt war oder als Schreibtischtäter den Völkermord mitgeplant hatte. Die Akte[4] enthielt Schriftstücke über Beförderungen, Versetzungen, Abordnungen zur Waffen-SS und zurück zum Sicherheitsdienst; deren Briefköpfe und Amtsbezeichnungen allein konnten einen schon das Fürchten lehren, etwa wenn da am 1. November 1939 Dr. Werner Best als Stellvertreter von »Der Chef der Sicherheitspolizei und des SD« (Heydrich) »An den Reichsführer SS, Chef der SS-Personalkanzlei« schreibt, er benenne Hauptsturmführer von Westernhagen »als Abwehr-Offizier für die neue Totenkopf-Division«. Da ich mich im Dschungel von SS-Behörden und Truppenteilen des Dritten Reiches viel zu wenig auskannte, hatte ich Mühe, die Aktenblätter zum Sprechen zu bringen. Immerhin lieferten die Unterlagen ein ziemlich genaues Gerüst des Werdeganges meines Vaters als SS-Angehörigem, SD- und Waffen-SS-Führer. Spezialisten, die ich um Auskunft bat, konnten mir daher versichern, daß mein Vater mit großer Wahrscheinlichkeit nicht direkt am Vernichtungsgeschehen beteiligt gewesen sei.

Die Äußerungen von Kriegskameraden, die sich im Laufe der Zeit ansammelten – direkt zur Person meines Vaters oder zu seiner und ihrer Waffen-SS-Einheit –, habe ich über lange Zeit nur mit völligem Unverständnis aufgenommen, ja mit Verachtung und Hohn quittiert. Ich konnte ihren Quellenwert nicht erkennen, da mir die Sicht der »alten Kameraden« wie pure Schönfärberei vorkam.

1984 nahm ich Kontakt zu dem zwei Jahre älteren Bruder meines Vaters auf. Er war in keiner NS-Organisation gewesen. Mit ihm war endlich ein Gespräch über den Vater und über die Vergangenheit der Familie möglich. Er zeigte mir das Tagebuch seines Vaters, meines Großvaters, das dieser von 1899 bis zu seinem Tod 1943 geführt hatte. Außerdem händigte er mir die Feldpostbriefe meines Vaters aus, die dieser ab 1941 an ihn geschrieben hatte. Ich durchforstete das Tagebuch unter dem Aspekt, wie meine Familie und mein Vater ins Dritte Reich verstrickt waren und wie die Fäden nach rückwärts liefen: in die Jahre vor 1914, als es meinem Großvater noch gutging, in die Jahre nach 1918, in denen sich seine Hoffnung auf eine konservative Restauration nicht erfüllte. Wie war es dazu gekommen, daß Großvater und Vater sich den Nationalsozialisten, der »Bewegung der nationalen Erneuerung« anschlossen? Hier der Extrakt aus dem Tagebuch meines Großvaters.

Max von Westernhagen hatte es vor dem Ersten Weltkrieg im Baltikum, das zum Zarenreich gehörte, zu einer behaglichen, bürgerlichen Existenz gebracht. Er besaß ein Stadthaus in Riga und ein Haus an der Mündung der Düna in die Ostsee. Hier verbrachte er mit seiner zweiten Frau und den vier bis 1914 geborenen Söhnen die Sommermonate.

Max wird 1863 in Hamburg geboren. Seine Eltern sind arm. Weder die Gastwirtschaft in der Steinstraße noch das Ladengeschäft für Kurz- und Weißwaren auf der Reeperbahn florieren. Als der Vater stirbt, kann die Mutter sich und die vier Söhne mit der Schneiderei nicht länger ernähren. Max' ältester Bruder ist schon vorher zu den Großeltern nach Braunschweig gegeben worden; 1870 wandern Max und sein Bruder Hermann an der Hand der Mutter die Alster entlang zum Waisenhaus in Uhlenhorst. Über die Trennung von der Mutter tröstet der Siebenjährige sich mit der Hoffnung, im Waisenhaus eine ebenso schöne und große, wenn nicht viel schönere und größere Kegelbahn vorzufinden, wie sie der Flur in der elterlichen Wohnung darstellt. Wenig später besucht die Mutter ihre Söhne zum letzten Mal. In den im Tagebuch seit 1921 eingestreuten Kindheitserinnerungen schreibt Max: »Es muß im Sommer 1871 gewesen sein, als Hermann und ich aus dem Unterricht gerufen wurden. Wir trafen Mutter im Pförtnerzimmer, wo sie uns erzählte, daß sie mit ihrem kleinen Baby ihrem zweiten Mann nach Argentinien nachreisen wollte. Daß wir unsere Mutter nie wieder sehen sollten, ahnten wir damals noch nicht. Nach monatelanger, stürmischer Überfahrt auf einem Segler kam sie zwar gut in Buenos Aires an, starb aber bald darauf am gelben Fieber.«

Mit seiner Konfirmation im April 1877 wird Max aus der Anstalt entlassen. Im Rückblick ist er dankbar für die gute, wenn auch strenge Erziehung, »denn manches Waisenkind hätte sonst nicht gewußt wohin, fremde Menschen hätten seine Kräfte ausgenutzt oder er wäre auf der Straße verkommen.«

Nach Beendigung einer vierjährigen Lehrzeit als Zahntechniker erhält Max ein Stellenangebot in Lüttich. Trotz der Warnung seines Onkels vor dem neuen Arbeitgeber – er ist Jude – tritt Max die Stelle an. Er erlebt eine böse Enttäuschung, da sein Brotherr ihm sein Gehalt nicht auszahlen will. »Ich war da einem üblen jüdischen Schwindler und Scharlatan in die Hände gefallen. Ich blieb auch kein Jahr bei diesem Lumpen. Ein Bruder dieses Sasserat war ein Winkeladvokat, ihr Vater ein Lumpensammler, der wegen Betrugs nach damaliger Sitte mit einem Brandmal gekennzeichnet war. Eine ekelhafte Gesellschaft von Juden. Die ständigen Kunden des Advokaten waren Jesuiten und katholische Geistliche. Sie kamen mit großen Taschen und reichlich Geld und ließen sich von dem Juden beschwatzen und um ihre Franken betrügen. Wie mir später in Riga ein Reisender erzählte, wurde dem Sasserat ein Arm amputiert. Eine gerechte Strafe für diesen Gauner.«

In dieser Erinnerung an das Jahr 1883 taucht zum ersten Mal Max' antijüdisches Ressentiment auf. Es zieht sich durch die späteren Aufzeichnungen wie ein roter Faden. Unmittelbar anschließend an diese Begebenheit erscheint das zweite Leitthema der Aufzeichnungen, das Verhältnis Deutschlands zu den Nachbarnationen: »Von Lüttich fuhr ich dann nach Brüssel, wo ich bald wieder Beschäftigung fand. Es war gerade Karnevalszeit. So legte auch ich mir eine Maske an, und zwar die von Bismarck. Es war üblich, schon maskiert die großen Bierpaläste aufzusuchen. Darum tat ich es auch. Unterwegs bekam ich aber einiges wegen meiner Bismarckmaske zu hören. Schon damals war man nicht gut auf Deutschland zu sprechen. Der Neid auf Deutschland entlud sich dann aber erst im Weltkrieg richtig.«

1884 geht Max in Riga, Lettland, in Stellung. »Mein Chef war, obgleich getaufter Jude, ein umgänglicher Mann. Eines Tages war ich bei seinen Eltern zum Abendessen eingeladen. Es gab ein Frikassee, welches sehr appetitlich angerichtet war. Trotzdem konnte ich keinen Bissen davon herunterkriegen. Irgendein mir unbekanntes, widerliches Gewürz war in dem Gericht enthalten. Ich schreibe dies nur, um den verschiedenen Geschmack der einzelnen Rassen hervorzuheben. Außer dem Unterschied auf diesem Gebiet verstanden wir uns aber ganz gut. Als nächstes suchte ich mir eine Unterkunft. Ich fand auch bald ein scheinbar gutes Zimmer.

Nach ein paar Tagen packte ich meine Sachen aber wieder und verließ das Lokal fluchtartig. Es wimmelte von Wanzen, die Klosettanlage stank wie die Pest und, um das Maß vollzumachen, war der Wirt ein Jude. In einer Vorstadt fand ich bei einem deutschen Schlossermeister ein nettes Zimmer, von dem aus ich in einen kleinen Garten sah.«

Für Max beginnen nun dreißig glückliche, erfolgreiche Jahre. 1889 legt er in Dorpat sein Zahnarztexamen ab, richtet eine eigene Praxis ein, heiratet, Sohn Curt wird geboren. 1907 heiratet er nach dem Tod der ersten Frau ein zweites Mal. Er ist stolzer Besitzer von vier Häusern. Zwei davon liegen in Bad Magnushof, einem Strandbad an der Ostsee, das Max mitbegründet hat. Es entwickelt sich im Lauf der Jahre zur Sommerfrische der deutschen Bürger in Riga, überwiegend Handwerker und Mittelständler, zu denen Max sich ebenfalls zählt. Einen wichtigen Bestandteil der Geselligkeit bildet das Vereinsleben, Max singt eifrig im Rigaer Liederkranz. Adlige und Rittergutsbesitzer der ländlichen Umgebung gehören allem Anschein nach nicht zu seinem Kreis; ebensowenig die lettischen Landeseinwohner; als Fischer, Bauern, Flößer, Fuhrleute und Arbeiter bilden sie die Unterschicht; lettische Frauen und Mädchen dienen als Angestellte in den Bürgerhäusern. Max ist kompromißlos kaisertreu. Er betrachtet das deutsche Herrscherhaus als von Gott eingesetzt. Aus seinen Aufzeichnungen über die Zeit im Waisenhaus geht die Begeisterung des Jungen für jede Art Militär hervor, ob heimische Bürgerwehr oder Truppen, die von auswärtigen Kriegsschauplätzen durch Hamburg zogen. Der Turnunterricht wurde von ausgemusterten Feldwebeln erteilt; die Kinder übten sich im Exerzieren und zogen an Ausflugstagen mit selbstgemachten Uniformen ins Grüne. In Rußland wird Max gemustert, aber nicht für tauglich befunden, was ihm sehr leid tut.

Um die beschauliche Sicherheit dieser Zeit vor dem Krieg zu illustrieren, setze ich Max' Aufzeichnungen aus dem Jahre 1900 hierher. Sie vermitteln eine Ahnung, wie groß der Bruch zwischen der Welt von vor 1914 und den späteren Jahrzehnten gewesen ist. Schon damals allerdings hört für Max die Gemütlichkeit immer dann auf, wenn er auf England, »Deutschlands größten Feind«, zu sprechen kommt.

»1900, Januar: Die Passage über das Düna-Eis eröffnet, nachdem selbige in zwei Jahren nicht möglich gewesen.

Ausfahrt nach Karlsbad, Restauration Knoch. Fünf Grad Frost. Herrliches Wetter, gute Schlittenbahn.

Februar: Einen Wolfsspitz, zwei Monate alt, gekauft, zwölf Rubel.

März: Heute auf meine Datsche gefahren, der Schnee ging noch über die Knie. Drei Tapeten für mein Strandhaus gekauft, sieben Rubel. Mit Mally und Curt übers Eis nach Mühlgraben und zur Datsche gefahren. Heute fahren die Stadtdampfer. In mein Gebet schließ ich stets ein, Gott mög' den Buren den Sieg verleihn!

April: Heute Eisgang. Wagen und Anspann gekauft, hundertachtzig Rubel. Auf die Datsche gezogen. Schönes, warmes Wetter. Die lieben Schwalben haben sich gemeldet. Die ersten Kartoffeln gepflanzt. Hansemann, mein Pferd, ist auch wieder da.

Juni: Alfons bei mir als Lehrling eingetreten, ein Zögling aus der Anstalt Eichenheim an der Roten Düna. Marquard gestorben, siebzig Jahre alt, Komiker am Stadttheater. Von Ketteler, deutscher Gesandter in China, ermordet. Friedrichshafen am Bodensee, Aufstieg des lenkbaren Luftschiffs in eine Höhe von vierhundert Metern, legt sechs Kilometer in siebzehn Minuten zurück. Curt badet in der See. Umzug in mein neues Haus in Riga.

Juli: In China geht es bunt zu. England zerstört den Buren die Eisenbahnen. König Humbert von Italien in Monza meuchlings erschossen. Generalfeldmarschall Graf Waldersee Oberstkommandierender der verbündeten Truppen in China.

August: Gott ist gerecht, den Engländern geht's in Afrika schlecht. Zur Stadt gezogen. Curt geht zur Schule.

October: Unser zehnjähriger Hochzeitstag. Mimi aus Petersburg zu Besuch.

November: Hochzeit Frida S. und Herr N. Schlittenbahn. Präsident Krüger in Köln. Daß der Kaiser den Präsidenten nicht empfängt, nehm ich Ihm sehr übel. Doch das wird den Buren auch weiter keinen Schaden machen, wenn sie sich nur selbst nicht verloren geben. Recht muß Recht bleiben!

Dezember: Sonst nichts besonderes passiert. In der Mitte des Monats Kälte bis sechsundzwanzig Grad. Zu Weihnachten wieder wärmer. Die Buren sind in die Kap-Colonie eingefallen. Den Engländern geht es recht schlecht, sie haben schlechte Feiertage. Möge es ihnen noch schlimmer gehen.«

Mit dem Ausbruch des Ersten Weltkrieges, Max ist knapp einundfünfzig Jahre alt, endet »die gute alte Zeit«. Nach einer abenteuerlichen, dreimonatigen Verbannung nach Samara an der Wolga im südlichen Rußland darf Max zwar zu seiner Familie nach Riga zurückkehren. Schon nach wenigen Tagen kommt jedoch der Befehl, daß alle Reichsdeutschen innerhalb von drei Tagen entweder die Ostseeprovinzen zu verlassen oder ins Innere Rußland zu ziehen haben. Max fährt samt Familie, zu der inzwischen eine zehn Monate alte Tochter gehört, über Finnland und Schweden nach Deutschland. Hier ernährt er die Seinen von Praxisvertretungen eingezogener Kollegen sowie dem Verkaufserlös des Rigaer Hauses; vor allem aber lebt er von der täglichen Hoffnung auf die Einnahme Rigas durch deutsche Truppen, die die Rückkehr ermöglichen würde. 1917, kurz vor der russischen Revolution, ist es endlich so weit.

»Heute ist Freitag, und ich bin mit Familie seit dem Sonntag, dem 28. October, wieder nach fast dreijähriger Abwesenheit in mein geliebtes, jetzt deutsches Riga zurück. Habe ich auch an Geld und Gut fast alles verloren, so ist doch meine Familie gesund und froh wieder in die alte Heimat eingezogen. Ist es auch sehr schwer, sich eine neue Existenz zu gründen, so will ich trotz mancher mutlosen Stunde nicht verzagen und auf Gottes gnädigen Beistand hoffen. Wie sieht mein armes Riga aus. Geschäfte geschlossen, die Häuser leer. Kein Schiff im stillen Hafen. Doch zum Frühjahr wird unter deutschem Schutz neues Leben in die jetzt tote Stadt einziehen. Ich hoffe dann auch auf zahlreichere Patienten, die eben nur sehr spärlich kommen. Eben herrscht eine erschreckende Theuerung in der Stadt. Wer ist nun der Schuldige, der all dieses Unglück über die ganze Welt gebracht? Das ist das ganze englische Volk. Nicht nur die englische Regierung ist verantwortlich. Jetzt bitte ich den Schöpfer, er möge dies Volk wie einst die Juden strafen.«

Max' Hoffnung, in Riga sein gewohntes Leben fortführen zu können, erfüllt sich nur für wenige Monate. Rußland schließt nach der Oktoberrevolution am 3. März 1918 mit dem Deutschen Reich den Frieden von Brest-Litowsk, in dem es auf die baltischen Ostseeprovinzen verzichtet. Im Tagebuch steht unter diesem Datum: »Frieden mit Rußland geschlossen. Schaufel und Harke für den Strand gekauft, drei Rubel.« Max singt wieder im Liederkranz und hißt auf dem wiederhergerichteten Strandhaus stolz die schwarz-weiß-rote Fahne.

Anfang November 1918 bricht in Deutschland die Revolution aus, der Kaiser dankt ab, die Republik wird ausgerufen. Zwei Tage nach der Revolution in Berlin, am 11. November 1918, schließt das Reich mit den Alliierten den Waffenstillstand. In diesem muß es, obwohl weite Kreise des deutschen Volkes sich schon fast als Sieger in diesem Krieg sahen, auf die Vorteile aus dem Frieden von Brest-Litowsk wieder verzichten und die riesigen, in Rußland besetzten Gebiete, einschließlich des Baltikums, räumen.[5] Im November 1918 folgt die Proklamation der lettischen Unabhängigkeit. Max' Träume, ein deutsches Baltikum zu erleben, schwinden dahin. Zwischen Weihnachten 1918 und Neujahr 1919 verlassen die letzten deutschen Truppen Riga. In das entstehende Machtvakuum rückt die Rote Armee und übernimmt für ein knappes halbes Jahr die Herrschaft in der Stadt.

Max begreift und kommentiert die Ereignisse im Reich im Sinne der Dolchstoßlegende, wonach Deutschland – »im Felde unbesiegt« – seine scheinbar unerklärliche Niederlage allein der Revolution zu verdanken habe. 1921, als er sein Tagebuch vervollständigt, schreibt er: »Dann kam die Waffenstreckung. Schande, Schmach und Fluch der Sozialdemokratie, nur diese Partei ist schuld am Unglück unseres Vaterlandes. Aus Machtgier hat sie das Vaterland verraten. Nun war das Entsetzliche geschehen, Deutschland unterlegen, der Sieger auf allen Fronten mußte um Frieden bitten, und das Fürchterlichste, verraten durch seine eigenen Landsleute. Da muß ich die bürgerlichen Parteien scharf beschuldigen; hätten die Bürger zu allen Zeiten ihren Wahlpflichten genügt, nie hätte die Sozialdemokratie die ungeheure Macht erlangt ... Aber auch das deutsche Volk hat jetzt seine Strafe zu tragen wegen Undank zum Kaiserhaus und den Fürsten und Faulheit im politischen Leben ... Am 3. Januar 1919 zogen die Bolschewisten, meistens Letten, in Riga ein. Auf den Kanonen ritten die Frauenzimmer. Jetzt begannen für Riga fünf Monate furchtbarer Leidenszeit. Wir waren unter lettisch-bolschewistischer Herrschaft.«

Später klebt Max an diese Stelle einen Wahlaufruf der Deutschnationalen Volkspartei, der aus der unmittelbaren Nachkriegszeit stammen muß, in dem es heißt: »An das deutsche Heer und die deutsche Marine! Unbesiegt haben das Frontheer und die Marine über vier Jahre die Heimat geschützt.« ... Deserteure haben »Deutschland zu Boden gestreckt, nicht der Feind«. Der Aufruf warnt vor der »internationale(n) Sozialdemokratie« und vor der »goldene(n) Internationale, vertreten durch die Demokratische Volkspartei«. Er schließt mit den Parolen: »Darum soll unser Wahlruf heißen: ›Deutsch‹, also keine Herrschaft Fremdrassiger, er heiße ferner ›National‹. Er heiße ferner ›Volkspartei‹, also Herrschaft des gesamten Volkes, keine Diktatur von unten nach oben.«

Ausführlich schildert Max dann die Greuel, die Letten und Kommunisten in Riga an deutschen Bürgern verübten, Verhaftungen und Morde, Not und Ausplünderung.[6] Viele Verwandte seiner Frau kamen ins Gefängnis; das Tagebuch enthält den Bericht eines der Inhaftierten, der nächtliche Erschießungen miterlebte. Als Reichsdeutscher genoß Max, wie er in seinen Aufzeichnungen vermutet, einen gewissen Schutz; seine Wohnung wurde mehrfach durchsucht und geplündert, aber nicht beschlagnahmt. Dennoch lebten er und seine Familie in beständiger Angst vor der Willkür und dem wüsten Auftreten der »roten Banditen«. Weibliche Kommissare der Russen und Frauenbataillone, die »Flintenweiber«, sowie die Juden unter den Kommunisten riefen Max' Abscheu in besonderem Maße hervor. Die Kundgebung zum 1. Mai 1919 auf der Esplanade, dem ehemaligen bürgerlichen Zentrum der Stadt mit den guten Geschäften, auf dem jetzt gefallene Rotarmisten bestattet waren und auf dem Letten und Bolschewisten unter Unmengen roter Fahnen und riesigen handgemalten Transparenten den Sieg der Arbeiterklasse feierten, kommentiert er mit den Worten: »... und konnte ich das Schauspiel genießen, das ganze Volk auf den Beinen zu sehen, auf Befehl von ein paar Judenbengeln.«

Im Verlauf des russischen Bürgerkriegs vertreiben Ende Mai deutsche Freikorps und baltische Landwehr die Kommunisten aus Riga.[7] Da Max den Einfluß Englands auf das Baltikum ebenso fürchtet wie die Rückkehr der Bolschewisten, da zudem seine Patienten verarmt oder verschwunden sind, »so beschlossen meine Frau und ich, unseren Haushalt aufzulösen und nach Deutschland zu fahren. Auch war ich zu stolz, unter lettischer Herrschaft zu leben.« Im Juli 1919 verläßt die Familie Riga zum zweiten Mal. Diesmal für immer.

Hamburg, den 2. Mai 1921: »So tief wie jetzt war Deutschland noch niemals gesunken.« Mit diesen Worten nimmt Max nach langer Pause seine Tagebuchaufzeichnungen wieder auf. Wie das national gesinnte Bürgertum, die Reichswehr, die extreme Rechte und Linke steht auch mein Großvater der Republik ablehnend gegenüber. Seine erste Eintragung nach dem Krieg lautet weiter: »Im Innern Parteizank und Parteiherrschaft, eine gemeine, schmutzige Regierung, unfähig zu jeder Tat und Handlung. Ich schrieb, der Sommer 1914 nahm ein schreckliches Ende, aber daß es für Deutschland so furchtbar enden würde, hatte kein Mensch gedacht. Schuld an unserem Unglück ist die Sozialdemokratie.«

In Hamburg, wo Max sich zunächst als Angestellter, dann als Zahnarzt in eigener Praxis niederläßt, gelingt kein neuer Anfang. Die Familie, inzwischen um zwei weitere Nachkommen vergrößert, hält sich mit Hilfe von Spenden aus den USA, einer Entschädigung des Deutschen Reiches für Verluste in Riga und des Verkaufserlöses der Strandhäuser über Wasser. Die Mittel sind jedoch bald verbraucht, da die Praxiseinnahmen zum Leben nicht ausreichen.

Mittwoch, den 17. Juli 1921: »Mit schweren, bangen Sorgen sehe ich der Zukunft entgegen. Heute nicht einen einzigen Patienten gehabt, und so geht es viele Tage in der Woche. Mit Riesenschritten geht mein Geld dem Ende entgegen, was dann??? Gern vertraue ich auf Gott, sonst möchte ich schon längst zusammengebrochen sein, wenn ich mir von dort nicht Trost und frischen Mut holen könnte; aber die bangen Zweifel kehren immer wieder. Mittwoch von Herrn und Frau Zimpel aus New York eine Kiste mit Liebesgaben erhalten (Mehl, Nudeln, Grieß, Kakao, Kaffee, Pfeffer). – Der Volksverräter und Oberschieber Mathias Erzberger ist erschossen worden. Fluch über ihn und alle seine Genossen.«

Im Herbst 1921 übersiedelt Max mit Familie nach Berlinchen in der Neumark, einem kleinen Landstädtchen im Osten der Mark Brandenburg. Noch einmal hofft er, wirtschaftlich Fuß zu fassen, zumal er der einzige Zahnarzt in dem Städtchen ist. 1922 beginnt jedoch der Währungsverfall; 1923 erreicht die Inflation ihren Höhepunkt.

25. Mai 1922: »Alle Lebensmittel und Kleidung, Schuhwerk sind ständig bis auf den heutigen Tag im Steigen begrif-

fen. Ohne großherzige Hilfe aus dem Ausland wäre es mir schwer gewesen, meine Familie zu erhalten. Die Praxis geht so langsam vorwärts, doch übersteigen die Ausgaben immer noch die Einnahmen. Inzwischen bin ich im Flüchtlingsverein zweiter Vorsitzender, Mitglied im ›Bund der Aufrechten‹ und im Männergesangverein geworden, und haben wir uns auch gut eingelebt, es gibt ja überall gute Menschen. Eben prangt das Städtchen im Frühlingsschmuck, die Kinder sind gesund und munter. Mit dem Deutschen Reich geht es unter der Regierung Wirth-Rathenau immer mehr bergab (demokratisch-jüdische Gesellen). Doch scheint das Volk schon aufzuwachen und einzusehen, daß es von den sozial-demokratischen Führern betrogen ist.«

Dienstag, 13. Juni 1922: »Heute vom Ministerium für Volkswohlfahrt meine Zulassung als Zahnarzt fürs gesamte Deutsche Reich erlangt. Minister Rathenau erschossen. Hol ihn der Deubel!«

August: »Wirth erfüllt immer weiter,[8] eine Verräterbande, müssen alle an den Laternenpfahl.«

September: »Eine Zeitung kann man nicht mehr halten, weil das Abonnement zu teuer. Es wird alles immer trauriger.«

Dezember: »So ist das Jahr 1922 dahingegangen, der Kanzler Wirth, der Schuft, hat endlich abgedankt,[9] sein Nachfolger Cuno macht sich besser, aber er ist noch nicht scharf genug. Weihnachten haben wir aus Riga und Amerika Pakete und Gelder bekommen. So konnten wir das Fest fröhlich feiern trotz der traurigen Zeit.«

1922 tritt Max der Deutschnationalen Volkspartei bei, die bis zum Auftreten der Nazis den kräftigen, extrem rechten Flügel im Parteienspektrum der Weimarer Republik bildet. Die Eintragungen von 1923 sind von der ins Astronomische steigenden Teuerung bestimmt und haßerfüllten Ausbrüchen gegen die Regierung. Wie in früheren Jahren verzeichnet er Wetter und Katastrophen; in beidem drücken sich meines Erachtens unausgesprochene Ängste vor einem globalen oder persönlichen Untergang aus. Unter der Überschrift ›Die letzte Stunde naht‹ setzt Max einen Aufruf zu einer Versammlung in den Generalanzeiger der Stadt »gegen den Versailler Schandvertrag, Kriegsschuldfrage, Ruhrbesetzung und so weiter«, zu der jedoch nur drei Leute kommen.

7. September 1923: »Mein sechzigster Geburtstag. Vor Jahren hoffte ich, in diesem Alter mich mehr von der Praxis zurückziehen zu können, leider ist es anders gekommen. Der Neid der Engländer, der Haß der Franzosen, die Dummheit der Russen haben Deutschland zerstört und damit Europa vernichtet. Europa ist ein Bettelland geworden. Cuno hat abgedankt, und Stresemann hat seinen Platz eingenommen. Ein Streber, Leisetreter, Quasselkopf. Prompt ist der Dollar auf sechzig Millionen gestiegen. Alle Lebensmittel unerschwinglich. Ein Pfund Reis 600000 Mark. In Japan hat ein schreckliches Erdbeben stattgefunden. Hunderttausende von Menschen sind ums Leben gekommen, viele Städte vollständig zerstört. Schade, daß das Erdbeben nicht in London oder Paris angekommen ist. Die größte Erdbebenkatastrophe, die bis jetzt bekannt ist.«

Oktober: »Die Teuerungswoge schwillt und schwillt. Milch 1300000000, Brot 7500000000. Stresemann quasselt weiter. Praxis vollständig tot. Kassen können Plomben nicht mehr bezahlen. Heute von einem Patienten eine Gans als Zahlung erhalten. Das wird am Sonntag ein fürstliches Essen geben.«

November: »Vom Liederkranz Riga vier Speckseiten erhalten. Drei Packen mit Lebensmitteln sollen noch über Hamburg kommen. Ein Versuch, in Bayern die Regierung zu beseitigen, ist kläglich mißlungen (späterer Zusatz: weil die Minister feige. Hitlers erstes Auftreten). Es wird immer weiter gewurstelt. Ein Liter Milch 150 Milliarden. Ein Centner Roggen 8,100 Billionen.«

25. März 1924: »Seit gestern ist die Macht des Winters gebrochen. Vier Monate Schnee und Eis. Im übrigen herrscht immer noch dasselbe Elend im Reiche, trotz der Rentenmark wird die Not immer größer. In der Praxis ist fast gar nichts zu tun, ein elendes, armseliges Leben. Deutsche Männer, Hitler, Ludendorff und so weiter, werden verurteilt, und Verbrecher sitzen in der Regierung!! Herr Gott, wann strafst du die Verbrecher.«

März 1925: »Der erste Reichspräsident, Fritz Ebert, gestorben. Ein Verräter am deutschen Volk, Sozialdemokrat. Gehört an den höchsten Galgen. Verleugner des christlichen Glaubens. Gott schütze uns vor einem zweiten solchen Präsidenten. Sattlergeselle, Flaschenbierverkäufer, Kneipenwirt. Die Praxis geht immer schlechter. Es ist zum Verzweifeln.

Kein Mensch hat Geld. Heute war unser achtzehnter Hochzeitstag. Es ist drei Uhr und noch kein Patient gewesen; wie wird das weitergehen; so arm an Geld bin ich mein Leben noch nicht gewesen.«

April: »Generalfeldmarschall Paul von Hindenburg wird zum Reichspräsidenten gewählt« (eingeklebt ein Hindenburg-Porträt, darunter in dicken roten Buchstaben »Der Retter«). »Großer Fackelzug der national gesinnten Bürger und Vereine.«

Mai: »Mein Betriebskapital besteht aus einem Pfennig. Japan wieder großes Erdbeben.«

Donnerstag, 31. Dezember 1925: »Blickt man zurück, so ist Deutschland ein gutes Stück näher dem kläglichen Untergang gerückt. Demütigende, feige Abmachungen[10] mit unseren grimmigsten Feinden, Arbeitslosigkeit, Geldmangel, Unmoral, Räuberwesen bringen das Volk zur Verzweiflung. Dank der Hilfe von lieben Freunden und Gönnern habe ich mit Familie das Weihnachtsfest fröhlich verbringen können, aber wie es zum neuen Jahr wird, das weiß Gott allein. Ich persönlich mache mir keine Illusionen. Lachen tun die Juden. Ärmer als je trete ich ins Neue Jahr.«

Januar 1926: »Eine freudige Überraschung. Frau E. schenkt uns ein eisernes Bett. Hochwasser überall in Europa. Ein trostloses Bild im Erwerbsleben Deutschlands, überall Arbeitsmangel und Not. Selbstmorde sind an der Tagesordnung.«

August: »Der Sommer brachte Regen in Strömen. Überschwemmungen, Stürme, Erdbeben auf dem ganzen Erdkreis. Geschäftslage überall sehr schlecht, nur den Herrn Ministern und Reichstagsabgeordneten geht es gut.«

Oktober: »Nicht einen Patienten gehabt. Keinen Groschen Geld. Vier Wochen ein Hemd getragen, weil ich die Wäsche nicht bezahlen kann. Die Lage wird immer schlechter, wie lange ich noch bestehen werde? Aber Herr Stresemann ist zufrieden; daß solche Lumpen das Reich regieren müssen, ist traurig. Judenknechte sind es.«

Juli 1927: »Heute hat Mütterchen uns kein Mittagessen kochen können, weil kein Geld vorhanden. Kaffee und Rundstücke haben aber ebenso gut geschmeckt. Immerhin ein trauriges Zeichen. Wo bleibt Stresemanns Silberstreifen?«

Oktober: »Reichspräsident Generalfeldmarschall von

Hindenburgs achtzigster Geburtstag. Im ganzen Reich weihevoll begangen, von mir eine Widmung im Generalanzeiger.«

Dezember: »Eine strenge Kälte setzt ein, daß die Kinder den Schlittschuhsport betreiben können. Im übrigen herrschen Sturm und Schneegestöber in allen Weltteilen. Naturkatastrophen ohne Ende!«

März 1929: »Kalt bis zweiunddreißig Grad minus, ganz Europa eine Schneelandschaft bis Konstantinopel. Wenn die Praxis so weitergeht, bin ich bald am Ende! Die Zustände im Reich werden immer schrecklicher. Kinder sind jetzt schon Väter und Mütter. Mein armes Vaterland, was haben die Regierenden aus dir gemacht.«

Juli: »Wie es nun weitergehen wird, weiß ich nicht, die Praxis wird immer kleiner, tagelang keine Patienten und keine Einnahmen. Mit schwerer Sorge sehe ich der Zukunft entgegen. Macht es mein Alter, daß ich keine Patienten habe, oder sind es die Auswirkungen der fürchterlichen Reparationszahlungen? Dann, armes Deutschland, geht es Hunderttausenden ebenso, und es steht uns eine fürchterliche Zeit bevor. Bis hier hat der Herr geholfen, wird er weiter helfen?«

Dezember: »Im Reich Versumpfung, Betrügereien, jüdische Mißwirtschaft an allen Ecken und Enden. Das Anwachsen der nationalsozialistischen Partei kann allein das Vaterland vor völligem Untergang bewahren.«

Mai 1930: »Bange Sorge beunruhigt mich; das Geld von Herrn E. ist ausgeblieben; sollte er mir meine Unterstützung nicht mehr zukommen lassen, werde ich mich nicht mehr halten können. Im März hat Hindenburg das Young-Abkommen[11] unterschrieben, aber Deutschland für sechzig Jahre zur Sklaverei verdammt. Handel und Wandel immer schwieriger. Die Landwirtschaft geht unter.«

August: »Inzwischen ist der Reichstag aufgelöst und beginnt ein heftiger Wahlkampf. Die Nationalsozialisten haben bei ihren Versammlungen im ganzen Reich gewaltigen Zuspruch.«

September: »Und fallen infolgedessen auch die Wahlen danach aus. Sie bekommen einhundertsieben Mandate, die zweitstärkste Partei. Die bürgerlichen Parteien werden dezimiert, was ihnen wegen ihrer Feigheit recht geschieht. Die Wirtschaftslage im Reich wird immer schwieriger. Steuern höher und Einnahmen kleiner. Die Arbeitslosenzahl wächst beständig (drei Millionen). Im Winter kommt es zur Katastrophe.«

Oktober: »Im Reich wieder große Überschwemmungen.«

November: »Der rote Tyrann Severing ist wieder preußischer Innenminister, doch lange wird er den Posten nicht bekleiden, dann ist seine politische Laufbahn beendet. Schreckliche Bergwerkskatastrophe im Saargebiet, an die neunhundert Tote. Immer größer wird die Not im Reich, das Zentrum und SPD gehen Arm in Arm.«

Dezember: »So geht das Jahr 1930 dem Ende entgegen. Vier Millionen Arbeitslose zählt man im Reich. Viele Betriebe wurden geschlossen oder arbeiten nur einige Tage. Die Not wächst immer noch ins Große, mit ihr aber auch der Nationalsozialismus als zukünftiger Befreier und Erneuerer von diesen Bonzen und der Judenpolitik. In meiner Praxis sieht es sehr traurig aus.«

18. Mai 1931: »Heute baut uns der Töpfer im früheren Wartezimmer einen Herd, denn ich muß meine Wohnung verkleinern, um zwei Zimmer, weil die Miete nicht mehr aufzubringen ist. Die Praxis geht gar zu schlecht. Schon seit Januar ist die Lage katastrophal, so daß jeden Tag der Zusammenbruch erfolgen kann. Meine Einnahmen haben sich in diesem Jahr bis jetzt um die Hälfte verringert. Auch von E. bekomme ich nur noch hundert Mark. Hört diese Zahlung ganz auf, kann ich eben nicht weiterexistieren. Auch die Krankenkassen würgen jede Betätigung ab.«

Juli: »Drei größte Banken, Deutsche, Darmstädter, Dresdner, stellen ihre Zahlungen ein für drei Tage. Mit ihnen alle Sparkassen.«

September: »Mein achtundsechzigster Geburtstag. Sangesbrüder bringen mir ein Ständchen. Die wirtschaftlichen Verhältnisse werden immer schlimmer. Ich habe so gut wie keine Patienten mehr, meine Lage ist hier also unhaltbar. Dieser Winter wird furchtbar werden. Ganze Familien suchen den freiwilligen Tod. England muß die Banken schließen; das Pfund fällt, was man nicht für möglich gehalten hat, ist eingetreten. Wahlen in Hamburg. Nazis kommen im Senat von drei auf neunundvierzig Sitze. Japan und China bekriegen sich, und der Völkerbund blamiert sich.«

Oktober: »Ein Paket Kleider von Frau V. aus Riga erhalten. Braunschweig großer Hitler-Tag. Es beteiligen sich einhundertviertausend Nazi-Leute. Heute fährt Christel als Haustochter in Stellung nach Hamburg. Somit sind alle Kinder ausgeflogen. Der Herr schütze sie und führe sie mit starker Hand.«

Nachdem alle Kinder aus dem Haus, in einer Pflegestelle, einer Lehre oder Anstellung sind, beschließt Max, nach Hamburg-Harburg zu ziehen. Dort ist Harald, sein ältester Sohn aus zweiter Ehe, in der Industrie beschäftigt und bereit, die Eltern zu unterstützen. Max' Eintrag vom 19. November 1931 stellt eine traurige Summe seiner Jahre seit 1921 dar: »So werde ich am Schluß des Jahres meine Praxis aufgeben, nach zweiundvierzigjähriger Tätigkeit. Bin aber an Geld und Gut ebenso arm, wenn nicht noch ärmer als wie beim Beginn. In Berlinchen habe ich zehn Jahre verbracht, leider ohne die zu erwartende Unterstützung von meinen politischen Freunden zu finden. Aber zum Juden sind sie gelaufen.[12] Jetzt, mit achtundsechzig Jahren, bin ich verbraucht. Auch steigt die Not im Volk immer höher; zur Pflege der Zähne ist kein Geld mehr vorhanden. Mord, Totschlag, Betrug, Selbstmord ganzer Familien, Zwangsenteignungen sind an der Tagesordnung. Banken krachen zusammen, die Verlierer sind die kleinen Leute, Handwerker, Beamte, Bauern, Hausbesitzer. Auf dem Lande werden die Zwangsversteigerungen boykottiert, wer dort bietet oder kauft, wird geächtet. Die Nationalsozialisten gewinnen immer mehr Anhänger. Zum Frühjahr '32, bei den Preußenwahlen, wird wohl endgültig die schwarz-rote Regierung gestürzt und gründlich mit der Linksregierung abgerechnet. Die Besenbinder werden dann reichlichen Verdienst finden.« Zum Zeichen, daß auch Max sich dem bevorstehenden »Großreinemachen« anschließen will, unterzeichnet er diesen Eintrag mit »Heil Hitler«, hinter das er ein Hakenkreuz malt.

Bei der Wahl des Reichspräsidenten im März 1932 stimmt Max nicht für Hindenburg, auch nicht für Duesterberg, den Kandidaten des Stahlhelms, sondern für Hitler. In einem längeren politischen Räsonnement sagt er sich von seiner angestammten politischen Heimat, der Deutschnationalen Volkspartei, und seinem bisherigen Leitbild Hindenburg los. An dessen Stelle tritt Hitler. Max verzeiht Hindenburg nicht, daß er sich »von Juden, Sozialdemokraten, Zentrum, Staatspartei« aufstellen läßt, »den Spießerparteien, die ihn vor sieben Jahren aufs gemeinste beschimpft haben«. Der DNVP und dem Stahlhelm wirft er vor, daß sie mit ihrem Kandidaten die nationalen Kräfte zersplittern.

Die NSDAP erscheint ihm demgegenüber, zumal nach ihrem Wahlsieg im Juli 1932, als »die größte Freiheitspartei«. Nachdem Hindenburg Hitler zum Reichskanzler berief, notiert Max am 14. Februar 1933 zufrieden: »Mit der Übernahme der Macht durch die Nazis beginnt ein großes Reinemachen unter den Reichsbeamten. Parteibuchbonzen werden ausgemerzt.« In seinem Kommentar zum Reichstagsbrand vom 27. März 1933 schießen dann die Ressentiments gegen alle, die Max bisher als seine Feinde und als Schuldige am Schicksal Deutschlands ausgemacht hat, zusammen in den Wunsch nach einer noch viel größeren Abrechnung: »Das Reichstagsgebäude fällt einer Feuersbrunst zum Opfer, entfacht von kommunistischen Brandstiftern. Alle Führer der Kommune werden gefänglich festgenommen. Inzwischen fordert die Kommune immer neue Opfer. In Rußland sind schauerliche Verhältnisse, Hunger, Hinrichtungen, Armut, Verzweiflung, das Volk in Lumpen. Wie lange noch wird die Christenheit diesem Greuel zusehen, ohne dies arme Volk von seinen jüdischen Peinigern zu befreien. England und Frankreich tragen die ungeheure Schuld an diesem Rauben und Morden. England und Frankreich haben den grauenvollen Krieg heraufbeschworen. Dies Elend in Rußland ist die Folge. Aber Deutschland erwacht und wird zur Zeit abrechnen mit den unter jüdischer Macht stehenden Völkern. Heil Hitler!«

5. März 1933: »Nach dem vollständigen nationalen Sieg fliegen die Bonzen nur so aus den Behörden. Auch in Harburg ist ausgefegt. Den Juden geht es auch an den Kragen.«

21. März: »Heute tritt der Reichstag zusammen, in der Garnisonkirche Potsdam. Möge es ein gutes Omen sein für Deutschlands Aufstieg. Alle jüdischen Richter werden abgesetzt. Hoffentlich werden die Krankenhäuser auch von diesem Ungeziefer befreit.«

30. März: »Die NSDAP ruft zur Boykottierung der jüdischen Geschäfte auf. Aus den Gerichten, Krankenhäusern und sonstigen Behörden werden Juden entfernt. Die Weltjuden beginnen eine verleumderische Hetze wie zur Zeit des Weltkrieges gegen Deutschland. Auch aus den

Theatern und Orchestern werden die Juden herausgewimmelt. Juda verrecke!«

20. April: »Reichskanzler Adolf Hitlers vierundvierzigster Geburtstag wird im ganzen Reich pomphaft gefeiert.«

22. Juni: »Verbot der Sozialdemokratischen Partei. Eine Tat, die man schon vor sechzig Jahren hätte beschließen müssen, dann hätte man Deutschland vor vielem Unglück, Demütigung, Schande und Not bewahrt.«

7. September: »Mein siebzigster Geburtstag bei guter Gesundheit. An Besitz arm wie vor siebenzig Jahren, aber Deutschland ist erwacht aus seiner Erstarrung.«

Oktober: »Deutschland verläßt den Völkerbund, und die Juden verlassen Deutschland. Zwei historische Tatsachen.«

November: »Heute im Halbschlaf eine Mahnung des Schicksals. Mir erschien früh des Morgens ein Gesicht im Türrahmen, auf dem Kopf einen Dreimaster, wie die Leichenträger tragen. Er sah mich an, ich sah ihn an, dann verschwand er. Wenn ich auch nicht abergläubisch bin, so ist es doch bei meinem Alter ein Zeichen des nicht zu fernen Lebensendes. Natürlich bin ich jederzeit gerüstet zum letzten Appell, aber wird dann zum Appell geblasen, kommt er doch noch überraschend. Im übrigen ist der Tod für mich eine Erlösung aus einem jetzt unnützen Leben, falle ich doch meiner Familie zur Last.«

Max führt sein Tagebuch bis Ende 1941 in der gewohnten Weise weiter. Seine Handschrift wird zittrig, aber nach wie vor trägt er die ihm politisch, familiär und meteorologisch bedeutsam erscheinenden Ereignisse ein. Ende 1936 schreibt Max zum Beispiel: »Unser Führer kann mit den von Westernhagen zufrieden sein, haben sich doch viele unserer Sippe, männlich und weiblich, dem Parteidienst gewidmet.«

Zum Spanischen Bürgerkrieg, Dezember 1936: »Das Blut, das in Spanien fließt, fällt auf die Regierungen, die dem Morden untätig zusehen, zurück. Sollte die nationale Partei in Spanien unterliegen, so kommt es auf das Konto der Neutralen. Sie bedenken nicht, wenn die Räuber und Mörder siegen, daß dann sie an der Reihe sind, sich gegen den Bolschewismus zu wehren. Dann werden sie ihr Versäumnis mit Strömen von Blut bezahlen müssen. Siegen die Bolschewisten, dann siegt Juda, und alle Moral geht zugrunde.«

Januar 1937: »Die Bolschewisten rauben, morden, plündern und brennen in Spanien weiter, gehetzt von jüdischen

Hetzern. Wenn es brenzlig wird, verschwinden die Juden mit Flugzeugen und dem nötigen Kleingeld. Und die Welt läßt alles ruhig geschehen. Nicht einmischen in den Bürgerkrieg. Es ist aber kein Bürgerkrieg, sondern ein Kampf des Weltfeindes Nummer eins. Sollten die Juden in Spanien siegen, dann kommt Frankreich an die Reihe, wo ein Jude Minister ist, er riecht nach Knoblauch und hat zwei Gesichter. Frankreich ist jetzt ein sehr unsicherer Staat. Belgien und Holland kommen dann an die Reihe und im Osten Litauen; Lettland, Estland und Finnland werden das nächste Ziel der Bolschewisierung sein. Was wollen diese Splitterstaaten gegen die gewaltigen Rüstungen der Bolschewisten machen. Tschechei und sonstige Flickstaaten, auch Österreich werden den Räubern unterliegen. Aber ich glaube, das nationale Spanien wird siegen.«

Dezember 1938: »Im Memelgebiet hat die Abstimmung guten Erfolg für die Deutschen gebracht. Wir erwarten nun, daß das alte deutsche Land wieder zum Reich zurückkommt. Also von einer Befriedigung Deutschlands kann keine Rede sein, wie unser Führer meint, solange das Memelgebiet von Litauen regiert wird. Auch kann Deutschland nicht befriedigt sein, solange Elsaß-Lothringen zu Frankreich gehört ... Außerdem sind die Kolonien gleichfalls zurückzugeben.«

Nachdem im September 1939 Polen überrannt war, schreibt Max: »Versailles wird ausgelöscht«; 1940, nach dem Waffenstillstand mit Frankreich: »Nun kommt England dran« – das politische Weltbild des rachsüchtigen alten Mannes glich dem Hitlers offenbar aufs Haar. Obwohl er keine Kohlen mehr zum Heizen hat, englische Bomben bereits auf Hamburg-Eppendorf fallen und sein ältester Sohn Harald seine Familie evakuiert, schreibt Max im Mai 1941: »Griechenland ist frei, Engländer geflohen. Gottes Mühlen mahlen langsam, aber gerecht!«, und am 1. Juli 1941, die Deutschen haben gerade die Sowjetunion überfallen, jubelt er: »Riga in deutschen Händen.«

Den Anfang vom Ende hat Max noch miterlebt. Auf der letzten Seite des Tagebuchs klebt eine Quittung über diverse Wollsachen für die »Reichsspinnstoffsammlung« im Kriegsjahr 1941. Ob Max dieses provisorische Zusammenkratzen von Winterkleidung für die Landser in den russischen Eiswüsten richtig zu deuten vermochte, verrät das Tagebuch nicht mehr, ebensowenig was er sich zu den verheerenden Bombenangriffen auf Hamburg und Berlin gedacht hat, die er noch miterlebte. Am 3. August 1943 stirbt er. Drei Tage vor dem Aufstand der Häftlinge in Treblinka, zwei Tage vor meiner Geburt.

Der grandios Gekränkte

Als ich das Tagebuch meines Großvaters Ende 1984 zum ersten Mal zu Gesicht bekam, war ich fasziniert. Ein großformatiges, dickleibiges Kontobuch »für Comptoire, Landwirthe etc.« mit senkrechter, rötlicher Spalteneinteilung in festem, schwarzem Einband, dessen Rücken geborsten ist; zwischen den Seiten vergilbte Hochzeitsanzeigen, Briefe und Postkarten, Festprogramme des Liederkranzes, politische Flugblätter, Zeitungsberichte über die Greuel in Riga, Geldscheine aus der Inflation; ab Beginn der dreißiger Jahre dann Nationalsozialistisches: eine Ansichtskarte von Berlinchen, auf der über dem Panorama der Stadt eine Hakenkreuzsonne erstrahlt, ein Horst-Wessel-Bild, Plaketten vom Winterhilfswerk und Eintopfsonntag, eine Übersicht über »die Dienstrangabzeichen der Politischen Leiter der N.S.D.A.P.« mit bunten Abbildungen der Kragenspiegel vom »Reichsleiter« über den »Gaurichter« bis zum »Blockleiter«; Max' Eintragungen in schwarzer Tinte in schwungvoller deutscher Schrift von 1899 bis 1941.

Schon beim ersten Durchblättern der zweihundertdreißig eng beschriebenen Seiten wurde mir klar, daß ich es mit einem einzigartigen Zeugnis zu meinem familiären Hintergrund und zur deutschen Geschichte seit 1900 zu tun hatte. Durch das Tagebuch öffnete sich plötzlich der Blick auf die Jahrzehnte vor 1933. Ich wußte von der Dolchstoßlegende, von »Novemberverbrechen«, »Versailler Schandvertrag«, von der feindseligen Haltung des national gesinnten Bürgertums zur jungen Republik, dem Vermögens- und Statusverlust weiter Bevölkerungsteile durch die Inflation, von den Folgen der internationalen Wirtschaftskrise, diesem ganzen politischen Bedingungsgeflecht, das schließlich zur Hitler-Diktatur geführt hatte. Aber während ich das Tagebuch geradezu gierig zum ersten Mal überlas, füllte sich das Bücherwissen über das Scheitern der Weimarer Republik mit Anschauung. Auch hierzu hatte ich Verwandte und Bekannte, Menschen, die etwa ab 1910 geboren sind, oft befragt. Beim Lesen des Tagebuchs ging mir auf, daß es etwas völlig anderes ist, ob jemand aus der Erinnerung erzählt oder ob man das, was einer Tag für Tag, Jahr für Jahr erlebt und aus dem Augenblick niederschreibt, später nachlesen kann. Es ist unvergleichlich viel weniger zensiert, viel direkter und darum oft auch schockierend.

Während des ersten Lesens schwankte ich beständig zwischen Empörung und Mitleid. Das Schicksal meines Großvaters rührte mich, weil dieser Mann es vom mittellosen Waisenkind zum wohlhabenden Bürger gebracht hatte und weil ihm dann, in der zweiten Lebenshälfte, alles wieder genommen wurde. Die Geschichte war wie mit einem großen Hobel über dieses Menschenleben hinweggegangen; sie hatte Max einfach plattgewalzt; alle Anstrengungen dieses einzelnen waren durch Ereignisse, die er nicht beeinflussen konnte, wie von überpersönlichen Mächten immer wieder zunichte gemacht worden. Schon das machte es plausibel, warum er gegen Ende seines Lebens Hitler als den Retter aus der Not ansah.

Andererseits war ich schockiert und moralisch äußerst entrüstet, als ich seine haßerfüllten Bemerkungen über Engländer, Juden, Sozialdemokraten, bürgerliche Politiker, Kommunisten sowie die dazugehörenden Schuldzuweisungen las. Warum schob er alle Verantwortung von sich weg, auf Feinde außerhalb oder innerhalb des Deutschen Reiches? Hätte er mit mehr Selbstkritik nicht erkennen können, daß sein geliebtes Deutschland ein gerüttelt Maß an Verantwortung am Ersten Weltkrieg trug? Andererseits wußte ich, daß wissenschaftliche Untersuchungen über die Mitschuld Deutschlands am Ersten Weltkrieg erst in den sechziger Jahren erschienen waren und noch damals einen Sturm der Entrüstung ausgelöst hatten. Wie sollte also dieser unmittelbar betroffene Zeitgenosse in der Lage gewesen sein, die gängigen, kollektiven Illusionen zu durchschauen!

Es war seltsam. Ich landete mit meinen Fragen in derselben Sackgasse, in der ich bei der Beschäftigung mit der Zeit ab 1933 immer saß. Wie schon meinen Vater sah ich nun auch den Großvater in einem Geflecht von Verhängnis und Schuld. Auch jetzt verhielt ich mich, als wäre es meine Aufgabe, dieses Gewebe zu entwirren. Es nachträglich für sie zu tun ist Unsinn. Ihr Leben ist abgeschlossen. Nicht aber unsere Geschichte, und die beginnt nicht erst mit dem »Neuanfang« 1945. Deswegen mußte ich herausfinden, wie ich mich zu diesen zwei Gestalten stellen sollte; welchen Platz ich ihnen auf den inneren Konten, mit denen man seinen Geschichts- und Seelenhaushalt ausgleicht, anweisen wollte. Unterbringen mußte ich beide auf jeden Fall. Sie einfach beiseite zu lassen ging nicht; denn die Fluchtlinien ihres und meines Lebens führten vor beziehungsweise zurück auf unsere Schuld, die Schuld meiner Leute, meines Volkes, am Zweiten Weltkrieg und das noch viel ungeheurere Verbrechen am jüdischen Volk.

Nachdem ich das Tagebuch sorgfältiger studiert hatte, beschäftigten mich vor allem die darin vorkommenden Feindbilder. Woher das frühe antijüdische Ressentiment stammt, ist nicht erkennbar. Das Erlebnis, das Max 1883 als Zwanzigjähriger mit dem jüdischen Arbeitgeber und dessen Verwandten in Lüttich hatte, scheint mir nicht ausreichend, um das Ausmaß und die Beständigkeit dieses Hasses zu erklären. Daher vermute ich, daß sich seine Vorurteile schon früher gebildet haben müssen; wahrscheinlich entstammten sie dem in den siebziger und achtziger Jahren des letzten Jahrhunderts virulenten populären Antisemitismus, der in Betrug, Schacher, Wucher Charaktereigenschaften der Juden sah.[13] Die außerordentlich schwere Verletzung, die Max durch den Tod seines Vaters erlitt, und die Art und Weise, wie die Mutter ihn kurz darauf verließ, dürften ihn darüber hinaus für die Entwicklung antisemitischer Vorurteile höchst anfällig gemacht haben.[14] Zwischen die Aufzeichnungen aus den zwanziger Jahren hat Max nachträglich eine Hetzbroschüre eingeklebt. Sie trägt den Titel ›Deutscher! So sehen deine Führer aus‹. Sie enthält überaus gehässige Karikaturen von Landtags- und Reichstagsabgeordneten der SPD, KPD und des Zentrums, wie sie ab 1933 gang und gäbe waren. Mit Datum vom Juli 1940 schrieb Max auf das Titelblatt: »Wie im Weltkrieg 14–18 ist jetzt wieder der Jude der Hauptschuldige am Kriege 1940. Nicht eher wird Ruhe und Friede auf der Welt sein, bis man dieses Volk auf einem Haufen zusammen hat, daß man sie packen kann und zur Verantwortung ihrer dunklen Geschäfte ziehen kann!«

Das Tagebuch weist mehrere solcher rachsüchtig-rechthaberischen Kommentare aus späteren Jahren auf. Jede dieser

Stellen verrät die tiefe Befriedigung, die es für Max darstellte, für seine Misere einen Sündenbock gefunden zu haben. Die später hinzugefügten Bemerkungen verschärfen und vergröbern die bereits früher niedergeschriebenen Anwürfe und pauschalen Verdächtigungen. Max schiebt zunehmend alles Böse von sich, als gäbe es eine imaginäre Grenze, die ihn und das Böse trennte. Jenseits der Grenze befinden sich »der Jude«, »die Engländer«, »die Bolschewisten«, diesseits sind er, »das Gute« und Deutschlands verlorene Größe. Deswegen liegt die Vermutung nahe, daß er mit seinem Judenhaß, seinem übersteigerten Nationalgefühl und seinem späteren Anschluß an Hitler eine narzißtische Problematik abhandelt.[15]

So mitleiderregend nämlich Max' Schilderungen seiner eigenen und der allgemeinen wirtschaftlichen Not in den zwanziger und dreißiger Jahren auch sein mögen – allmählich entstand in mir doch der Verdacht, ob er sich in der Misere nicht auch recht häuslich eingerichtet hatte. In seinen Aufzeichnungen schien er mir geradezu verliebt zu sein in Katastrophenmeldungen und Weltuntergangsstimmung, ganz nach dem Motto des ewig Gekränkten: Geschieht meiner Mutter ganz recht, wenn mir die Hände abfrieren, warum kauft sie mir keine Handschuhe. Die seltsam widersprüchlichen Meldungen aus der Familie über die Gründe, weswegen die Zahnarztpraxis auf keinen grünen Zweig kam, bestätigen das. Nach der einen Lesart waren an Max' Scheitern die schlechten wirtschaftlichen Zustände schuld; sie sieht Max mithin als Opfer. Nach einer anderen Version vertrieb Max mit seinem politischen Kannegießern seine Patienten; da erscheint der rachsüchtige Eiferer. Übereinstimmend war zu hören, er hätte es nicht verstanden, Rechnungen zu schreiben und auf Außenständen auch gegenüber Freunden zu beharren; darin wird die Schwäche des »unterliegenden Konkurrenten« sichtbar, seine legitimen Bedürfnisse einer wenn auch feindlichen Realität abzutrotzen und sich gegen sie zu behaupten. Innerhalb der Familie erschien Max dadurch gütig und nachsichtig; andererseits nahmen ihn die Söhne wegen seines starren Festhaltens an seinen vorgefaßten Meinungen nicht ernst. Alles zusammen genommen entspricht, wie ich meine, dem Selbstgefühl des grandios Gekränkten; es äußert sich auf jeder Seite des Tagebuchs.

Der lange vor 1914 gegen England gehegte Zorn erklärt

sich ohne Zweifel aus der deutsch-englischen Rivalität. Gleichzeitig paßt er zu der eben beschriebenen Form der Verarbeitung einer narzißtischen Wunde. Expansionsdrang und Weltmachtstreben des Deutschen Reiches stießen sich in der Kolonienfrage und in der Flottenpolitik fortwährend an mächtigen englischen Interessen. Nachdem ich mich durch historische Lektüre ein wenig in diese Geschichte gewordenen, machtpolitischen Gegensätze hineinversetzt hatte, war ich über die Wucht der von Max geäußerten feindlichen Gefühle, die die Rivalität mit England widerspiegeln, doch ziemlich verblüfft. Ich meinte, daran ablesen zu können, wie sehr das Individuum Spielball der aktuellen politischen Konstellationen ist und wie wenig in der Lage, sich ein unabhängiges Urteil zu bilden, weil »der kleine Mann« die großen machtpolitischen Auseinandersetzungen zum Schauplatz seines privaten Dramas macht. Max' Vorstellung, Frankreich und Rußland, vor allem aber England, hätten aus Mißgunst und Neid den Krieg vom Zaun gebrochen, entsprach dem gängigen Schlagwort von der Einkreisungspolitik.

Nach den schaurigen Erlebnissen, die der Tagebuchschreiber unter der kommunistischen Besatzung in Riga hatte, nimmt es nicht wunder, daß er fortan das kommunistische Regime in Rußland aus tiefem Herzen haßte und seine Vertreter für die Verkörperung alles Bösen auf Erden hielt. Wenngleich Max sich ab 1905 gelegentlich zur Notwendigkeit von Reformen im Zarenreich äußerte, war ihm doch der Zugang zur politischen Dimension der russischen Revolution verschlossen. In seiner Darstellung der Ereignisse 1919 in Riga erscheinen die Kommunisten daher ausschließlich als Mordbrenner und feiges Pöbelpack. Auch das kann nicht erstaunen. Max war in der bürgerlich-aristokratischen Gesellschaftsordnung mit einem Herrscherhaus an der Spitze verwurzelt. Er hielt diese Ordnung für vorgegeben und konnte sich etwas anderes nicht vorstellen. Das politische und soziale Programm der Kommunisten bedrohte ihn als »Bourgeois und Klassenfeind« in Besitz und Leben und mit ihm seine gesamte, bisher vertraute Lebenswelt. Der Umbruch muß Katastrophengefühle und tiefe Ängste hervorgerufen haben. 1918 war eine Ära untergegangen. Der Kaiserstaat wurde von der Massendemokratie abgelöst. Für den, der diesen tiefgreifenden, abrupten Wandel am eigenen Leib mit Verlust der Heimat und seines Besitzes erlebte, konnten wohl die Befürworter der neuen Ordnung nur als Feinde erscheinen.

Vor diesem Hintergrund ist Max' unerschöpflicher Haß auf die Sozialdemokraten, »Novemberverbrecher« und »Verräter« zu verstehen, die der kämpfenden Truppe »in den Rücken gefallen waren«. Ihnen, später allen demokratischen Parteien, schob er die Schuld an der Niederlage im Krieg, den Verlust der baltischen Heimat und seine ökonomische Misere der folgenden Jahre in die Schuhe.

Ebenso bemerkenswert wie die Entstehung der diversen Feindbilder erschien mir der Prozeß, in dem der Tagebuchschreiber die einzelnen Feinde mit dem »Hauptfeind«, den Juden, verbindet. Am 28. Oktober 1917, nachdem Max wieder nach Riga zurückgekehrt ist, bittet er »den Schöpfer, er möge dies Volk (die Engländer) wie einst die Juden strafen«. 1919, in seinem Kommentar zur Maifeier in Riga, identifiziert er Juden und Kommunisten, wobei die Juden als Drahtzieher und Herrscher über alles, was da auf den Beinen ist, erscheinen.[16] Am 25. Mai 1922 bezeichnet er die Regierung Wirth-Rathenau – SPD, Zentrum, Deutsche Demokratische Partei – als »demokratisch-jüdische Gesellen«. Am 27. März 1933 erscheinen dann Rußland, England und Frankreich als die »unter jüdischer Macht stehenden Völker«, während Deutschland dabei ist, sich »von diesem Ungeziefer« zu befreien. Drei Jahre später, im Dezember 1936 und Januar 1937, sind Bolschewismus und Judentum endgültig zum Weltfeind Nummer eins verschmolzen, der West und Ost beherrschen will oder schon beherrscht. Einzig Deutschland, umstellt von finsteren Mächten, ist der Hort des Guten und das Bollwerk gegen das Böse.

Das Ausmaß dieser Projektionen ist wahnhaft. Dennoch gibt es gute Gründe, weder Max noch die Millionen von Deutschen, die diese Vorstellungen teilten, als verrückt oder überdurchschnittlich neurotisch anzusehen. Vielmehr lief hier ein psychischer Mechanismus im Kollektiv ab, der aus der Psychodynamik des Individuums gut bekannt ist. Um schmerzhafte, peinigende Gefühle von Scham und Schuld nicht an sich selbst erleben zu müssen, werden sie durch Verzerrung der Realität, durch die Weigerung, Verantwortung für sich selbst zu übernehmen, schließlich durch Projektionen nach außen verlagert und zum Verstummen gebracht. Michael Schneider hat die dreifache Verstärkung beschrieben, die der deutsche Antisemitismus nach 1918 fand, indem Kränkung des Nationalgefühls, Wirtschaftskrise und unbegriffener Haß auf Bonzen und Großkapital sowie Angst vor dem Bolschewismus wahnhaft verknüpft und projektiv »den Juden« und der »jüdisch-bolschewistischen Weltverschwörung« angelastet wurden.[17] Max' Tagebuch spiegelt die Vorstellungswelt und den psychischen Haushalt der Angehörigen des Mittelstandes, der bürgerlichen Intelligenz und des Subproletariats der Weimarer Republik, die die soziale Massenbasis für den Nationalsozialismus bildeten.[18]

Ab 1921 folgen im Tagebuch die regelmäßig wiederkehrenden Bemerkungen: »seit Tagen kein Patient«, »keine Einnahmen«, und hin und wieder der Hinweis »Selbstmord ganzer Familien«.

Ich spürte die Ausweglosigkeit und Verzweiflung, die aus diesen Bemerkungen sprechen. Ich konnte mir die Scham vorstellen, die in ihm dadurch hervorgerufen wurde, daß er seine achtköpfige Familie nicht oder nur mühsam ernähren konnte. Er versagte ja in seiner ureigensten Aufgabe als Familienvater. Solch ein Scheitern löst Scham aus, gleichgültig, ob es verschuldet ist oder nicht.[19] An den Aufzeichnungen ist nun auffällig, daß ihr Schreiber nur an einer einzigen Stelle wagt, sich selbst zu befragen, ob er vielleicht an der Misere selbst schuld sein könnte. Im März 1929 heißt es: »Macht es mein Alter, daß ich keine Patienten habe, oder sind es die Auswirkungen der fürchterlichen Reparationszahlungen?« Ansonsten kommen solche Selbstzweifel auf den gesamten zweihundertdreißig Seiten kein einziges Mal vor. Da Max Schmerz und Spannung, die aus der Wut über Erniedrigung und ein ungerechtes Schicksal stammen, nicht in sich selbst und nicht in seinem Christentum unterbringen konnte, bildeten sie den Nährboden für die ins Kraut schießenden Feindphantasien und für die entsprechenden Rettungsmythen.

Nach der Selbstbefragung von März 1929 schließt sich wenige Monate später die Aussicht auf Erlösung von allem Übel an, indem Max im Dezember 1929 zum ersten Mal seine Hoffnung »vor völligem Untergang« auf die Nazi-Partei setzt. Nachdem er sich von Hindenburg, ursprünglich »der Retter« und wohl auch Ersatzkaiser, abgewandt hat, treten Hitler und seine Bewegung als »Führer« und »Freiheitspartei«, als Befreier von Schmach und Schande, an die Stelle der alten Hoffnungsträger.

Neben die Feindbild-, die Scham- und Schuldproblematik tritt noch ein drittes Thema: das Rache- und Gerechtigkeitsbedürfnis. »Recht muß Recht bleiben«, schreibt Max im November 1900 in Solidarität mit den Buren, als Wilhelm II. den Führer der Buren nicht empfängt; 1917 soll der Herrgott die Engländer für den Ersten Weltkrieg strafen oder »die Verbrecher«, die 1924 in der Regierung sitzen. 1933, nach der Machtübernahme Hitlers, wünscht Max sich »die Abrechnung« mit England, Frankreich, Rußland und »den unter jüdischer Macht stehenden Völkern«.

Ich meine, daß hier jemand, um Rache und Vergeltung zu üben, nach einem neuen Krieg ruft, danach geradezu dürstet. Die Hemmung, mir das vorzustellen, erkläre ich mir zum Teil mit den heutigen Zeitläuften. Kriegsgelüste sind verpönt, da fast jeder weiß, daß Krieg Völkermord gleichkommt. 1933 war es aber keineswegs ein Tabu, sich einen neuen Krieg zu wünschen, auch wenn mancher heute so redet, als hätte er mit der Wahl Hitlers nur aus der wirtschaftlichen Misere herauskommen wollen.[20] Ich halte Max für einen in vieler Hinsicht durchaus durchschnittlichen Zeitgenossen; seine Einstellungen und Erwartungen, seine Wünsche und Ängste glichen denen Millionen anderer Deutscher um 1933. Das Erstaunliche und Anstößige besteht lediglich darin, daß sein Tagebuch diese Gefühle und Haltungen aufbewahrt hat, so daß sie im Nachhinein nicht umgedeutet, beschönigt und vergessen werden konnten.

In den Anmerkungen zum spanischen Bürgerkrieg vom Januar 1937 beschreibt Max, wer »an die Reihe kommt«, wenn »die Juden« (= Bolschewisten = Weltfeind Nummer eins) siegen sollten: Frankreich, Belgien, Holland, Litauen, Lettland, Estland, Finnland, Tschechei, Österreich »werden den Räubern unterliegen«. Obwohl sich diese Aufzählung schon so ähnlich liest wie die Liste der Länder, die Hitlers Soldaten überrannten, bevor sie in Rußland einfielen, meint Max mit »den Räubern« nicht sich und die Deutschen, sondern den »Hauptfeind«. Die eigenen Rache- und Angriffsgelüste sind mithin auf den Gegner verschoben. Auch »die gewaltigen Rüstungen«, von denen Max in demselben Zusammenhang spricht, vollziehen sich nach seiner Wahrnehmung nicht im eigenen Land, sondern beim »jüdisch-bolschewistischen« Gegner. Die Verkehrung der Wirklichkeit ins Gegenteil ist damit ziemlich komplett.

Unter dem 22. Juni 1941 findet sich dann konsequenterweise auch die Eintragung: »Rußland erklärt an Deutschland den Krieg.« Das Tagebuch stimmt darin mit Äußerungen von Kriegsteilnehmern überein, von denen ich gesprächsweise hörte: »Wenn wir damals dem Russen nicht zuvorgekommen wären, hätte der uns angegriffen.«[21] Das Ziel der Vergeltungssucht deutet sich in den Tagebucheinträgen vom Dezember 1938 an, als Max sich nach der Abstimmung über das Memelgebiet Gedanken über noch unerfüllte Gebietsansprüche und »die Befriedigung Deutschlands« macht. Im Mai 1941 heißt es triumphierend: »Griechenland frei, Engländer geflohen. Gottes Mühlen mahlen langsam, aber gerecht.«

Sicherlich ist es kein Zufall, daß sich in der Beschäftigung mit dem Tagebuch für mich die Scham- und Schuldproblematik, zu deren Verleugnung die Errichtung haßgetränkter Feindbilder notwendig ist, und das tiefe Bedürfnis nach Vergeltung für erlittenes Unrecht herauskristallisiert haben. Ich bin auf diese Themen in der Auseinandersetzung mit der deutschen Geschichte und mit meiner eigenen Biographie immer wieder gestoßen. Ich stellte allerdings fest, daß mit Älteren darüber praktisch nicht zu reden war, selbst wenn Vertrauen und Gesprächsbereitschaft zwischen uns bestanden, das heißt durchaus kein Klima von Anklage oder Mißtrauen herrschte, das diese Gespräche über die Vergangenheit von vornherein unmöglich macht. Meist saßen wir fest bei 1933; bei der Schilderung von Not und Arbeitslosigkeit; bei Hitler, der als Befreier begrüßt wurde, dessen Auftreten in den rauschhaften Umzügen die Arme der Leute wie von selbst zum jubelnden Gruß hochriß. Diese Erzählungen waren glaubhaft; meine Gesprächspartner wußten nicht, wie sie sich hätten anders verhalten können und sollen; schließlich wollte man endlich 'raus aus dem Chaos und der Hoffnungslosigkeit. Die Frage nach der persönlichen Verantwortung, nach Schuld oder Versagen, die ich auch noch stellte, um zu ergründen, wo jeder für sich seinen Beitrag zur »Machtübertragung« an Hitler sah, konnte kaum einer beantworten. Ich sah dafür in diesen Gesprächen auch keinen Ansatzpunkt mehr, glaubte aber nicht, daß man hier bei näherer Betrachtung nicht mehr weiterkommen können sollte.

Das Tagebuch erlaubt nun, die Fäden von 1933 rückwärts

zu verfolgen. Es zeigt, daß vieles von dem, was Hitler aussprach, womit er die Leute gewann, nachdem er auf der politischen Bühne Beachtung fand, bereits angelegt und gedacht war. Hitler haßte Parteien, Juden, Kommunisten, feige Demokraten, den Schandvertrag von Versailles genauso wie mein Großvater. Er wiederholte stereotyp: »Der Marxismus muß sterben, damit die Nation aufersteht.« Die Selbststilisierung zum Retter Deutschlands und der Welt, schließlich der Vernichtungskampf gegen den Weltfeind, das meiste davon findet sich im Tagebuch, bevor Hitler darin ein einziges Mal erwähnt wird.

Daß Hitler sich auf Themen, die im Kollektiv schon da waren, einstimmte, daß es ihn als Führer nicht geben konnte ohne die vielen, die sich führen, begeistern, retten, unterwerfen und blenden lassen wollten, ist nicht neu.[22] Aber solange man sich der Verantwortung jedes einzelnen nicht nähern kann, nicht »von innen« versteht, was eigentlich mit ihm passiert ist, bleibt man immer darauf angewiesen, nur auf Hitler zu starren; hier der Verführer, der Böse, dort die verführten Massen, die unwissenden, hilflosen »Opfer«.[23] Das Tagebuch erlaubte mir zu erkennen, inwiefern Hitler und seine Anhänger »ein Paar« sein konnten. Ich konnte nachvollziehen, daß die tiefgreifende Deformation des gesellschaftlich-politischen Systems und die sie begleitende Freisetzung enormer destruktiver Energien in Diktatur, Entrechtung Andersdenkender, Krieg, Judenverfolgung und schließlich Vernichtung von den angeblich Verführten selbst herbeigeführt und von ihnen getragen waren.[24]

Die Schwierigkeit für das Bemühen der Nachgeborenen, Entwicklung und Bedingungen der moralischen und politischen Katastrophe zu begreifen, besteht darin, daß die Älteren über diesen Teil ihrer Gefühle und Motive nicht mehr zu verfügen scheinen. Er ist ihnen nicht mehr präsent. Und solange er nicht erzählt werden kann, kann man sich auch diesen Teil der eigenen Geschichte nicht vollständig aneignen.

Die Lektüre des Tagebuchs schuf hier Abhilfe. Sie befriedigte mich, weil ich endlich ungeschminkt Auskunft erhielt. Während der Arbeit an diesem Buch mußte ich den Unterschied zwischen Befriedigung von Rachebedürfnissen und der inneren Befriedigung, die die Trauer mit sich bringt, erst lernen. Das Vertrauen, das mein Onkel in mich setzte, indem er mir das Tagebuch aushändigte, hat dazu beigetragen. Das vollständige Bild einer vergangenen Epoche und der Menschen in ihr kann man wohl nicht bekommen. Das Tagebuch lieferte jedoch einen realistischen, drastischen Ausschnitt. Fortan plagte mich das Gefühl, mir sei etwas vorenthalten worden, weniger.

Die Probleme der Generationen nach dem Krieg mit sich und ihrer Geschichte hängen meines Erachtens eng damit zusammen, daß die Eltern- und Großelterngeneration nicht wußte, wie sie diesen Teil ihrer Geschichte integrieren sollten. Sie konnten nicht erklären, wie sie da überhaupt hineingeraten waren[25] und wie sie wenigstens nachträglich hätten Verantwortung für sich übernehmen können. Nach 1945 stellte sich das Thema der Zwischenkriegszeit erneut, wegen der globalen Verbrechen noch viel schmerzhafter als 1918: Wie geht man mit Schuld und Scham über Versagen, Desillusionierung, Niederlage, Schwäche, zerbrochener Selbstachtung um?[26] Diejenigen, die uns als Vorbild hätten dienen können, wie man Aggression aushält und verarbeitet, wenn man sie nicht nach außen weitergeben kann, nämlich die Juden, die dies in ihrer langen Verfolgungsgeschichte lernen mußten,[27] ausgerechnet sie hinzumorden hat das deutsche Volk nicht nur zugelassen, sondern sogar insgeheim betrieben. Vielleicht lernen wir unter der Bedrohung der Atomwaffen in Ost und West jetzt, was es heißt, als Ohnmächtige zu leben.

Der Sohn

Bevor ich das Tagebuch kannte, hatte ich das Leben meines Vaters nur von heute aus, im Rückblick, gewissermaßen vom Ergebnis her, betrachtet. Nun war ich in den Stand gesetzt, es auch von seinem Beginn, von seinen Ausgangsbedingungen her zu verfolgen. Aus allem, was ich zusammengetragen hatte, ergab sich folgender Lebenslauf.

Heinz ist 1911 als der vierte Sohn geboren; er wuchs aber nur mit den zwei vorhergehenden Brüdern und den nach ihm geborenen Geschwistern auf, da der Sohn aus erster Ehe bereits aus dem Haus war. Heinz dürfte keine oder nur schwache eigene Erinnerungen an »die gute alte Zeit« in

Riga und das Strandhaus in den Dünen haben. Aber sicher hat er als Kind die Fotografien, die davon existieren, gesehen und viel darüber erzählt bekommen. Die Schreckensherrschaft der Bolschewisten hat er als Achtjähriger bereits bewußt miterlebt. Im Tagebuch erwähnt Max, wie »seine Bengels« in der Notzeit Brot und Feuerholz organisierten oder etwa bei der Rückeroberung der Stadt den ersten Feldgrauen begrüßten.[28] Daß der Verlust der Heimat für die Söhne ebenso prägend gewesen sein muß wie für ihren Vater, kann man vermuten; ohne Zweifel bildet dies auch bei Heinz die Grundlage für seinen Haß auf die Bolschewiki und das kommunistische System. In der Akte aus dem Document Center befindet sich ein kurzer Lebenslauf von 1936, in dem es heißt: »... wurden während der Bolschewistenherrschaft zum zweiten Male vollkommen ausgeraubt und verließen 1919 endgültig Riga.«

Die wirtschaftliche Not der Familie in den zwanziger Jahren erlebten die heranwachsenden Kinder am eigenen Leib; Existenzbedrohung und Untergangsangst des Vaters werden sie unterschwellig sicherlich gespürt haben. Konsequenterweise übernahm der ältere Sohn Harald, nachdem er 1928 eine Ausbildung als Ingenieur abgeschlossen hatte, die Rolle des Ernährers, zumindest desjenigen, der die Familie wirtschaftlich stabilisierte. Er trat eine Stellung in der Industrie an, holte die Eltern zu sich, unterstützte sie und andere Familienmitglieder, nachdem der Vater sich allein nicht mehr hatte halten können. Wie groß das Bedürfnis nach einem geregelten Einkommen in einer festen Stellung nach den beängstigenden Erfahrungen mit der Selbständigkeit des Vaters gewesen sein muß, läßt sich daran ablesen, daß Harald seiner Firma bis zu seiner Pensionierung in den siebziger Jahren treu blieb.

Während der ältere Sohn in seiner »Gewissenhaftigkeit« die wirtschaftliche Not zu bannen hatte und sich dafür in die »verfluchte Tretmühle« eines bürgerlichen Berufs einspannte, von der sein Bruder ihn nach dem Krieg zu befreien hoffte,[29] fiel Heinz allem Anschein nach der Auftrag zu, das politische Trauma seines Vaters auszugleichen.[30] So dankt Max, nachdem Heinz eine Operation überstanden hatte, in seinem Tagebuch 1928 seinem Herrgott mit den Worten: »Möge er zum Wohle und Ruhme des Deutschen Vaterlandes weiter wirken und schaffen.« Heinz wiederum dankt seinem Vater in einem Feldpostbrief an die Eltern vom 25. Februar 1943 »für seine Erziehungsarbeit an uns«.

Wie Heinz die tiefe Kränkung des Vaters durch den Ausgang des Ersten Weltkrieges aufnahm, wie er die Verletzung des Nationalgefühls des Vaters, dessen Abscheu vor dem »Novemberverrat« und das Trauma des Versailler Vertrages verarbeitete, läßt sich nur aus seinem Verhalten schließen; persönliche Äußerungen dazu sind nicht erhalten.[31] 1929 trat Heinz in die NSDAP ein. Zu dieser Zeit glaubte er, die Seefahrt wegen eines verschleppten Gelbfiebers, das eine Augenkrankheit verursacht hatte, aufgeben zu müssen. Er arbeitete daher ein halbes Jahr auf Rügen als Landarbeiter. 1930 wurde er Mitglied der SA, 1932 Mitglied der SS. Er stellte den Aufnahmeantrag am 1. April 1932, zu Beginn einer längeren Arbeitslosigkeit. Die Aufnahme erfolgte aus mir unbekannten Gründen erst im November 1932, bis dahin war Heinz »SS-Anwärter«. Sein letzter Reeder hatte die gesamte Besatzung entlassen. Ob das Schiff stillgelegt werden sollte oder ob die Entlassung ihren Grund in Beschwerden über das schlechte Essen während der letzten Fahrt hatte, wie Max im Tagebuch berichtet, ist nicht festzustellen. Jedenfalls deutet der Kontext, in dem die Beitritte stehen, darauf hin, daß Heinz sich durch den Anschluß an die NS-Bewegung nicht nur eine politische Heimat gab, sondern auch vor Aussichtslosigkeit und Hoffnungsverlust zu bewahren versuchte. Ob Max von Heinz' Beitritt zu den Parteiorganisationen gewußt hat, läßt sich nicht mit Bestimmtheit sagen. Interessanterweise findet sich jedoch just im Dezember 1929, zu eben dem Zeitpunkt also, als Heinz der NSDAP beitrat, Max' erste hoffnungsvolle Bemerkung zu den Nazis: »Das Anwachsen der nationalsozialistischen Partei kann allein das Vaterland vor dem völligen Untergang bewahren.«

Mit der Rolle als »Retter und Rächer« des Vaters und des Vaterlandes verbindet sich die des Abenteurers und Eroberers, der zu neuen Ufern aufbricht und dabei viele Gefahren zu bestehen hat.[32] Zwei Wochen nach seiner Schulentlassung 1927, er war sechzehn, hatte Heinz seine erste Heuer als Schiffsjunge auf einem Motorsegler. Bis 1933 fuhr er mit Unterbrechungen als Matrose zur See, ins Mittelmeer, nach Westindien, Afrika, China und Japan. Aus dieser Zeit sind einige Zeitungsartikel von ihm über Sturmfahrten und Seebeben erhalten.³³ In ihnen kämpfen Mannschaft und Schiff gegen die höllisch tobenden Elemente auf Leben und Tod, ein Motiv, das sich in seinen Kriegsbriefen aus Rußland später wiederfindet. Die Lust an diesem Kampf mit den Naturgewalten ist unübersehbar. So schreibt Heinz zum Beispiel: »Brüllend empfing mich an Deck der Mystral«, oder: »Das Schiff arbeitete wahnsinnig, stieg hoch, krachte zurück, zitterte und wühlte.« Ebenfalls aufschlußreich für seine Vorstellungswelt ist der Artikel, in dem er sein »Abenteuer mit dem Drachen«, »dem Feind«, einer handtellergroßen Spinne erzählt, deren unheilvolle Nähe er plötzlich nachts in der dunklen Mannschaftsmesse spürt: »Wie der Cerberus vor dem Höllenausgang saß sie über dem Lichtschalter.« Während der Vater in seinen Tagebuchnotizen über die Naturkatastrophen seinem Gefühl vom elend-morschen Zustand der Welt und seinem eigenen Befinden darin Ausdruck gab, bezwingt der Sohn in diesen Artikeln die Gefahren unter schier übermenschlichen Anstrengungen. Auch hierzu finden sich in den Kriegsbriefen ab 1941 Parallelen. Die geschilderten Ereignisse sind atemberaubend, die Artikel mitreißend, humorvoll-markig geschrieben. Sie verraten die Bejahung des Kampfes als Lebensgesetz und ein Männlichkeitsideal, das in der Literatur nach dem Ersten Weltkrieg weit verbreitet war. Es ist sowohl für die »verlorene Generation« der Kriegsteilnehmer, die den Weg in das Zivilleben nicht zurückfand, wie für die Kriegskindergeneration verschiedentlich beschrieben worden.³⁴ 1930, die NSDAP wurde mit einhundertsieben Sitzen zweitstärkste Partei im Reichstag, stellten Jungwähler zehn Prozent, vier Millionen, der Gesamtwählerschaft.³⁵ Für Heinz und unzählige andere fanden diese Ideale ihre »Erfüllung« im Fronteinsatz.

Nachdem Heinz eine Eignungsprüfung für den Polizeidienst bestanden hatte, dort jedoch nicht untergekommen war, wurde er als Unterscharführer im Herbst 1934 beim »Ersten Sturm der Politischen Bereitschaft, SS-Germania« in Hamburg-Veddel³⁶ eingestellt. Damit verknüpfte sich Heinz' Leben endgültig mit Hitler und der im Aufbau begriffenen nationalsozialistischen Staats- und Gesellschaftsordnung. Während der nun folgenden sechsmonatigen Infanterieausbildung³⁷ lebte er kaserniert und erhielt Sold. Eine Laufbahn, die des SS-Führers, eröffnete sich. Auch diesem Schritt war eine Phase der Aussichtslosigkeit vorangegangen. Da keine Heuer mehr zu bekommen war, hatte er zehn Monate bei Phönix-Gummi in Harburg sein Geld als Arbeiter verdient. Danach ging es endlich aufwärts. Im April 1935, bevor er für ein knappes Jahr die Führerschule in Bad Tölz bezog, stellte er der Partei eine Verpflichtungserklärung aus: »Ich verpflichte mich hiermit, den Dienst in der SS als Lebensberuf zu ergreifen.« Heinz war auf vielen Seelenverkäufern gefahren, jetzt hatte er seine Seele wirklich verkauft.

Nach dem »zweiten Friedenslehrgang« auf der Junkerschule Tölz, einer Offiziersschule, auf der anfangs der Führernachwuchs für alle Zweige der SS, einschließlich der SD, allgemein, politisch und militärisch ausgebildet wurde,[38] schloß sich als Teil der Ausbildung zum hauptamtlichen SS-Führer ein Zugführer-Lehrgang im Übungslager Dachau an. Die Unterkünfte für das militärische Übungslager befanden sich unmittelbar neben dem Konzentrationslager Dachau.[39] Danach wurde Heinz – vermutlich wegen seiner Sprach- und Auslandskenntnisse[40] – zum Sicherheitshauptamt in Berlin (Amt III – Auslandsdienst) versetzt. Der SD war der politische Geheimdienst der NSDAP.[41] Bis Ende 1940 folgten die Ausbildung an der »Reichsschule« des SD in Berlin-Bernau.[42] Heirat, verschiedene Auslandseinsätze für den SD in Wien und Rom, Teilnahme am »Unternehmen Österreich« für den SD, am »Westfeldzug« als Soldat, Beförderungen, weitere militärische Lehrgänge als Rekrutenausbilder oder zur eigenen Fortbildung.

An persönlichen Äußerungen aus diesen Jahren der Ausbildung und der Tätigkeit im Auslandsdienst des SD unter SS-Gruppenführer Reinhard Heydrich und SS-Standartenführer Heinz Jost, Leiter des Auslands-SD bis 1941,[43] sind nur einige Postkarten und ein Brief erhalten. Im September 1935 sandte Heinz vom Nürnberger Reichsparteitag an seine Eltern »viele Grüße aus großer Hitze mit viel Marschieren und Schwitzen«.[44] Ein Jahr später, ebenfalls vom Parteitag in Nürnberg: »Es war ein großer Tag heute. Vom Reichsführer Himmler wurde uns der Ehrendegen überreicht, oder besser sagt man wohl ›verliehen‹. Heute vormittag wurden wir jungen Sturmführer von der Schule im Saale der Hohenzollernburg vom Führer empfangen, alle einzeln mit Handschlag begrüßt, und anschließend sprach der Führer. Es waren nur wir im Saal. Bald mehr. Heinz.«[45]

Der Brief stammt vom März 1939 aus Berlin; er ist an Bruder Harald adressiert, der per Schiff in die Antarktis unterwegs war, um dort eine Walfangstation zu errichten. Heinz bedauert, »dieses Mal nicht an dem Einmarsch (in die Tschechoslowakei) teilnehmen« zu können. »Jedoch ist meine Arbeit im Augenblick riesig interessant, so daß ich nicht böse bin, hier zu sein.«[46] Ein paar Sätze weiter heißt es: »Ich hätte den Törn (in die Antarktis) verdammt gerne mitgemacht, auch als Flenzer, denn ein hundertprozentiger Büromensch werde ich mein Lebtag nicht; die Unruhe werde ich niemals los.«[47]

Der SD-Ausland arbeitete als »weltanschaulicher« Nachrichtendienst gegen feindliche geistige Strömungen und politische Bestrebungen im Ausland.[48] Im September 1939 wurde der SD, nebst Gestapo und Kriminalpolizei, dem neugebildeten Reichssicherheitshauptamt einverleibt. Die Auslandsarbeit war so angewachsen, daß für sie ein eigenes Amt VI geschaffen wurde.[49] Nach Beendigung des »Frankreichfeldzugs«, den Heinz als stellvertretender Kompanieführer eines Bataillons der »Leibstandarte Adolf Hitler« mitmachte, wurde er wieder zum SD abkommandiert. Seit spätestens Anfang 1940 hatte er sich bemüht, »ins Feld zu kommen«, seine Dienststelle hatte ihn jedoch »zu seinem großen Kummer« nicht freigegeben.[50] Seit Frankreich setzte er dann offenbar alles daran, aus dem Reichssicherheitshauptamt wegzukommen, um nur noch Soldat und Offizier zu sein. In der Familie wird erzählt, er und ein Kamerad hätten sich selbst Gestellungsbefehle ausgeschrieben und seien, nachdem die Sache aufflog, einen Dienstgrad zurückgestuft worden. Jedenfalls gelang die Versetzung zur Truppe schließlich im Frühjahr 1941 mit Hilfe eines ehemaligen Stubenkameraden der Junkerschule, der Adjutant Ribbentrops geworden war und im »Balkanfeldzug« eine Kompanie der Leibstandarte führte.[51]

Eine genaue Vorstellung von Heinz' Tätigkeit für den Auslands-SD habe ich immer noch nicht gewonnen, da sich in den Unterlagen nur einzelne Hinweise finden. Im September 1937, während des Mussolini-Besuchs in Berlin, war er dessen Polizeichef Arturo Bocchini beigeordnet, was mit einem vom SD bezahlten Aufenthalt im Hotel Adlon verbunden war. Im März 1938, eine Woche nach dem Einmarsch in Österreich, flog er nach telefonischer Anforderung nach Wien.⁵² Im Mai 1938, als Hitler die Achse Rom-Berlin mit einem Staatsbesuch bei Mussolini untermauerte, war er längere Zeit in Rom, anschließend – ebenfalls dienstlich – auf der Weltausstellung in Paris.⁵³ Ende 1939 wirkte er in irgendeiner Form an der Aufklärung des von Georg Elsner im Münchner Bürgerbräukeller auf Hitler verübten Attentats mit.⁵⁴ Nach Ende des militärischen Einsatzes in Frankreich schloß sich im September 1940 ein sechswöchiger Lehrgang – »Afrika-Kursus« – in Rom an.⁵⁵

Worin diese Aufgaben im Rahmen der außenpolitischen Spionage im einzelnen bestanden, war nicht festzustellen. Aus den Erinnerungen von Walter Hagen⁵⁶ ergibt sich jedoch, daß der deutsche Geheimdienst in Italien keinen Nachrichtenapparat unterhalten durfte, sich daher auf enge fachliche Zusammenarbeit mit der italienischen Polizeiorganisation und dem Polizeiattaché in Rom beschränkte.⁵⁷

Aus der Zeit als Offizier der Leibstandarte von März 1941 bis zu seinem Tod im März 1945 existieren sechsundzwanzig Briefe an seinen Bruder Harald und an seine Eltern. Sie geben wieder genaueren Aufschluß, was in ihm und mit ihm vorging.⁵⁸ Ich war sehr froh, als ich diese Briefe erhielt, da meine Mutter die Feldpostbriefe an sie Ende der fünfziger Jahre vernichtet hatte. Zuvor hatte sie sie mir zum Lesen gegeben. Soweit ich mich erinnere, waren diese Briefe, was das Kriegsgeschehen anging, viel nichtssagender als die an seinen Bruder, da er Frau und Eltern schonen wollte.⁵⁹ Andererseits erinnere ich mich, daß in den Briefen an meine Mutter mehrmals die Rede von der Möglichkeit war, daß er aus dem Krieg nicht zurückkommen könnte. Mir ist etwas verschwommen, aber doch als Eindruck geblieben, daß er ihr für den Fall seines Todes nicht nur die Sorge für die Kinder ans Herz legt, sondern darüber hinaus eine Art Auftrag erteilt. Ich kann jedoch nicht mehr genau sagen, worin er bestand.

In jedem der ersten drei Briefe – zwei aus Griechenland, der dritte einen Tag vor dem Überfall auf Rußland geschrieben – drückt Heinz in fast identischen Wendungen seine Freude und Erleichterung aus, »mitmachen«, »mit dazwischen hauen«, »dabei sein« zu können, »um mich nachher nicht vor mir selbst und der Welt schämen zu müssen«.⁶⁰ Als ihm plötzlich angekündigt wird, daß er als Hauptmann in den Stab der Division auf den Posten eines Generalstabsoffiziers versetzt werden soll, ist er verärgert: »Das paßt mir gar nicht, da hier nicht geschossen wird und ich nur mit dem Federhalter kämpfen muß.«[61]

Grundsätzliche Zweifel an Sinn und Berechtigung des Krieges finden sich bis zu seinem Tod nirgends. Zwar meldeten sich leise Bedenken nach seinen ersten Erfahrungen mit englischen Luftangriffen in Griechenland. Er vertagte sie jedoch bis nach dem Krieg, zumal er – eingedenk »der Worte des Führers« – glaubte, »daß wir noch in diesem Jahr mit dem Zinnober Schluß machen werden.«[62]

»Ich bin gewiß kein Kriegsanhänger, aber froh bin ich, daß ich draußen sein kann. Unschöne Zeiten sind es, wenn man festliegt, und die rechte Befreiung bringt erst wieder der nächste Angriff. – Ich bin in diesem Feldzug um manches schlauer geworden; es kommen doch ganz besondere Gedanken, wenn man im Feuer liegt und nach dem Gurgeln der herankommenden Granaten feststellt, ob das Biest vor oder hinter dem Deckungsloch krepieren wird, um sich an die richtige Wand zu drücken, damit man kein Eisen ins Kreuz kriegt. – Ich verstehe den Führer, wenn er sagt, daß Krieg Wahnsinn ist. – Doch diese Gedanken müssen wir mal nach Kriegsende ausspinnen, wenn wir bei einem ›Blauen Lorenz‹ bei Dir zusammensitzen.«[63]

Besieht man sich die Vorstellungen, die der Briefschreiber sich von den Gegnern macht, fällt auf, daß »der Engländer« wie ein harter, aber fairer Gegner im Sport beschrieben wird. »In den ersten Kampftagen in Griechenland hat uns der Tommy nicht schlecht mit Bomben und Tiefangriffen beaast. So manches Mal wetzten wir ab, wenn eine Spitfire herunterstieß und uns aus fünfzehn bis zwanzig Metern Höhe mit ihren MGs beharkte;... doch als Genugtuung konnte unsere Masch.-Flk auch so manchen Vogel herunterholen.«[64] Die Amerikaner mit »ihre(n) ungeheure(n) Materialmengen« sind »Kaugummiindianer«.[65]

Ganz anders das Bild der Russen. Der Kampf geht nicht gegen Menschen, sondern gegen den »roten Spuk«.[66] Er wird »von der anderen Seite mit den gemeinsten Mitteln geführt ... Es kann einem auch der Kragen platzen, wenn man immer wieder viehisch massakrierte Soldaten sieht, die irgendwie versprengt oder gefangen wurden.«[67] »Es kann nichts Trostloseres geben als die Gegend, in der wir nun schon seit Wochen stecken, und immer noch kämpft der

›Rote Wahnsinn‹ mit aller Verbissenheit und läßt sich in seinem Schützenloch totschlagen. Doch welch ein Glück, daß wir dem Russen zuvorkamen. – Armes Deutschland, was wär aus uns geworden, wenn diese Massen erst gerollt wären.«[68] In einer Weihnachtskarte: »Wir werden unsere ›Feiertage‹ in den östlichen Einöden entsprechend verbringen, und der ›Gottlosenverband‹ wird uns wohl auf seine Weise eine Feier bereiten.«[69] Besonders kraß tritt das Feindbild in den Briefen an seine Eltern hervor. Da ist die Rede vom »jüdisch-bolschewistischen Chaos«, davon, »wie der Russe haust«, und von dem Wunsch, »diese Höllenbrut zu vernichten«. Nachdem die Leibstandarte im Januar 1943 aus Frankreich wieder nach Rußland verlegt worden ist, schreibt Heinz: »Unsere Soldaten kämpfen mit einer unvorstellbaren Härte – Sechzehnjährige sind in drei Wochen Männer geworden – gegen uns brandet scheinbar der Abschaum der ganzen Welt – Pardon gibt es auf beiden Seiten nicht ... – Die ganze Hölle scheint gegen uns aufgestanden. – Aber wir werden es schaffen, und wenn einer von uns hier draußen fällt, liebe Eltern, es ist ein kleines Opfer, um unsere Heimat und Angehörigen vor der Flut dieser Bestien zu bewahren.«[70]

Die eigenen Leute kämpfen natürlich nicht viehisch, sondern »wie die Löwen« und »ohne Pardon«.[71] Der Kampf wird poetisch verklärt: »Rostow ist unser – dröhnend rollen unsere Abschüsse, und orgelnd ziehen die Granaten ihre Bahn durch die Nacht.«[72] Daß die eigene, »gute« Sache siegt, wenn auch nicht so schnell wie zu Anfang gedacht, wird nicht in Zweifel gezogen. Im Januar 1942 heißt es: »Die endgültige Erledigung der roten Armee nach Eintritt normaler Witterungsverhältnisse halte ich nicht mehr für ein Problem, denn der Russe verlor und verliert zuviel an Menschen und Material; man merkt den Mangel deutlich.«[73] Vor dem erneuten Einsatz in Rußland im Januar 1943, die Leibstandarte war umorganisiert und neu ausgerüstet worden:

»... und dem Gegner werden die Augen (vielleicht auch Hosen) übergehen, wenn wir mit unseren neuen Sachen ankommen.«[74] Fünf Monate später: »Wann wir ihn entscheidend zusammenhauen können, ahnt wohl noch niemand.«[75] 1944 aus Frankreich: »Ausschlaggebend aber wird wohl unsere ›Wuwa‹ (Wunderwaffe) sein, die den ganzen Salat hier wohl mal zur Sau machen wird.«[76]

Selbst als das Desaster des Endes offenbar und längst alles verloren ist, während des Rückzugs in Ungarn 1945,[77] kann die Niederlage nicht gedacht werden. Der letzte Brief zeigt jedoch auch, daß die Schutzhülle aus Verleugnung gegen die unerträgliche Realität und den Einbruch der Verzweiflung nur noch sehr dünn ist: »Es ist eine harte Zeit – aber ich glaube fest daran, daß wir es schaffen werden – denn es kann nicht alles umsonst gewesen sein, und die Welt kann nicht in jüdisch-bolschewistischem Chaos untergehen. – Schwer ist es, sehr schwer, und wenn mal alles vorbei ist, dann fallen wir alle wohl zusammen wie leere Wursthäute. – Aber wir müssen und werden durchhalten, und wenn wir zum letzten Angriff alle am Stock humpeln. – Wenn man sieht und hört, wie der Russe haust, dann laufen kalte Schauer über den Rücken, und heißer, abgrundtiefer Haß schlägt hoch, mit dem man diese Höllenbrut vernichten möchte. – Das kann man niemals vergessen; es ist grauenhaft, und wer in der Heimat es nun noch nicht begriffen haben sollte und persönlichen Interessen nachgeht, den sollte man ersäufen. – Es ist wohl die letzte Phase des Krieges, und es geht um die Entscheidung. Der Allmächtige wird uns den Sieg schenken, um den wir so lange kämpften. Wir sind unsagbar müde und wären für einen Siegfrieden dankbar – aber ehe nicht der Sieg unser ist, gibt es kein Nachlassen.«[78]

Wie völlig fern Heinz der Gedanke an die Möglichkeit des Scheiterns lag, zeigen seine Vorstellungen für die Zeit nach dem Sieg. Er sieht sich schon als Herr im (zurück)eroberten Land: »Nach dem Kriege will ich mich vom reinen Truppendienst zurückziehen und nach Möglichkeit im Osten (Lettland) meinen Kohl bauen.«[79] – »Ich fange an, mich an Rußland zu gewöhnen, und finde Gefallen daran. – Die Weite des Landes fängt den Menschen ein und fesselt ihn. – Ich könnte mir heute schon vorstellen, später einmal in Rußland zu bleiben.«[80] »Wenn es mich in diesem Kriege nicht zerreißt, hänge ich den Soldatenrock an den Nagel und werde Bauer im Baltikum. – Sonst soll mich der Teufel holen.«[81]

Einzelheiten kann Heinz durchaus real erfassen, er korrigiert zum Beispiel falsche Vorstellungen; zum Kern seiner Illusion, als Vertreter des Guten das Böse besiegen zu können und zu müssen, dringen diese Korrekturen aber nicht vor. Im Oktober 1941 schreibt er: »Leider ist das russische Kriegsgerät auch in Qualität des öfteren recht gut; so verfügen zum Beispiel die Russen über eine zahlreiche, im Material gute und verdammt wendige Artillerie, die uns schon verdammt zu schaffen gemacht hat. – Auch damit werden wir fertig werden.«[82] Drei Monate später: »Du fragst mit Recht, wo der Russe all' das Kriegsmaterial her hat. – Wir haben auch immer nur gestaunt und geflucht. – Die Rüstungen des Russen waren unheimlich und seine Artillerie ausgezeichnet. – Trotzdem ist das, was nun noch zu tun bleibt, kein Problem mehr.«[83] Auch Land und Leute nimmt er zuweilen unverstellt wahr: »In unserer Gegend sind die Felder restlos bestellt, Getreide, Hackfrüchte und Sonnenblumen stehen gut. Mich wundert nur, wie die wenigen nachgebliebenen alten, krummen Leutchen diese riesigen Flächen mit dem Spaten umwühlen und den Acker auch hernach bearbeiten!«[84] Hin und wieder finden sich Darstellungen, die eine entfernte Ahnung von der Brutalität der deutschen Kriegsführung, allen voran die Verbände der Waffen-SS, vermitteln.[85] Nach der Rückeroberung von Charkow im März 1943, das einen Monat vorher hatte geräumt werden müssen: »Das, was hinter uns liegt, ist fürchterlich. Eine Wiederholung kann es kaum geben, und schlimmer kann es niemals werden ... Kämest Du jetzt mal wieder nach Charkow, Du erkennst es nicht wieder. – Es gibt kaum noch ein heiles Haus, und die Straßenkämpfe wird wohl niemand je vergessen.«[86] »Schildern kann niemand, was sich hier in den Winterkämpfen abgespielt hat. – Jedem einzelnen Mann gebührt das Ritterkreuz. – In Charkow selbst sind wir auf dreißig Meter an befestigte Häuser herangefahren und haben mit Sturmgeschützen hineingeschossen; von oben bearbeiteten uns die Brüder dann mit geballten Ladungen, und wenn sich unten Ziegelstaub und Pulverqualm verzogen, dann schossen die Hunde doch wieder. – Auf hundert Meter haben wir mit Artillerie hineingeschossen und stellenweise die Brüder mit Kosakensäbeln totgeschlagen. – Es waren tolle Tage.«[87]

Das Inferno, das sie entfesselt haben, wird durch markige Bemerkungen neutralisiert und erträglich gemacht. Aus Frankreich 1944: »Auf dem linken Ohr bin ich nun vollkommen taub, nachdem ich fünfmal in tollsten Bombenangriffen gesteckt habe. – Darin sind wir nun langsam Spezialisten geworden – einmal lag ich unter einem unserer Panzer, dem zweitausend Kilogramm Bomben genau vor der Nase, drei Meter links, zehn Meter rechts und zwölf Meter dahinter saßen –, so daß die Explosionsblitze uns fast Kehle und Lunge verbrannte(n). – Es ist schon eine unfeine Art von diesen Brüdern – aber wir werden uns rächen.«[88]

Die Strapazen und »Leistungen« steigern sich ins kaum noch Vorstellbare. Aus der Ardennenoffensive im Dezember 1944: »Wie immer waren wir auch diesmal im dicksten Schlamassel. Wir waren Angriffsspitze, konnten am ersten Tage schon die amerikanischen Stellungen durchbrechen und weit ins Hinterland stoßen. – Es war eine wilde Jagd mit tollen Schießereien – schließlich aber wurden wir abgeschnitten und eingeschlossen. Fünf Tage saßen wir ohne Verpflegung mit wenig Munition wie die Maus in der Falle und wurden von der amerikanischen Artillerie zertrommelt. – Am 24. 12. früh beschlossen wir auszubrechen – es gelang – dreißig Stunden marschierten wir im Rücken der Amerikaner, durchbrachen am Weihnachtsabend gegen Mitternacht deren Stellungen von hinten, durchschwammen nun unter rasendem M.G.-Feuer einen reißenden Strom, den wir alle nur unter Aufbietung aller Kräfte bezwangen, in dem aber mancher brave Soldat den Tod fand, weil die Kräfte nicht mehr reichten oder das Herz aussetzte. – Ich schleppte noch einen Verwundeten mit – und in den Morgenstunden des ersten Feiertages langten wir, als wandelnde Eiszapfen, wieder in unseren Linien an. – Wir konnten dem Amerikaner eine Nase drehen und dem deutschen Heer achthundertfünfzig Soldaten erhalten; das ist unser Stolz. – Nun rüsten wir uns zu neuen Taten.«[89]

Wie erträgt man derartige Anstrengungen über Jahre? Indem man sich an Läuse, Kälte, Hunger, Bombenangriffe, »schwersten Dienst«, Verletzungen, Rheuma et cetera »gewöhnt«; sich »von nichts mehr erschüttern« läßt; »eine große Familie« mit »den Männern« bildet; die Stimmung unter ihnen erhält, damit sie alles »mit urigem Humor ertragen«,[90] vor allem aber, indem man sich Leiden und Klagen verbietet und dies auch zum Maßstab für die Angehörigen erhebt. An den Bruder: »Es ist schön, wenn Briefe aus der Heimat kommen, die von der schweren Zeit sprechen, ohne zu klagen.«[91] »Ich konnte mich in unserer ganzen Ehe über Litty nur immer freuen; zum Beispiel habe ich während des ganzen Krieges noch nie eine Klage oder eine Meckerei gehört, und das ist unerhört wertvoll, wenn man hier draußen herumwetzt!«[92]

Eine andere wichtige Strategie besteht darin, sich und den Seinen ständig zu bestätigen, daß »alles gesund und munter«, »munter und fidel« ist, »dann wird man auch mit allem anderen fertig«.[93] Die Leidensabwehr wird am stärksten, wenn die Bedrohung am größten ist. Der folgende Brief drückt eine Unverwundbarkeitsphantasie nach einer Kopfverletzung 1943 aus: »Daß es mich erwischt hat, wirst Du von Mutter wissen. – Mir geht es trotz Schwere der Verwundung ausgezeichnet. Die Pflege durch deutsche Schwestern in einem Charkower SS-Lazarett ist vorbildlich, und in zehn bis zwölf Tagen werde ich mit einer Maschine ins Reich geflogen ... Wo man gewöhnlich die Grenze zwischen Schmerzen und Unbehagen setzt, weiß ich nicht, doch bilde ich mir ein, keine zu haben. Man hat mir bei lebendigem Leibe den Schädel operiert, und bin nicht wahnsinnig geworden, so geht es mir jetzt prima, und ich bin fidel und guter Dinge ... Ja, Harald, wir Soldaten sind ein verrückter Haufen und nicht umzubringen.«[94]

Natürlich muß die »Heimatfront« mitziehen, damit sich »der Verrat« von 1918 nicht wiederholt. In einem Brief an die Eltern vom Februar 1943, nachdem seine Mutter offenbar zuvor über die schlechte Ernährung im Reich geklagt hatte: »Wir alle hoffen nur, daß nun auch die ganze Heimat begriffen hat, worum es hier geht, und sich dessen würdig erweist! – Der Mann hier draußen fragt nicht nach seiner Feldküchenportion, sondern nach *Munition*. Vierzehn Tage und mehr gibt es nichts Warmes bei der Infanterie, und der Kampfwille ist ungebrochen. – Unser jüngster Soldat hat begriffen, daß es nun hier um *alles* geht. – ... Alles Alltägliche und alles Kleine ist von uns abgefallen, ich hätte nie gedacht, daß man sich so umstellen kann. Uns kann gar nichts mehr erschrecken – und so müßt auch Ihr Euch umstellen, damit wir ruhig unsern Dienst machen können hier draußen ... Ich hocke in einer stinkenden Lehmhütte, mindestens zehn Personen hocken auf dem Ofen, darunter Schweine und eine Zicke, Hühner und Tauben sitzen auf Wandbrettern. Die Luft ist zum Schneiden. – Vor vier Wochen noch hatte ich ein gekacheltes Badezimmer, ein weißes Bett, und nun habe ich mir die Fersen erfroren, den Pelz voller Läuse, das Gesicht vom Frost zerfressen, und ausgeschlafen habe ich erst einmal in einem Strohschober, weil alle Künste, mich zu wecken, erfolglos blieben. – Das ist unser Krieg. – Ich schreibe das nicht, um zu klagen – wir wollen alle nicht klagen, sondern Ihr sollt das in der Heimat verbreiten, was hier geleistet wird, damit die Heimat sich besinnt. Den Humor kann uns niemand rauben! Wenn die Heimat auch so stark ist wie unsere jungen Männer hier draußen, dann kann auch die ganze Welt uns nicht überrennen.«[95]

Heinz starb am 19. März 1945 bei Vesprem in Ungarn. Er hatte seine Abteilung seinem Nachfolger, Sturmbannführer Kling, übergeben, weil er zur Übernahme einer neuen Aufgabe nach Berlin beordert worden war. Danach fuhr er mit seinem Fahrer, Rottenführer Haupt, zum Gefechtsstand der 1. SS-Panzerdivision der Leibstandarte, um die Übergabe der Abteilung zu melden und sich zu verabschieden. Als er aus dem Auto ausstieg, trafen ihn mehrere Splitter einer einzelnen russischen Fliegerbombe. Ein Splitter drang in die Narbe seiner alten Kopfverletzung ein. Er war auf der Stelle tot und wurde auf dem Soldatenfriedhof in Vesprem beigesetzt.[96]

Der anständige Herrenmensch

Nachdem ich sämtliche mir zugänglichen Details in diesem Lebenslauf zusammengefaßt hatte, waren keineswegs alle Fragen beantwortet. Die Einzelheiten ergaben kein einheitliches Bild. Ich kannte diesen Menschen nun etwas näher, aber ich verstand ihn nicht. Wie sollte ich mich in ein Verhältnis zu ihm setzen? Das Leben, das ich mir »erarbeitet« hatte, war eng mit dem ungeheuren Verbrechen des Verwaltungsmassenmordes verknüpft. Heinz war zwar »nur« im SD, »nur« in der Waffen-SS gewesen, nicht bei der Gestapo und nicht bei den Vernichtungskommandos. Aber selbst wenn er seine »Pflichten« bei diesen Organisationen »erfüllt« hätte, bestünde die Aufgabe darin, sich hierzu »ins Benehmen« zu setzen. So wie die Dinge lagen, mußte ich zunächst einmal fragen: Wie war Heinz innerlich und äußerlich mit dem Vernichtungsgeschehen verknüpft?

Da bis auf den letzten Brief keine antisemitischen Äußerungen von ihm belegt sind, bereitete mir die Rekonstruktion seiner Einstellung zu den Juden große Mühe. Die Familienmitglieder, die ich befragt hatte, erinnerten sich an rassenideologische Äußerungen von Heinz nicht. Zur SS sei er »wie die Jungfrau zum Kind«, also ohne sein Zutun gekommen; nachdem er sich wegen Arbeitslosigkeit zur Wasserschutzpolizei beworben hatte, habe er sich »in der SS wiedergefunden«, weil er dorthin versetzt worden sei.

Wie paßte das zusammen? Wie kann einer im Kampf gegen »das jüdisch-bolschewistische Chaos« seine Kräfte verzehren, sein Leben aufopfern, wenn er nicht gleichzeitig die Juden aus tiefstem Herzen haßt? Wenn es so gewesen sein sollte, müßte sich diese Haltung nicht auch in Redensarten, Verhaltensweisen, typischen Episoden ausgedrückt und in der Erinnerung der Angehörigen erhalten haben, wie zum Beispiel bei Max, über den ich als Kind in meiner Familie solche Histörchen beiläufig zu hören bekam? Oder war in bezug auf Heinz die gnädig reinigende Kraft des Familienmythos am Werk, mit dessen Hilfe die Beteiligten ihn und sich selbst gegen unzuträgliche Erinnerungen schützten?

Da ich den Widerspruch zunächst nicht lösen konnte, vermutete ich, Heinz sei in die Vorstellungswelt seines Vaters und anschließend in die der Nationalsozialisten einfach hineingewachsen, selbst wenn sich in den zwanziger und dreißiger Jahren die Söhne mit dem Vater über dessen Ansichten stritten und ihn oft nicht ernst nahmen. Heinz' relativ frühe Zugehörigkeit zu NSDAP, SA und SS schloß es jedenfalls aus, daß er alles, was dort in bezug auf die Juden geredet, propagiert und getan wurde, für kalten Kaffee gehalten haben könnte. Judenfeindschaft war im Dritten Reich zur Staatsdoktrin erhoben, antisemitische Dauerpropaganda Teil des Alltags. Weltanschauliche Unterweisung auf der Junker- und SD-Schule gehörte zum Lehrprogramm[97] und zum Stoff der Zwischen- und Abschlußprüfungen. »Rassenbiologie« wurde den »Junkern« anhand des »Günther«[98] beigebracht. Inhalt und Funktion der Vorstellungen, die Heinz aus dem Elternhaus mitbrachte, kamen der Rassenideologie der Nationalsozialisten bereits recht nahe, so daß es Heinz lediglich wie eine folgerichtige Fortführung des ihm schon Vertrauten erschienen sein muß, als er mit der doktrinären Gedankenwelt Hitlers nähere Bekanntschaft machte.

An seine Erinnerungen an die deutschen Freikorps aus seiner Kindheit im Baltikum,[99] an die Verherrlichung des Kampfes, wie sie sich aus seinen Seefahrtartikeln ergibt, konnte sich der Gedanke vom Kampf der Völker um Lebensraum leicht anschließen. Der Schritt von der »Lösung der Judenfrage« zur Verbindung von »Endlösung« und Ostkrieg war unter diesen Voraussetzungen nicht mehr groß. Da sich in Hitlers Denken seit 1920 die Notwendigkeit militärischer Eroberungen zur Gewinnung neuen »Lebensraumes« und die Ausrottung der Juden unlösbar verknüpft hatten, wütete die Progaganda der Jahre 1933 bis 1939 unverhüllt gegen den zum Verbrecher erklärten »jüdisch-bolschewistischen Todfeind«. Ab 1938/39 wurde die Presse angewiesen, an dieses Feindbild anzuknüpfen, um die Umsetzung des Vernichtungsprogramms in die Praxis ideologisch vorzubereiten.[100] Der Lebensweg meines Vaters ließ sich, wie ich meinte, nur auf dem Hintergrund dieser Gedankenwelt verstehen. Er hätte kein hauptberuflicher SS-Führer werden können, ohne die nationalsozialistische Rassenideologie zu teilen.

Diese Vermutungen bestätigten sich, als ich endlich die Arbeit von Bernd Wegner über ›Hitlers Politische Soldaten: Die Waffen-SS‹ zu fassen bekam. Sie durchleuchtet die Entstehung der SS-Ideologie, Sozialstruktur und Werdegang der Angehörigen des SS-Führungskorps. Hier war nun im Detail beschrieben, wie konservatives Wertesystem und Mentalität nach dem Ersten Weltkrieg über den Vorstellungskreis der »Konservativen Revolution« sich in den nationalsozialistischen Aktivismus, in die Tugendideale und Feindbilder der SS umwandelten;[101] wie – nach einer sorgfältigen »Auslese« – auf der Junkerschule die »Persönlichkeitserziehung« zum SS-Führer vor sich ging;[102] wie weltanschauliche und militärische Schulung, Ordensideologie und Ostraumwahn ineinandergriffen.[103] Wegners Untersuchungen zum Führerkorps der Waffen-SS bestätigten darüber hinaus, daß der Eintritt in die SS-Verfügungstruppe 1934 Heinz nicht nur einen Ausweg aus der Zukunftslosigkeit – arbeitslos war er zu dem Zeitpunkt nicht einmal – geboten hatte, sondern eine Konsequenz seiner parteipolitischen Überzeugung gewesen war; und in der Tat hätte es ohne diesen bereits vorher bestehenden Grundkonsens überhaupt keinen Platz für ihn in der SS-Verfügungstruppe gegeben.[104]

Hatten die befragten Familienmitglieder mich nun über die Einstellung meines Vaters insbesondere zu den Juden samt und sonders belogen? Die Geschichte mit der Versetzung zum Sturmbann der »Politischen Bereitschaft SS-Germania« 1934 auf der Veddel in Hamburg konnte zutreffen.[105] Eindeutig falsch, Teil des begütigenden Familienmythos war jedoch die Auskunft, damit sei auch eine Art Zwangseintritt in die SS verbunden gewesen; eingetreten war er 1932, und zwar freiwillig, die vorausgegangene Partei- und SA-Zugehörigkeit galt ebenso wie das »Reichssportabzeichen« als Ausdruck nationalsozialistischer Gesinnungstüchtigkeit; »Schulungsleiter«, die die Mannschaften in »SS-mäßige« Haltung und Weltanschauung einübten, gab es bei der Verfügungstruppe bereits ab 1934.[106] Wie stand es also mit Heinz' Antisemitismus? Wenn er kein Judenhasser war, was war er dann?

Die Lösung fand sich erst, nachdem mir klar wurde, wie sehr mir meine Vorwurfshaltung den Blick auf die Zeit damals verstellte. Danach nahm ich die Auskunft der Familienmitglieder, sie erinnerten sich nicht an antisemitische Äußerungen, ernst, hielt sie für Mosaiksteinchen und Ausgangspunkt für weitere Fragen, aber nicht für die ganze Wahrheit. Alsdann ergab sich: Heinz brauchte keinen persönlichen Haß gegen die Juden zu hegen und gegen sie zu eifern als Ausdruck jenes tiefverwurzelten Ressentiments, von dem Max beherrscht war und das Sartre für den klassischen Typ des Antisemiten beschrieb.[107] Der Fall Eichmann zeigt, daß »man persönlich« nicht das geringste gegen die Juden haben mußte,[108] um gleichwohl alle seine Kräfte in den Dienst der Vernichtung stellen zu können, ja sie sich zur Lebensaufgabe zu machen. Es reichte vollkommen, wenn Heinz die »Maßnahmen« gegen die Juden für nötig und unerläßlich hielt, weil sie dem Willen des Führers entsprachen, dem der SS-Angehörige sich unterstellt hatte.[109] Da Heinz weder Opportunist noch fanatischer Hasser gewesen war, sondern zur verbreiteten Spezies der deutschen Idealisten gehörte, wird er es »rein sachlich« und ohne emotionalen Aufwand schlicht für richtig und notwendig gehalten haben, daß die Juden bis zum Kriegsbeginn 1939 in die vollkommene Rechtlosigkeit gedrängt wurden. Ihre Vernichtung wird ihm – wenn ihm darüber Details bekannt waren – infolge der Identifizierung von Juden, Bolschewisten und des Sowjetstaates mit »Weltfeind Nummer eins« als Teil der großen Präventivmaßnahme erschienen sein, als die er, die Allgemeine und die Waffen-SS den Vernichtungskrieg gegen Rußland ansahen.[110]

Heinz konnte mithin die Rassenideologie vollkommen teilen, ohne gleichzeitig ein »Judenfresser« sein zu müssen. Integraler Teil der nationalsozialistischen Weltanschauung war die Vorstellung, daß »der Wille der Natur zur Höherzüchtung des Lebens« es allem »Minderwertigen« bestimmte, zugrunde zu gehen. Die Doktrin von einer »Weltordnung der Kraft und Stärke« und vom »Rassenkampf« umfaßte die »Auslese des Schwächeren«. Heinz »lebte« diese Überzeugungen; auf ein Foto seiner zukünftigen Frau, das er 1936 an seine Eltern schickte, hatte er geschrieben: »Herr, gib uns Kraft, stets sauber zu bleiben, und wir wollen schaffen!!« Im »SS-Stammrollen-Auszug« von 1935 sind unter »Religion« die Worte »evangelisch-lutherisch« gestrichen, statt dessen ist »gottgläubig« darübergeschrieben. Der Kirchenaustritt wurde von den SS-Angehörigen gefordert oder doch erwartet. Ausweislich der Personalakte gehörte er zum »Lebensborn e. V.«. Als 1942 sein erstes Kind, ein Sohn, geboren wurde, schrieb er aus Rußland: »Am 20. haben wir mal wieder gewaltig auf die Pauke gehauen, und als ich telefonisch über Führerhauptquartier durch einen Adjutanten hörte, daß Frau und *Sohn* gesund, habe ich vor Freude und innerer Befreiung gebrüllt wie ein Stier! – Es wurde das tollste Fest, das ich jemals gefeiert habe! – Trotz Krieg, Artilleriefeuer, Fliegern und ähnlichen dummen Begleiterscheinungen.«[111] Seine nationalsozialistische Überzeugungstreue stets und ständig durch Worte zu bekräftigen war also nicht mehr nötig, zumal der SS-Mann während der diversen Lehrgänge ohnehin mit den rassenpolitischen Aufgaben der SS, mit »Bevölkerungspolitik«, »Rassenkunde«, »Erbgesundheitsfragen« und »Gattenwahl« laufend gefüttert wurde, so daß sich zuweilen schon eine »Ermüdung der Männer« bemerkbar machte.[112]

Diese Lösung des Rätsels bestätigte sich, als ich ›Das Schwarze Korps‹ zur Hand nahm, die Zeitschrift für die Schutzstaffeln der NSDAP, die die »SS-Reichsführung« seit 1935 herausgab. Beim Lesen und Blättern in den verschiedenen Jahrgängen des großformatigen Magazins, einer Mischung aus Zeitung und Illustrierter, stieß ich auf widerwärtige antisemitische Zeichnungen und Artikel. Die Hetzpropaganda gegen die Juden nahm jedoch in der Vorkriegszeit keineswegs die Schlagzeilen ein, sondern tauchte wie etwas allseits Bekanntes, über das man sich längst einig ist, lediglich in den aktuellen Karikaturen jeder Nummer auf sowie in

Artikeln auf den hinteren Seiten.[113] Den Schwerpunkt der großen, bebilderten Reportagen bildete hingegen die Verherrlichung des heroischen Kämpfers in Berichten über brückenschlagende Pioniereinheiten, Gasmaskenübungen, »SS-Dienstsport« und »Reichs-Gepäckmärsche«; Heydrich beim Kugelstoßen, fünfzigster Geburtstag des Führers mit eindrucksvollen Leserbriefen vor allem von Frauen, in denen die Allgegenwart und Gottähnlichkeit des Götzen deutlich wird; »Harte Schule bei der Elitetruppe«, »Die Ausbildung an der Waffe gehört zum Schönsten während der Dienstzeit«.[114] Statt wüster Haßausbrüche – offenbar waren die dem Götzen und den höheren Chargen vorbehalten – propagierte das Blatt für die unteren und mittleren Ränge weltanschauliche Zucht und Disziplin. »Jetzt aber Schluß«, »gegen den Unfug der Überschwenglichkeit«, hieß es in einem Artikel von 1936, »wir haben uns gewehrt gegen das Übermaß an Begeisterung, das zu den seltsamsten Mitteln griff, um sich vor aller Öffentlichkeit bemerkbar zu machen«; »Nationalsozialismus zeigt man durch Haltung, durch das strikte Vermeiden seiner aufdringlichen Betonung«.[115]

So war das also. Die Elite, zu der die SS sich zählte und erzogen wurde, wahrte Zurückhaltung und Anstand. Man war nicht nur mutig, hart und entschlossen, man wahrte auch seine Ehrauffassung, war wahrhaftig und verschwiegen.[116] Meinem Vater muß dieses »stille Wissen« um die richtige Haltung, das im ›Schwarzen Korps‹ beschworen wurde, sehr entgegengekommen sein.

Dieses Ergebnis paßt zu dem Bild, das Hilberg von der Mentalität der Bürokraten, die die Vernichtung planten, gezeichnet hat. »Der deutsche Täter war kein besonderer Deutscher. Was wir hier über seine Moral zu sagen haben, trifft nicht auf ihn speziell, sondern auf Deutschland insgesamt zu.«[117] Hilberg erläutert, wie das Arsenal des psychischen Selbstschutzes aussah, das den Massenmord und das Gefühl, dabei »anständig« zu bleiben, ermöglichte. Die Gewissensgrenze, an der seelische Hemmungen und Skrupel, Unrecht zu tun, sich melden konnten, wurde durch ein System von Rationalisierungen immer weiter hinausgeschoben.[118] Hilbergs Ergebnis: »Der Judenausrotter war kein ›Antisemit‹.«[119] Mir fielen die Sätze: »Ich hatte nichts gegen die Juden« und: »Mir hat kein Jude etwas getan« wieder ein. Mit ihnen hatten schon die großen Nazis in den Nürnberger

Prozessen auf die Frage, wie sie denn den Juden gegenüber eingestellt waren, geantwortet, und von vielen kleinen, die mir später weismachen wollten, sie hätten mit allem nichts zu tun gehabt, habe ich sie selbst gehört.

Was gab es sonst noch an Anhaltspunkten, um die Daten des Lebenslaufes zum Sprechen zu bringen? Heinz wußte, was sich im Häftlingslager Dachau abspielte, da er im Frühjahr 1936 den für die Junker obligaten zweimonatigen Zugführerlehrgang in Dachau absolvierte. Konzentrationslager, SS-Kasernen, SS-Siedlungen und Truppenübungsplatz bildeten einen einheitlichen Komplex. Das »Schutzhaft«-Lager, damals noch in einer leerstehenden Munitionsfabrik untergebracht, befand sich auf dem Gelände des militärischen Ausbildungslagers Dachau. Die Unterkünfte der SS lagen unmittelbar neben dem Lager der Häftlinge, von diesem nur durch einen Stacheldraht getrennt. Die SS-Leute, die in der Gefechtsausbildung geschliffen, und diejenigen, die für den Wachdienst in den Konzentrationslagern präpariert wurden – SS-Totenkopfverbände –, bewohnten diese Unterkünfte gemeinsam.[120] Die Grausamkeiten an den politischen und rassischen Feinden, überhaupt die Kenntnis über das Schutzhaftlager als Terrorinstrument, ließen Heinz offenbar nicht an der Richtigkeit seiner Überzeugungen zweifeln.

Denn anschließend wurde er zum SD nach Berlin versetzt, wenn auch gegen seinen Willen;[121] aber er ging hin und tat seine »Pflicht« bis Anfang 1941. In den Briefen heißt es, als ihn dienstliche Verfügungen trafen, die ihm nicht in den Kram paßten – Urlaub, Stabstätigkeit –, an zwei Stellen »Befehl ist Befehl«. Entsprechend wird er es auch mit der Versetzung zum SD gehalten haben. Ob er dort mit Verbrechen in Berührung gekommen ist, ergeben die Quellen nicht. Daß es anders gewesen sein könnte, ist jedoch nur schwer vorstellbar. Bei aller betonten Selbständigkeit des SD bediente sich auch die Gestapo der Erkenntnisse, die im SD aus Berichten von Spitzeln im In- und Ausland destilliert wurden.[122] Vorgänge, in denen »Vollstreckungsmaßnahmen« durch die Gestapo in Betracht kamen, waren an diese abzugeben.[123] Der Auslands-Spionagedienst des SD bereitete nachrichtendienstlich systematisch die Annexion Österreichs und der Tschechoslowakei sowie die Überfälle auf Polen und Rußland vor.[124] Die Berliner SD-Zentrale residierte im Hohenzollernpalais in der Wilhelmstraße 102, Ekke Prinz-Albrecht-Straße, gegenüber dem Geheimen Staatspolizeiamt,[125] ein Ort, von dem, wie in der Bevölkerung bekannt war, Schrecken und Grauen ausgingen.[126] Mein Vater ging dort in SS-Uniform täglich ein und aus. Er versah seinen »Dienst« im Machtzentrum eines verbrecherischen Staates.

Meine Mutter berichtete, Heinz sei einmal aus dem Dienst gekommen und habe verzweifelt geweint, weil ein Kollege sich erhängt hatte; ein Konflikt zwischen Dienst- und Freundespflicht, nähere Einzelheiten brachte sie nicht mehr zusammen. Für seinen Entschluß, den SD zu verlassen und sich zur Front zu melden, könnte dieses Erlebnis mitbestimmend gewesen sein. Da verschiedene Familienmitglieder berichteten, er habe sich zunehmend mit Verachtung und Abscheu über Intrigen und Vetternwirtschaft im SD geäußert, ist diese Annahme sogar wahrscheinlich. Sicherlich spielte der Wunsch, »mit dazwischen zu hauen«, bei seiner Abneigung gegen den »Kampf mit dem Federhalter« eine ebenso große Rolle. 1940, als er in den letzten Tagen der »Schlacht um Frankreich« noch eingesetzt wurde, schrieb er an seine Eltern aus Aachen: »Wir sitzen bei einem Kameradschaftsabend beim Polizeipräsidenten zusammen. In wenigen Stunden geht es weiter. – Ich bin sehr froh.«[127] Immerhin bewahrte ihn seine Versessenheit auf Kampf und Krieg davor, zu den von SD-Führern geleiteten Einsatzgruppen versetzt zu werden, die mit dem Vorrücken der Front die Massaker an den Juden Polens und Rußlands verübten.[128]

Zumindest gilt das für einen möglichen Einsatz in Rußland 1941. Ob es auch für Polen 1939 zutrifft, ist ungewiß. Im November 1939 war der Personalakte zufolge seine Versetzung als Abwehroffizier zu der neu gebildeten Totenkopfdivision bereits beschlossene Sache. Diese Division war für den Einsatz in Polen aus sechstausendfünfhundert ehemaligen KZ-Wächtern gebildet worden. Sie unterstand dem berüchtigten Theodor Eicke, bis 1939 Chef des KZ-Systems; sie führte parallel zu den Einsatzkommandos Verschleppungen und Hinrichtungen im besetzten Polen durch, war an der Liquidation der polnischen Führungsschicht beteiligt und verübte während der Zusammentreibung in die Gettos Massenmorde an den Juden.[129] Heinz war von Werner Best, Leiter des Personalamtes des RSHA (Reichssicherheitshauptamtes), als Ic für diese Division benannt und stand »ab sofort zur Abberufung bereit«. Warum er nicht abberufen wurde, ergibt die Akte nicht. Möglicherweise rettete ihn eine der personalpolitischen Eigenmächtigkeiten Eickes, der sich gegen einen Personalaustausch mit der bei seinen »Totenköpfen« als »militärisch« verschrieenen Verfügungstruppe wo immer möglich wehrte.[130] Ob Glück, eigene Entscheidung oder beides, es gelang Heinz jedenfalls zunächst, zwischen sich und der Massenvernichtung eine deutliche Grenze zu ziehen.

Daraus dürfte aber gleichzeitig folgen, daß er wußte, welche Verbrechen die Totenkopfdivision und die Einsatzkommandos in Polen 1939 verübten. Ebenso muß er als erster Mitarbeiter im Stab der Division der Leibstandarte von August 1941 bis Frühjahr 1942, wahrscheinlich auch noch aus der Zeit im SD von den Massenmorden der Einsatzgruppen mit Beginn des Vernichtungsfeldzugs gegen Rußland gewußt haben. Die Kenntnis dieser Vorgänge war in der Truppe verbreitet, wenn auch nicht in ihrem vollen Ausmaß;[131] verschiedentlich wurden auch Waffen-SS-Angehörige zu den Einsatzgruppen abkommandiert.[132]

Schließlich sind von der Leibstandarte selbst begangene Kriegsgreuel bekannt. Anfang Januar 1942 fand man bei der Rückeroberung von Taganrog im Brunnen des Hofes der GPU-Zentrale (der russischen staatlichen und politischen Verwaltung) die Leichen von sechs Angehörigen der Leibstandarte, die auf bestialische Weise ermordet worden waren. Daraufhin befahl Sepp Dietrich, alle Russen zu erschießen, die in den nächsten drei Tagen gefangengenommen würden. Ihre Zahl belief sich auf viertausend.[133] Während der Ardennen-Offensive im Dezember 1944 ermordete die Panzerspitze, Kampfgruppe Peiper, zu der auch mein Vater gehörte, einundsiebzig amerikanische Soldaten, die sich bereits ergeben hatten und entwaffnet worden waren.[134] Die Historiker betrachten ihr Wissen über die Kriegsgreuel der SS-Fronttruppen als lückenhaft, da diese selten aktenkundig wurden.[135] Mordtaten wie die geschilderten könnten also auch wesentlich häufiger vorgekommen sein.

Wie Heinz zu den Massakern an Zivilpersonen, insbesondere Juden, in Rußland eingestellt war, läßt sich nur aus seinen Kriegsbriefen erschließen. Da sich keine Äußerungen des Erschreckens und der Distanzierung finden, muß er Rechtfertigungen gehabt haben, um etwaige menschliche

Regungen unterdrücken zu können; etwa indem er die Morde als notwendigen Teil des großen »Kreuzzuges« gegen den »jüdischen Bolschewismus« ansah, das heißt sie bejahte. Bei den von der Leibstandarte selbst begangenen Greueln wird sich – obwohl Heinz durch die Junkerschule mit den Regeln des Kriegsvölkerrechts vertraut war[136] – vermutlich erst recht kein menschliches Gefühl mehr für die massenweise Hinrichtung Unschuldiger geregt haben, da der Wunsch nach Rache und Vergeltung an dem als hinterhältig, feige und viehisch wahrgenommenen Feind letzte, noch entgegenstehende moralische und rechtliche Normen außer Kraft setzte. Die von Heinz in den Briefen oft gebrauchte Formulierung »Pardon wird nicht gegeben« könnte ein Hinweis auf den Abbau moralischer Hemmungen und die bewußte Überschreitung der üblichen kriegsrechtlichen Schranken sein.

Aus den Briefen ergibt sich, daß Heinz sich vorstellte, nach Ende des Krieges im eroberten Rußland oder Lettland als Bauer zu leben. In einem aus dem Jahr 1949 stammenden Brief seines wohl engsten Freundes an meine Mutter, den sie vor einiger Zeit fand und mir dankenswerterweise gab, steht etwas ähnliches: »Wissen Sie noch, wie wir an Sie Sprüche hingeklopft haben über die gegenseitige Einladung unserer Kinder auf unsere künftigen Gutshöfe? – Vielleicht schaff ich sowas doch noch einmal in zeitgemäß vereinfachter Form.« Wenn beide sich also entsprechend Hitlers Ostkriegskonzeption[137] schon als Siedler oder »Wehrbauern« im deutschen Ostimperium sahen, kämpften sie mit dem Bewußtsein an der Ostfront, einen Eroberungskrieg zu führen. Ob sie die vonstatten gehenden Judenerschießungen ebenfalls in diesen Zusammenhang einordneten? Begriffen sie sie als Teil der geplanten Entvölkerung des »Ostraumes«, der zukünftigen Versklavung und Unterjochung der angestammten Bevölkerung durch Wehrdörfer, in denen die SS als Herren siedeln sollten, wie Himmler sich das vorstellte und wie es in der SS »unterrichtet« wurde? Ausdehnung Großdeutschlands zum großgermanischen Reich bis zum Ural und darüber hinaus; die SS als »Orden guten Blutes« wie einst der deutsche Ritterorden den Osten kolonisierend?[138] Da die »Höheren SS- und Polizeiführer« in den besetzten Gebieten bereits eine entsprechende Politik betrieben[139] und diese Ideen in der SS allenthalben propagiert wurden, scheint es mir keine Unterstellung zu sein, wenn ich mir vorstelle, Heinz und sein Freund seien mit solchen Zielen in Rußland einmarschiert. Die Erschießung der viertausend Russen durch die Leibstandarte erklärt sich dann nicht nur als militärische Kriegsgreuel; vielmehr wären die Morde so etwas wie gerechtfertigte, »reinigende Akte« gewesen, gemessen an der ohnehin zu vollbringenden »Säuberung« nur nebensächliche, allerhöchstens »flankierende Maßnahmen« für das später geplante, gigantische Eroberungs-, Versklavungs- und Vernichtungsprogramm.

Ob es wirklich so war, wird sich nicht mehr beantworten lassen. Die »Kriegsziel«-Phantasie deutet jedoch darauf hin, daß sich die Grenze verwischt hatte zwischen Kriegsverbrechen, das heißt Unmenschlichkeiten im Kampf gegen den bewaffneten Gegner, und Ausrottungspolitik, das heißt dem Verbrechen gegen die Menschheit.[140] Demnach läßt sich die bequeme Vorstellung, Heinz und seine Kameraden hätten als Soldaten lediglich am Krieg als »machtpolitischem Vorgang« teilgenommen und damit automatisch mit der Vernichtung des jüdischen Volkes nichts zu tun, nicht aufrechterhalten.

Für die Frage, ob Heinz über die systematische Vernichtung des jüdischen Volkes in den Todesfabriken in Polen unterrichtet war, liefern die Unterlagen keine Anhaltspunkte. Der Befehl zur »Endlösung« ist spätestens im März 1941 erteilt worden, zu dem Zeitpunkt also, als Heinz das Reichssicherheitshauptamt gerade verließ, um am »Balkanfeldzug« teilzunehmen.[141] Die Vorstellungswelt, die die Briefe offenbaren, sowie die Fakten, die die neuere historische Forschung zur SS und zur Waffen-SS zutage förderte, lassen jedoch darauf schließen, daß Heinz das »Vernichtungswerk«, das die SS-Funktionäre in Auschwitz, Sobibor, Treblinka, Maidanek und im übrigen Reich vollzogen, das die Täter an den Schreibtischen im RSHA planten und das die Vielzahl der »Befehlsempfänger« in den Wohnungsämtern, bei der Reichsbahn, im Auswärtigen Amt, in der Industrie, in den Stäben der Wehrmacht und in den »zivilen« Verwaltungen von den höchsten bis zu den alleruntersten Befehlsebenen – oft freiwillig – mittrugen, ähnlich wie alle diese Mitwisser, Mittuer, Mittäter, Mittöter in einem globalen, größenwahnsinnigen Tatvorsatz mitumfaßte. Er war der kollektiven Kraftanstrengung zu Expansion und Vernichtung, der »Leistung«, die er mit seinem Einsatz, durch Selbstzucht, Unterordnung und Disziplin im »Dienst am Ganzen« erbrachte, in seinem Glauben und seinem Willen zu Pflichterfüllung unter Zurückstellung persönlicher Interessen tief verbunden. Angesichts »ihrer Opfer« erschien ihm die erhoffte Pfründe im Osten sicherlich nur wie eine verdiente Entschädigung.

Nehme ich all das zusammen, komme ich nicht umhin, meinen Vater für einen nicht unbeträchtlichen Teil an der Riesenschuldmasse des Dritten Reichs verantwortlich zu machen.

Wozu dient diese Anklage? Kürzlich fragte mich ein Richter – unjuristisch –, ob die Untaten der Väter nicht irgendwann auch verjähren dürften; ob die Kinder den Vätern und sich selbst nicht die Rechtswohltat des Zivilrechts angedeihen lassen könnten, wonach durch Zeitablauf Ansprüche und Streit hinfällig werden, Rechtsfrieden eintritt. Das Problem besteht in diesem Falle jedoch gerade darin, daß das Verstreichen von Fristen nicht zur Beilegung des Streits, zum inneren Frieden führt. Diese Verjährung tritt nicht von selbst ein. Es nützt nichts, Zeit abzuwarten, zu versuchen zu vergessen, da die Schuld unbegrenzt ist. Die Verzweiflung darüber, daß die Welt diese Möglichkeiten der Selbstverneinung und des Scheiterns birgt, dauert ja fort. Ich kann sie mir genausowenig herausreißen, sie ausmerzen, fortzaubern wie die ungewollte Bindung an den Vater. Beides kann sich nur zu etwas Neuem umwandeln, zu einer moralisch begründeten Distanz umschmelzen, wenn ich mich nicht nur obenhin lossage; gerne hätte ich diese Möglichkeit, wenn es sie gäbe, ergriffen. Mir wurde jedoch immer deutlicher, daß man dadurch im Geheimen »am Alten« klebt und infolgedessen auch von der gestrigen und heutigen Wirklichkeit nicht mehr ergriffen werden kann. Der Frieden, um den am Mittagstisch in der Justizkantine gebetet wurde, stellt sich für mich im Verhältnis zur Vergangenheit, wenn überhaupt, nur her, indem ich mir das bereits Geschehene zu vergegenwärtigen versuche, die Verstrickung des Vaters in das Verbrechen und meine Verstrickung mit ihm durchdenke.

Woher nehme ich aber das Recht für Anklage und Urteil? Jaspers, dessen Überlegungen zur Schuldfrage ich folge, schreibt dazu: »Niemand braucht in moralischer und metaphysischer Schuld einen Richterstuhl in der Welt anzuerkennen. Was vor liebenden Menschen in nächster Verbundenheit möglich ist, ist nicht in Distanz kalter Analyse erlaubt.«[142] Jaspers setzte 1946 für das Gespräch über moralische und metaphysische Schuld unter »Schicksalsgefährten« einen Maßstab an, der »spürbar (wird) in der Haltung und Stimmung des Urteilenden: ob er von Schuld spricht, die er selbst mitträgt oder nicht, ob er also von innen oder von außen, als Selbsterheller oder als Ankläger, damit als Nahverbundener zur Orientierung für mögliche Selbsterhellung der anderen oder als Fremder im bloßen Angriff, ob er als Freund oder als Feind spricht. Immer nur im ersten Falle hat er ein zweifelloses, im zweiten Falle ein fragwürdiges, jedenfalls durch das Maß seiner Liebe beschränktes Recht.«[143]

Wende ich die vier Kategorien der Schuld, die Jaspers unterscheidet, auf meinen Vater an, stellt seine für Taganrog vermutete, für Malmedy sehr wahrscheinliche Beteiligung an den Morden kriminelle Schuld dar. Seine politische Schuld besteht in der Unterstützung des verbrecherischen Regimes. Seine moralische Schuld liegt in der Verfälschung seines Gewissens, die er selbst betrieb »durch bewußten Abschluß in der Isolation des eigenen Lebens auf eine ›anständige‹ Sphäre«.[144] Sie besteht auch in seinem fraglosen Gehorsam gegen die politische Herrschaft, die das Vaterland, dem er zu dienen meinte, nicht mehr repräsentierte. Vor dem moralischen Gericht, das ich hier veranstalte, muß es auch das »moralische Jugendstrafrecht« geben. Danach halte ich »die tragische Verwirrung ... eines großen Teils der ahnungslosen Jugend«[145] auch noch meinem Vater zugute. Vor der metaphysischen Schuld, die in dem »Mangel an der absoluten Solidarität mit dem Menschen als Menschen« besteht, ist mein Vater durch seinen Tod entbunden. »Wenn es geschieht und wenn ich dabei war und wenn ich überlebe, wo der andere getötet wird, so ist in mir eine Stimme, durch die ich weiß: Daß ich noch lebe, ist meine Schuld.«[146]

Hier beginnt jedoch die Tradition, die Nicht-Entbindung. Denn »daß ich noch lebe, wenn solches geschehen ist, legt sich als untilgbare Schuld auf mich«. Wir übernehmen die Schuld der Väter.[147]

Der Brief des Freundes meines Vaters, 1949 an meine Mutter geschrieben, liegt schon eine ganze Weile in der Vater-Akte. Ich konnte ihn »nicht entziffern«, weil sich in ihm das Erschrecken über Tod und Vernichtung auf den Tod des

Freundes beschränkt. Daß die Solidarität mit allen Menschen, für deren Tod diese Freunde verantwortlich waren, vor allem mit den Opfern ihres Rassenwahns in dem Schreiben nicht vorkam, hat mich gequält und das Verstehen verschlossen. Jaspers beschreibt nun als Charakteristikum der metaphysischen Schuld, daß es »nicht in der Solidarität aller Menschen, nicht der Staatsbürger, nicht einmal kleiner Gruppen liegt, sondern auf engste menschliche Verbindung beschränkt bleibt«, das zwischen Menschen geltende Unbedingte zu empfinden und danach handeln zu können. »Das macht diese Schuld von uns allen.«[148]

Als ich diese Stelle las, erhielt ich gewissermaßen die Erlaubnis, meinen Anspruch, das Bedürfnis und den Größenwahn, alle Schuld auf mich nehmen zu müssen, zu verringern. Die Trauer des Freundes schuf zu Anfang nur einen Zugang zum Schmerz über den Tod des Helden, später auch über den Tod des Vaters und zu der Einsicht in die Ohnmacht, dem Unbedingten gerecht werden zu können.

»11. 12. 1949: Nein, ich habe nichts, gar nichts vergessen, weder aus der reichen Zeit rührender, inniger Freundschaft in Tölz noch aus der gemeinsamen Zeit in Berlin mit den fröhlichen Abenden mit Ihnen zusammen noch die schmerzlich seltenen, gemeinsamen Stunden im Winter 44/45 und die flüchtigen Begegnungen in der Zwischenzeit. Aber alles war überschattet durch diese Sekunde, die mich hinabriß und von der ich allzulang nicht zu mir selbst fand. Seit jenem Tag brachte ich auch keinen Brief mehr an meine Angehörigen zustande bis zum Herbst 45, als inoffizielle Post befördert werden konnte. – Oft habe ich den Tod von Kameraden erlebt, aber nie so jäh und unverhofft wie mit meinem geliebten Hein. Wir erwarteten ihn am Divisionsgefechtsstand in einem Bauernhaus an der Straße; er fuhr vor, ich wußte, das muß Hein sein, gehe zur Tür; in dem Augenblick fiel eine kleine Bombe aus einer einzeln fliegenden russischen Maschine am Haus nieder. Als ich hinaustrat, lag mein Hein zu Tode getroffen am Hauseingang. So jäh getroffen, daß er keine Empfindung mehr gehabt haben kann. Und nur das festzustellen war mir noch vergönnt, weil die Arbeit mich beanspruchte. – Warum schrieb ich Ihnen das nicht vor Jahren? Ich verstehe mich selbst nicht in diesem Verhalten und habe mir oft und oft dieserhalb Vorwürfe gemacht im festen Wissen, daß Hein im umgekehrten Falle sich anders betragen hätte ... «

Zu Ende des Krieges gab es Hunderte von Waffen-SS-Kommandeuren, die – wie Heinz in der Nazi-Ideologie erzogen – den Kern der SS, das Herrschaftsinstrument des NS-Staates, bildeten. Ihrem eigenen Selbstverständnis nach hätten diese SS-Offiziere sich wahrscheinlich nicht als »Herrenmenschen« bezeichnet, da unter anderem Bescheidenheit und Zurückhaltung zum charakterlichen Leitbild gehörten. Diese »Anständigkeit« hatte jedoch nur für die eigene Gemeinschaft Gültigkeit; im Verhalten gegenüber denjenigen, die »die Anständigen« aus der Gemeinschaft der Menschen ausgeschlossen hatten, über die zu herrschen sie sich für berechtigt hielten, galten andere Maßstäbe. Deswegen fällt es uns so schwer, uns die fürsorglichen Väter, die tapferen Söhne, die gefallenen Brüder und reizenden Onkel als die von Größenideen beherrschten Eroberer, als die pflichtbewußten, erbarmungslosen Sadisten, Schlächter und Ausbeuter vorzustellen, die sie für die Opfer ihrer Aggression, die die zwölf Jahre des Dritten Reiches wie tausend erlitten,[149] tatsächlich waren: Herrenmenschen.

Als Heinz seinen Bruder gegen Ende 1944 das letzte Mal besuchte, sagte er, wie mir mein Onkel berichtete: »Wenn wir diesen Krieg noch gewinnen sollten, dann steht uns ein noch viel schlimmerer bevor, nämlich der gegen die Partei.« Ich setze die überlieferte Bemerkung hierher, um einer Selbsttäuschung entgegenzutreten. Die unter Offizieren verbreitete Vorstellung, nach dem gewonnenen Krieg mit dem Nationalsozialismus oder in der Partei aufzuräumen,[150] ehrt diese Militärs nicht etwa, wie mancher sich glauben machen möchte, vielmehr ist sie Teil der moralischen Schuld. Es gab für Hitler nur Sieg oder Untergang; es konnte auch für das verbrecherische System keine noch so radikalen Reformen geben, die es hätten salvieren können. Es gab nur die eine Wahl, dafür oder dagegen: »Ich habe mich entschieden. Ich will lieber tot sein als noch länger deutscher Soldat.«[151]

Die Vorstellung meines Vaters, nach 1945 den Krieg gegen die Partei zu beginnen, führt mich jedoch zu folgender Überlegung: 1933 stand das große Reinemachen ganz obenan. Zu Ende des Krieges stellten sich Offiziere wiederum vor, sich mit einem großen Ausfegen aus der Malaise zu helfen. Nach 1945 hat sich das im großen Reinwaschen fortgesetzt. – Wie unterscheiden wir uns in unserem Bedürfnis, den Dreck der Väter vom Stecken zu kriegen, eigentlich von ihnen? Wünschen wir nicht selbst immer noch das große Aufräumen und Saubermachen? Wie vermeiden wir, daß wir in unserem Reinheitsbedürfnis ihnen gleich sind oder werden? Jaspers schrieb kurz nach dem Krieg: »Im Gang der Dinge scheint stets der Überlebende recht zu haben.«[152] Mit dem Zorn, mit der Empörung, mit der großen oder kleinen Distanzierung ist es also nicht getan. »Möge die Empörung sich reinigen. Wir kämpfen um die Reinheit der Seele.«[153] Ich scheue mich vor diesem Ausdruck und seinem Reinheitsanspruch, zumal Jaspers später die Sowjetunion für den Weltverderber hielt. In meiner Beurteilung hat gewiß auch wiederum »der Überlebende recht«, nachdem die Zeiten des Kalten Krieges vorbei sind. Aber auch »die moralische Erneuerung«, von der man nach 1945 sprach, kommt den Worten, die 1933 für Deutschlands Aufbruch verwendet wurden, zu nahe. Die Psychoanalytikerin Barbara Vogt-Heyder meint, es gehe für die Kinder der Täter darum, »die Nazi-Identifikationen mit ihren Vätern aufzugeben«.[155] Ich kann mich diesem psychoanalytischen Terminus anschließen, da Voraussetzung für die Lösung der Identifikation ist, diese Anteile der Eltern in uns selbst zu entdecken.

Das falsche Gewissen

Die Schwierigkeit nachzuvollziehen, in welcher Weise mein Vater in das Unrechtssystem verstrickt war, bestand zu einem guten Teil darin, daß er »die saubere Vorderseite des Systems«[155] vertrat. So heißt es zum Beispiel in dem Antrag, den das Generalkommando des I. Panzer-Korps LSSAH (Leibstandarte der SS Adolf Hitler) 1944 an das SS-Führungshauptamt zwecks Beförderung zum Obersturmbannführer stellte, über ihn: »Große, schlanke Erscheinung, ausgeprägter Charakter: offen, kompromißlos, zuverlässig, sehr kameradschaftlich bei voller Wahrung seiner Autorität. Bildung und Lebenserfahrung überdurchschnittlich. Im Einsatz hervorragend tapfer. Als Kdr.s. SS-Panz.-Abt. voll geeignet.«

Diese Beurteilung war mir unheimlich. Denn den Stolz auf

den Vater, den sie auslöste, durfte ich nicht empfinden. Dabei ist er ebenso groß wie die heimliche Bewunderung für ihn. Da das Mißtrauen darüber, wer dieser Mann in Wirklichkeit war, und der Haß auf ihn ebenfalls »nicht von schlechten Eltern« waren, ergab sich im Gespräch mit »alten Kameraden« zumeist die groteske Situation, daß ich um so wütender wurde, je mehr warme Worte sie für ihn fanden. Als eines Tages der Anruf eines Mannes kam, der mir sagte, er habe als Neunzehnjähriger bei einem von meinem Vater geführten Panzereinsatz 1943 bei Charkow beide Beine verloren, stockte mir das Blut. Aber statt der Verwünschungen, auf die ich mich gefaßt machte, berichtete auch dieser schwer Kriegsversehrte nur Positives über Heinz. Überzeugt hat er mich nicht, wiewohl ich auf den alten Bildern aus Rußland auch nur »den guten Kameraden«, den forschen Soldaten und kühnen Kämpfer sehe.[156] Die Greuel, die Härte, die Verachtung seiner Opfer und Gegner kann ich in seinen Gesichtszügen, in der gesamten Gestalt in keiner Weise unterbringen. Selbst das Foto, auf dem sämtliche Kommandeure der Leibstandarte um ihren Kommandanten Sepp Dietrich versammelt sind, alle in Uniform, ordensgeschmückt, über den schwarzen Stiefeln die unvermeidlichen Breeches, läßt den Schrecken, den sie als Gefolgsmänner Hitlers und Besatzer in fremden Ländern verbreiteten, nur ahnen. Sie sehen nicht gefühllos, roh, grausam aus; auch ihr »Chef« nicht, besagter Dietrich, der 1934 während der Entmachtung Röhms sechs SA-Führer durch seine Leibstandarte hatte erschießen lassen, einfach so, ohne Urteil, einzig aufgrund eines Führerbefehls.[157] Ich war lange Zeit unsicher, ob an dem rein soldatischen Selbstverständnis der »alten Kameraden« etwas dran oder ob es ein Ausweichen vor der Schuldfrage war. Ihren Reden nach zu schließen, entsprach es dem, was Jaspers 1946 in seiner Erörterung der Schuldfrage über die soldatische Ehre geschrieben hatte: »Wer in Kameradschaftlichkeit treu war, in Gefahr unbeirrbar, durch Mut und Sachlichkeit sich bewährt hat, der darf etwas Unantastbares in seinem Selbstbewußtsein bewahren ... Hier ist Bewährung nicht nur keine Schuld, sondern, wo sie unbefleckt durch böse Handlungen oder Ausführung offenbar böser Befehle wirklich war, ein Fundament des Lebenssinnes.«[158] Ob es einen deutschen Soldaten aus dem Zweiten Weltkrieg gibt, der das für sich in Anspruch nehmen kann?

Als ich mir die säuberlich aufgereihten SS-Offiziere ansah, fiel mir auf, daß ich mir Heinz bisher immer nur als Einzelperson vorstellte. Dabei hatte er bis zu seiner Heirat 1937 mindestens zehn Jahre seines Lebens in Männergemeinschaften verbracht, im »Überseeheim«, im Mannschaftslogis der Schiffe, in der Junkerschule, während der verschiedenen militärischen Lehrgänge in Kasernen, in Gemeinschaftsstuben und auf Kasernenhöfen. Während dieser Zeit unterstand er ständig einem »System von Dressaten«,[159] dem Druck von Verboten und Befehlen, »Stillgestanden«, »Rührt euch«, »Maul halten«, »Weitermachen« et cetera.

Mit dieser Entdeckung des längst Offensichtlichen öffnete sich ein Durchlaß von der sauberen Vorderseite des Systems zu seinem dreckigen Hinterhof, auf dem ich die properen Männer von den Fotos ja auch postieren mußte. Wir wissen seit Jahrzehnten von dieser Abseite, dem »anus mundi«, den Konzentrations- und Vernichtungslagern. Aber die Tatsache, daß dort unsere Verwandten, Väter, Brüder, Vettern, Onkel und Großväter auf den Rampen und Wachtürmen standen, ist uns noch immer nicht wirklich geläufig. Wir sehen »unsere Leute« dort noch nicht, können diese Orte des Grauens mit ihnen nicht »beleben«, selbst dann nicht, wenn sie wie Heinz nicht selbst darin tätig waren, sondern »nur« in den Vorhöfen zu diesen Höllen ihren Dienst verrichteten.

Was war es, worauf mich das Bild mit den säuberlichen SS-Offizieren gebracht hatte?[160] Es war die Lust an der Unterwerfung, der »Gehorsamsdrang«,[161] gleichgültig, ob unter die jeweiligen »Mannschaftsführer« oder unter den vergötterten, unberührbaren Führer. Ich erinnerte mich an die Schilderung, die zum Beispiel Eichmann über seine stupide Ausbildung bei der SS-Verfügungstruppe in Dachau gegeben hatte.[162] Bei Buchheim findet sich der Bericht eines ehemaligen SS-Junkers, aus dem hervorgeht, wie die vielgerühmte soldatische Erziehung zur Härte in Demütigung und Inhumanität umschlug, »die sich qualitativ nicht mehr von der eines KZ-Häftlings unterschied«.[163]

Im Buchheim-Gutachten von 1964 für den Auschwitz-Prozeß ist erläutert, was es mit diesem Typ des politischen Soldaten und Kämpfers auf sich hatte: die Erziehung zum Kampf um des Kampfes willen; zum bedingungslosen Gehorsam; zur Härte als Abhärtung, aber auch als Verhärtung gegenüber menschlichen Regungen; zur Verachtung des »Minderwertigen« und zum Hochmut gegenüber denen, die nicht zum Orden gehörten; zu Kameradschaft und Kameraderie; zum Willen, das Unmögliche möglich zu machen. Diese »Mentalität der SS« einschließlich der schablonisierten Feindbilder prägte sich den jungen Leuten während ihrer Ausbildung und diversen Lehrgängen ein, »durch die Handhabung des Dienstes, den Stil des Zusammenlebens, den Jargon, die Bewertung der Verhaltensweisen im Alltag« et cetera.[164]

Warum ließen die jungen Leute sich das antun, warum machten sie das – manchmal zähneknirschend, aber meistens begeistert – mit? Wem lieferten sie sich da aus, wem unterwarfen sie sich? Der Kriegsversehrte hatte von einer »Begeisterung, die heute keiner mehr verstehen könne« gesprochen. Sie seien durch ihren Enthusiasmus »im Stande Gottes gewesen«. Hitler hatte er dabei nicht erwähnt.

Man muß sich aber über oder in dem Gruppenbild mit Sepp Dietrich noch ein anderes Bild vorstellen, gleichsam hineinkopiert; zum Beispiel das, welches hinten im Tagebuch von Max steckt oder auf eine der Feldpostkarten gedruckt ist, die Heinz zu Weihnachten nach Hause schickte. Da ist Adolf Hitler zu sehen, einmal markig, kühl, zurückgenommen; das andere Mal starrt er etwas blöde-verquollen in brennende Weihnachtskerzen; beide Bilder sind entsetzlich deutsch. Die Leibstandarte trug ihr Idol immer mit sich in Form eines Stoffstreifens, der um den unteren Teil des linken Uniformärmels genäht und auf dem in deutscher Schrift »Adolf Hitler« gestickt war. Sepp Dietrich zitterte die Stimme, als er 1957 in einem Interview von »seinem Führer« sprach.[165] Die Liebe war ungebrochen.

»Meine Ehre heißt Treue«, so stand es auf ihren Koppelschlössern; unter demselben Motto trauerten sie noch fünfunddreißig Jahre später in ›Der Freiwillige‹ um ihre Toten.[166] Diese Treue galt einem von ihnen zum Gott erhobenen Menschen, einem Götzen. »Mein Führer« verlangte von ihnen Härte, Grausamkeit, bedingungslosen Gehorsam; für ihn vollbrachten sie ihre Taten, kämpften, mordeten, opferten sich und andere. »Gerade das gehörte aber zu den Pflichten des überzeugten Gefolgsmannes des Führers, daß er aus weltanschaulicher Überzeugung das geschichtlich Notwendige unter Umständen auch unter bewußter Verletzung der

Gesetze tat und die daraus resultierende Spannung ertrug.«[167] Der Bund für den Tod wurde zwischen Führer und Gefolgsmann durch den persönlichen Eid auf Hitler[168] geschlossen, den der SS-Mann schwor, wenn er dem »Orden guten Blutes« beitrat. Er bekam dann seinen SS-Dolch, die erste Trophäe; danach »Ehrendegen« und »Julleuchter«; später zählte man bei der Waffen-SS die Zahl der Panzerabschüsse, bei SD und Einsatzkommandos die der Erschossenen.

Jetzt verstand ich besser, warum Heinz von dem Terror, den er in Dachau hinter dem Draht gesehen haben muß,[169] oder von den Massenerschießungen in Rußland nicht berührt wurde; warum er nicht auf die Idee kam, daß er in den Ländern, in die er mit »seinem Haufen« einfiel, nichts zu suchen hatte; warum der Kriegshorror ihm niemals die Augen öffnete, er es in einem Anfall von Kriegsmüdigkeit nur zu einer etwas resignierenden Landsknechtshaltung brachte: »Soldat will ich ohnehin nicht immer bleiben, sondern betrachte mich als Kriegssoldat, raufe, solange die Knochen heil sind, wo es etwas zu raufen gibt, und will dann auch mal mei Rua ham. – Na, bis dahin wird es noch ein wenig dauern.«[170] Er spürte keinen Funken von Unrechtsbewußtsein, als er im Grunewald die in Österreich – wie er wußte – mittels Diebstahl oder Raub erbeuteten Pferde ritt, sondern freute sich ungeniert am Beutegut: »Aber neben meinem Dienst habe ich eine herrliche Sportmöglichkeit ausgeschnüffelt. Jeden Freitag, Sonnabend und Sonntag habe ich Gelegenheit, auf wundervollen Pferden völlig kostenlos zu reiten. Vierzehn Pferde stehen uns zur Verfügung ... Es ist wundervoll weit draußen vor den Toren der Großstadt; fernab von allem Krach und Lärm durch den Wald zu reiten, genieße ich in vollen Zügen.«[171]

Heinz hatte sein Gefühl für Recht und Unrecht verzerrt, verfälscht, partiell außer Kraft gesetzt.[172] Seine Wertorientierungen und Idealbildungen waren wie die eines Kindes, das noch der bejahenden Liebe des Vaters bedarf, bevor es sich von seinem Gewissen selbst leiten lassen kann, lückenhaft und unfertig. Statt eigener moralischer Maßstäbe und eines eigenen *Gefühls* für die Möglichkeit, Gut und Böse zu sondern – ohne das kein Mensch zwischen »besser« und »schlechter« unterscheiden kann –, saß da in ihm an ausgedehnten Stellen seiner moralischen Instanz das übergroße

Hitlerbild. Moral war durch Treue ersetzt, und »Treue ist der steilgerade Gehorsam, der vom Vertrauen, von bejahender Liebe getragen wird«.[173] Dieser »Vater« erlaubte, ja forderte bisher Verbotenes, zum Beispiel Verletzung des Strafrechts oder offenen Terror gegen andersdenkende Deutsche und »Fremdvölkische«; er billigte bisher Verpöntes, zum Beispiel uneheliche Kinder, wenn sie nur »nordischen Bluts« waren.[174] Er verbot bisher Erwünschtes, etwa geistige Offenheit gegenüber kulturellen Einflüssen aus dem Ausland; er begrüßte und belohnte es, wenn der seelische Zuschnitt seiner Gefolgsleute – was Gefühllosigkeit und Grausamkeit betraf – dem eines aztekischen Kriegers glich.[175]

Überhaupt muß man, um unsere Eltern damals ganz zu sehen, Hitler immer in sie »hineindenken«; aber gerade diese affektive Verbundenheit ist heute am meisten tabuisiert. »Es war vor allem, zumal im Kriege, eine geradezu kindliche Anhänglichkeit wie an einen geliebten Vater, die sich bis zum Mitleid steigern konnte.«[176] Jäckel läßt meines Erachtens in seiner freundlichen Formulierung weg, daß ein Mensch in seinem kindlichen Stande den Vater nicht nur zärtlich liebt, sondern ihn auch als grausame Gottheit fürchtet. Erst das Resultat aus beiden Komponenten ergibt die Anbetung, mit der wir es hier zu tun haben.

Was hatte mich gehindert, das früher zu begreifen, obwohl ich schon lange wußte, daß Heinz Nationalsozialist war? Warum stets nur der Blick auf die »saubere« Vorderseite des Systems und auf die Bewährung als Soldat? Ich denke, weil ich dem Bann der Gewissensverfälschung, dem Heinz erlag, so daß er im bösen Tun sein gutes Gewissen bewahrte, selbst nicht entronnen bin. Ich bin auch noch mit diesem lückenhaften Über-Ich aufgewachsen und ausgestattet. Es ist kein Hitler-Über-Ich mehr; von nationalsozialistischen Inhalten ist es gereinigt, so wie die alten Embleme, die Hakenkreuze, Straßennamen, die wildblickenden Adler und die Stoffbänder mit dem gestickten Namenszug des Führers 1945 abgemeißelt, abmontiert, zerschlagen, abgetrennt worden sind. Aber es sind doch – leeren Geschoßhülsen vergleichbar – ähnliche Formen übriggeblieben. In die Hohlräume, an die leeren Stellen haben sich als Ersatz nur andere Inhalte gesetzt. Buchheim beschreibt einen Aspekt davon, indem er »die bare Leistungsmentalität«, die den Ehrgeiz hat, alles möglich zu machen, ob es um eine gute oder schlechte, eine wichtige oder unwichtige Sache geht, nicht für ein Spezifikum der SS hält, sondern für »ein Spezifikum unserer Zeit überhaupt«.[177] Was mich an den Soldatenfotos, den Bildern des Kämpfers so anzog und blendete, besaß diese narzißtische Färbung. Das falsche Gewissen kann nicht unterscheiden zwischen der Vergötzung des Kampfes, der Leistung um ihrer selbst willen und dem Einsatz für menschliche Werte. Wenn das Unmögliche der Sinn des Heldischen ist,[178] bestand meine Bindung an den Vater in einer heroischen, unmöglichen Liebe.

1976, nachdem jener ältere Verwaltungsbeamte auf mich zugetreten war und mir gesagt hatte: »Ich habe Ihren Vater gekannt«,[179] erzählte er mir, denn er war ebenfalls im Stab der Division der LSSAH: »Ich erinnere mich, wie Ihr Vater während des rasanten Vormarsches in Südrußland 1941 sich Zeit für einen sterbenden Sowjetoffizier nahm, indem er ihm eine letzte Zigarette zwischen die Lippen steckte.« Ich wußte und weiß nicht, ob diese rührende Geschichte erfunden oder wahr ist. Gemessen an den Grausamkeiten, die der Stab der Division selbst gesehen und verübt haben muß – stellt man den Kommisarbefehl vom Juni 1941 und die Massenexekution russischer Kriegsgefangener in Rechnung[180] –, verstehe ich die Geschichte als Hilfsmittel, sich weiterhin nur vor der sauberen Fassade des Systems aufzuhalten; denn damals erhielt ich gleichzeitig Bücher von Hausser und Steiner, ehemaligen Waffen-SS-Generälen, in die Hand gedrückt, die ich mißtrauisch las.[181] Selbst wenn die Episode stimmte und sogar eine verklausulierte Form der Achtung für die Toten des Gegners ausdrücken sollte – in der Regel vernehmen wir ja nur den Lärm, der um die eigenen Gefallenen veranstaltet wird –, noch Jahre später erzeugte sie, wenn ich mich an sie erinnerte, eine mir kaum verständliche Wut. Zuerst glaubte ich, dieser Affekt entstamme dem Gefühl, um die volle Wahrheit betrogen zu werden; daher richtete er sich zunächst auf den Erzähler. Erst kürzlich kam ich darauf, daß sie wohl eher der immensen Kränkung gilt, daß der Edelmut, von dem da erzählt wurde, ein durch und durch »falsches Gefühl«, der edelmütige Selbstbetrug des Sadisten war. Der Sterbende, den mein Vater so liebevoll im Arm oder im Schoß gehabt haben soll, war das Opfer seiner Aggression! Niemand hatte meinen Vater nach Rußland gebeten. Er war dort eingefallen, um sich des Landes zu bemächtigen, in der Meinung, die Welt vom Untermenschentum, vom Bösen säubern zu müssen; und bekanntlich bemänteln Sadisten ihre Lust an destruktiven Handlungen mit erzieherischen Grundsätzen oder mit dem »Wohl« des Geprügelten. Perverse Tugendhaftigkeit mit Lust an der Vernichtung auf einen Nenner zu bringen löste aber die Wut nicht. Vielmehr nährte ich sie, um die doppelt verbotene Sehnsucht nach dem Vater nicht spüren zu müssen.

»Mein« Kriegsversehrter hatte, wie ich fand, mehr gewagt als der ehemalige Kollege, um den falschen Gefühlen auf die Spur zu kommen. Er quälte sich mit der Frage, wie alles möglich gewesen sei. In seiner Schulklasse hätte eine Tafel mit der Aufschrift gehangen: »Wer sagt, daß Deutschland den (Ersten) Krieg begonnen habe, der lügt.« Darauf habe er immer gestarrt, wenn ihn der Unterricht langweilte. Er litt unter dem Gefühl, daß die Generation nach ihm mit dem Finger auf ihn zeigte, ihn für einen schlechten Menschen hielt. Er kämpfte mit dem schrecklichen Scheitern seiner Ideale, vor allem mit der als selbstverständlich empfundenen Pflicht, nach einer ersten Verwundung – »wie Ihr Vater« – wieder in der Bereitschaft ins Feld gegangen zu sein, »sich für das Vaterland zu opfern«. Darin lag nach wie vor sehr viel Positives für ihn. Er berichtete außerdem von einem Gespräch mit dem Leiter einer »Napola«, der die »gute« Seite seines Gewissens mit der Bemerkung konfrontierte: »Wenn du durch meine Schule gegangen wärst, hättest du auch auf Frauen und Kinder geschossen«, wogegen er sich vehement gewehrt hätte.

Der ehemalige Kollege aus der Verwaltung hatte die Opfer ausschließlich auf dem Schuldkonto Hitlers verbucht; er sah sich als den von einer kleinen Verbrecherclique Verführten und mußte der alten »Heilslehre« unverbrüchlich die Treue halten. Er schrieb mir: »Ideale ... können, wenn sie Grundüberzeugungen enthalten, nur unter Verlust der Selbstachtung aufgegeben werden. Was dann zurückbleibt, sind ihre Fahnen in die Winde hängende, unaufrichtige oder innerlich angeknackste Menschen. Davon haben wir mehr als genug.« Ich gehöre in diese Kategorie der unaufrichtigen oder innerlich angeknacksten Menschen. Stelle ich die Gewissensnot »meines« Kriegsversehrten neben die vom Zusammenbruch längst versehrte, aber heroisch aufrechterhaltene Unerschütterlichkeit des Juristen, begreife ich, was Günther Anders meint, wenn er von der Absurdität spricht, daß »*Moralisch-Sein objektiv unmöglich ist*«, wenn man durch hybriden Glauben und den Besitz des Kriegsgeräts »*Eigentümer der Allmacht*« zu sein meint.[182]

Wenn aber auch die Kraft der Angeknacksten, der Erschütterten, die ihre unaufrichtige Selbstachtung verloren, nicht reicht, um die Vergangenheit zu beweinen, wer wird dann zu dem Zimmermann, zu dem Dachdecker und Steuermann, die um der beweinten Zukunft willen zu Noah kamen und sagten: »Es wird finster draußen. Laß mich mitbauen. Damit dein Kaddisch unwahr werde!«?[183]

Geteilte Verantwortung – Versuch einer Deutung

Wenn ich mir Heinz nicht an der Hand Hitlers vorstelle, sondern weit vor 1933 zurückgehe und ihm seinen Vater zur Seite stelle, wirkt Max mit seinem verbohrten Antisemitismus, seinen Feindbildern und Revanchegelüsten wie ein Anstifter, während der Sohn die Rolle des angestifteten Täters übernimmt. Als hätten Vater und Sohn sich ähnlich wie Hitler und seine Gefolgsleute die Verantwortung geteilt und als wäre durch die Teilung gleichzeitig die jeweils eigene Schuld unerkennbar geworden.[184]

Wegner zeichnet diese Verklammerung der Generationen ideengeschichtlich nach, indem er beschreibt, wie im revolutionär-konservativen Klima der Kriegs- und Nachkriegsjahre bürgerliche Werthaltungen sich zum Vorstellungsspektrum der »Konservativen Revolution« umformten, aus dem die SS-Ideologie hervorging.[185] 1942 heißt es in einem Artikel des ›Schwarzen Korps‹ über »Väter und Söhne«: »Es waren unsere Väter, die das Erbe der Front des Ersten Weltkrieges in sich verschlossen und durch dieses Erbe wirkten ... So hat sich der Kämpfer des Ersten Weltkrieges die würdigen Nachfolger selbst herangezogen in seinen Söhnen ... Nichts ist verlorengegangen und alles ist bewahrt geblieben von dem unschätzbaren Zuwachs, den der Krieger von 1914 bis 1918 seinem Volke von der Front mit heimbrachte.«[186] Für mich ergab sich daraus die Frage, ob sich noch näher verstehen läßt, was Heinz und viele seiner Altersgenossen so bereit machte, sich bis hin zur »Endlösung« rückhaltlos in Hitlers Dienste beziehungsweise Hitler in ihre zu stellen?

Der Psychoanalytiker Martin Wangh schlug 1962 ein Konzept vor, um die Ausartung des Antisemitismus im Hitlerreich näher auszuleuchten. Ich greife darauf zurück, weil Wangh sich nicht mit dem Faktum begnügt, daß die Allgegenwart der Nazi-Propaganda Gewalt über die Jugend bekommen hatte; vielmehr geht er davon aus, daß es dazu auch einer entsprechenden Bereitschaft der Verführten bedurfte, Hitler und seiner Propaganda Glauben zu schenken. Wangh fragt daher, warum »eine einfache soziale Erniedrigung der Juden denn nicht genügt(e)«, um Haß, Verlust von Selbstwertgefühl und Rachebedürfnisse abzureagieren, warum »es am Anfang des vierten Jahrzehnts in Deutschland eine genügende Anzahl von jugendlichen Menschen gab, deren psychologische Struktur der ihrer Führer entsprach und die deshalb als Angehörige der SS die Exekutanten der regressiven, sadistischen Entwürfe der Naziführerschaft werden konnten«.[187] Als Hypothese schlägt er vor, daß die jugendlichen Anhänger der Nazi-Bewegung deshalb auf die angsterregende ökonomische Notlage zu Beginn der dreißiger Jahre mit Regression – das heißt Vorurteilsbildung zur Abwehr von Ängsten, massive Spaltungen in Freund-Feind-Bilder, magisches Denken – reagierten, weil sie während ihrer Kindheit am Ende des Ersten Weltkrieges besonderen, pathologisch wirksamen Einflüssen ausgesetzt waren: Abwesenheit des Vaters, Niederlage, Hunger, Notlage der Familien, Verängstigung der Mütter. Diese Ängste und die dagegen gebildeten Abwehrformationen haben die Wirtschaftskrise wieder aufleben lassen.

Wangh beschreibt nun, wie diese Ängste während und zu Ende des Ersten Weltkrieges ausgesehen haben müssen: Das Kind reagiert auf die Bedrohung, die der abwesende oder schwache Vater darstellt, mit einer Spaltung seiner Gefühle. Er glorifiziert den Vater, unterstützt von der Kriegspropaganda; andererseits schiebt es die schlechten und kritikbehafteten Erinnerungen an ihn dem Feind zu. Das Phantasieleben des Kindes wird durch den Krieg noch mehr, als das schon in normalen Zeiten geschieht, mit Tod und Abschlachten erfüllt. Hungersnot steigert orale Regression und Phantasien über körperliche Destruktion ins Riesige. Der im Krieg geschlagene Vater, der Verlust der alten Autorität und der statussichernden Ersparnisse durch die Revolution beweisen den Söhnen der wirtschaftlich bedrohten Schichten, daß der Vater nicht fähig ist, die Familie zu beschützen.

Wangh erläutert dann, welche Abwehrmechanismen den Söhnen gegen diese Ängste zur Verfügung standen: Der Hunger motivierte archaische Vereinigungswünsche und verstärkte Projektionsneigung. »Sadomasochistische Phantasien, deren Entwicklung unter diesen Umständen ungeheuren Anstoß bekommt, fanden dann ungefähr zwei Jahrzehnte später in den Worten ›Das Judenblut muß vom Messer spritzen‹ wieder einen Weg zur bewußten Oberfläche.« Das Bedürfnis, in uniformierten Scharen herumzumarschieren, entsprach dem glorifizierten Vaterbild. Aus der früheren Abwesenheit oder Schwäche des Vaters resultierte der Wunsch nach einem starken Beschützer. Die homosexuelle Komponente verlangte energischste Abwehr in Form übersteigerter Vaterlandsliebe und Unterwerfungsbereitschaft. Der während der Abwesenheit des Vaters entstandenen engen Bindung an die Mutter mußte durch Entwertung der Frau begegnet werden. Das Kind, das sein Verlassensein vom Vater auch als Zurückweisung erlebt, kompensiert die drohende depressive Spannung durch vermehrte Aktion. Der Wunsch schließlich, den Vater nachzuahmen oder zu rächen, wurzelt in jeder Kindheit.

Wenn ich versuche, Heinz' Leben mit Hilfe dieser Thesen zu deuten, müssen zunächst die monströsen Ereignisse erwähnt werden, die er während der bolschewistischen Besetzung Rigas von Januar bis Mai 1919 miterlebte. Ein Brief seines Bruders gibt über diese »besonderen, pathologischen Einflüsse«, denen die Kinder ausgesetzt waren, ausführlich Auskunft. Heinz war damals acht, sein Bruder elf Jahre alt.[188]

Obgleich es in dieser Schilderung heißt, »Kinder kennen eben keine Angst«, ist nichts anderes denkbar, als daß die massiven Bedrohungen, denen die Familie ausgesetzt und gegen die der Vater machtlos war, enorme Angst in den Kindern ausgelöst haben muß. Ebenso plausibel erscheint es, wenn ein Kind der empfundenen Ohnmacht mit der Vorstellung begegnet, »wenn ich schon groß wäre, würde ich mich wehren«. Das »Dazwischenhauen« als Kompensation innerer Spannungen, die der Angst und Ohnmacht entstammen, ist später zu Heinz' Hauptabwehr geworden. Selbst als der Krieg aussichtslos geworden ist, heißt es in seinen Briefen beständig: »Wir rüsten uns zu neuen Taten.« Auf die Materialüberlegenheit der Amerikaner in Frankreich 1944 reagiert er mit der Hoffnung auf die Wunderwaffe; ganz zum Schluß, in Ungarn 1945, bleibt nur der blanke Haß, »mit dem man diese Höllenbrut vernichten möchte«, und auch dieser illusionäre Wunsch nach vermehrter Aktion, vermehrter Vernichtung soll die aus der eigenen Schwäche entstammende Angst niederhalten.[189]

In den Feldpostbriefen kommentiert Heinz eine Situation, in der er das Ohnmachtsgefühl während eines Bombenangriffs einmal durchstehen muß: »Scheußlich ist, wie ich es ja auch selbst in Berlin erfahren habe, im Keller zwischen Alten und Frauen zu hocken und zu warten.«[190] Die lastende Grabesstille nach dem Abzug der deutschen Truppen aus Riga, die doch eigentlich der Beschützer vor der drohenden Gefahr hätten sein sollen, kehrt auf einer alten Fotografie wieder. Darauf ist Heinz als traurige Gestalt vor einem ausgestorbenen Hamburger Hafenbecken zu sehen. Die Hände tief in den Hosentaschen, die Schultern nach vorn gezogen, starrt er auf den unbewegten Wasserspiegel; im Hintergrund eine Reihe stillgelegter, rostender Schiffe. »Arbeitslos!« hat jemand auf das Bild geschrieben. Es stammt aus dem Jahr 1932, als er den Aufnahmeantrag in die SS stellte. Daß er mit diesem Schritt dem bedrohlichen Wiederaufleben alter Ängste begegnet sein könnte, scheint mir naheliegend. 1929, als er in die NSDAP eintrat, und 1934, vor seiner Aufnahme in die SS-Verfügungstruppe, war er in ähnlichen Situationen.

Der von Wangh beschriebene Spaltungsmechanismus, der dazu dient, die positive Beziehung zum Vater trotz dessen erlebter Machtlosigkeit zu erhalten, könnte sich aus folgendem Detail rückschließen lassen: In einem der Briefe nennt Heinz seinen Vater liebevoll »der Baron«. In dieser Anspielung auf den verlorenen Grundbesitz im Baltikum steckt auch die Phantasie, der Vater stehe den feudalen Herren, den Gutsbesitzern und Baronen der alten Heimat gleich.[191] Die stille Verachtung, die die Söhne gleichzeitig für den Vater hegten, kommt in zwei oft berichteten Details zum Ausdruck: Er sei »viel zu alt« für die Kinder gewesen – fast fünfzig, als Heinz zur Welt kam. Außerdem hätten sie seine starren Meinungen nicht ernst genommen. Der ausgesprochen hochachtungsvolle Ton, den Heinz in den Kriegsbriefen an den Vater anschlägt, bezeugt die ungelöste Ambivalenz, deren eine Seite sich im »Herummarschieren in uniformierten Scharen« und in der Vereinigung mit dem starken Beschützer Adolf Hitler fortsetzt. Die Zurechtweisung, die Heinz seinen Eltern im Februar 1943 wegen ihrer Klagen über die Lage in der Heimat erteilt, widerspricht dem nicht. Denn Heinz hält sich dabei an das innere Gebot, keine Schwäche aufkommen zu lassen, nur kehrt das Muster sich nunmehr gegen den alten Herrn selbst.[192] Indem Heinz betont, seine Soldaten verlangten nicht nach Feldküchenportionen, sondern nach Munition, übernimmt er selbst die Rolle des ursprünglich glorifizierten Vaters. Der Vorgang verweist darauf, daß der Vater 1919 keine Möglichkeit hatte, mit der Diskrepanz zwischen seinem haßerzeugenden Überlegenheitsgefühl und seiner schrecklichen Ohnmacht gegenüber den barbarischen »Roten« zurechtzukommen. Zudem waren Max und seine Familie angesichts der Ereignisse einer höchst realen Todesbedrohung ausgesetzt.

Wenn Wangh mit seinen Thesen recht hat, muß mit der Überhöhung des Vaters die übersteigerte Entwertung der Feinde im Wege der Projektion Hand in Hand gegangen sein. Die aus dem unvollkommenen Verständnis des Kindes für die Lage des Vaters geborene Verachtung, die Angst des Kindes vor seinem Ausgeliefertsein, die ursprünglich der versagenden Autorität galten – den deutschen Truppen, die Riga den Bolschewisten überließen, dem Vater, der sich nicht wehren konnte –, müßten um 1930 wieder aufgelebt und Sündenböcken zugeschrieben worden sein. Wenn der Beitritt zu den Parteigliederungen der »Bewegung« der Kompensierung innerer Spannung diente, ist das sicherlich nicht nur auf den Sog, den Hitlers Rettungsparolen ausübten, zurückzuführen, sondern genauso auf die von ihm angekündigten Maßnahmen gegenüber den angeblichen Verursachern der Misere, den Juden und »Systempolitikern«. Die bedrohlichen Ängste aus der Kinderzeit ließen sich für Heinz sicherlich recht leicht auf die ihm ja nicht erst von der »Bewegung« angebotenen Feindbilder übertragen. Und bekanntlich entlastet es den Menschen enorm, wenn er die vermeintliche Ursache seiner Ängste erst einmal richtig ins Auge gefaßt hat.

Biographische Einzelheiten für diese Verschiebung sind vor 1936 nicht belegt. Daher bleibt nichts, als Heinz' Reaktion auf Dachau heranzuziehen. Wie konnte er den Terror, den er dort sah, vor sich rechtfertigen? Warum regte sich kein menschliches Gefühl für die Leiden der Häftlinge? Seit 1934 hatte er sich bei der Elite des Führers schleifen lassen, was seine Wirkung auch nicht verfehlte. Aber da ihn niemand gezwungen hatte, sich in das NS-System einzugliedern, da er als Kleinbürgersohn und Deklassierter – ein »ordentlicher« Proletarier wäre 1934 sicher bei Phönix-Gummi in der Unsichtbarkeit geblieben – Aufstiegswünsche hatte, muß in ihm auch eine starke innere Notwendigkeit dafür bestanden haben, daß es die Feinde in Gestalt der geschundenen Menschen hinter dem Stacheldraht gab und er nicht mit ihnen mitzufühlen brauchte. Ich traue meinen psychoanalytischen Kenntnissen darin nicht über den Weg, ob es sich bei diesem Bedürfnis, »die anderen« geschunden zu sehen, um die Realisierung sadomasochistischer Phantasien, um die Rückkehr kindlicher Erlebnisse von Hunger und Tod in der eigenen Familie oder auf den Straßen Rigas handelt. Jedenfalls deutet die Verengung oder Blockierung seines moralisch-emotionalen Reaktionsvermögens auf eine schon 1936 »zerstörte Humanbeziehung, auf der(en Intaktheit) letztlich jede ethische (auch rechtsethische) Bindung beruht.«[193] Ich vermute gleichzeitig, daß es, um diese Teilung in Mensch und Unmensch, Person und Unperson vornehmen zu können, eine Entsprechung in seiner eigenen psychischen Struktur gegeben haben muß. Daraus folgt meines Erachtens, daß er in der Tat für ihn selbst unerträgliche Gefühle aus sich ausgestoßen und auf die Juden, Kommunisten, Demokraten, Homosexuellen, Zigeuner auf der anderen Seite des Zauns übertragen hat. Sie standen nunmehr für alles, was ihm an sich selbst unannehmbar war.

In den Feldpostbriefen ab 1941 findet sich das wieder in der heroischen Verneinung von Schmerz und Leid. Er spürte nicht, was er sich selbst, seiner Frau und seinen Eltern zufügte; noch viel weniger tauchten in irgendeinem Moment die Leiden derjenigen auf, gegen die er in seinem Wahn zu Felde zog, jene krummgearbeiteten Russen, deren Felder seine Panzer zerpflügten, deren Häuser seine Landsleute bewohnten, die sie zusammenschossen und in Brand setzten. Er wunderte sich immerhin, wie sie es fertigbrachten, ihre Felder zu bestellen. Mitleid und erschreckende Selbstdistanzierung waren ihm darüber hinaus aber nicht möglich.

Wanghs Thesen versuchen einen Zugang zu finden zu dem, was sich unserem Verständnis am wenigsten erschließt. Wie konnten alle westlichen Hemmungen gegen Menschenopfer, Kannibalismus und Sklaverei, gegen die uns Ekel und Abscheu schützen, wegfallen, und wie konnten im Völkermord an den Juden – in neuzeitlich-industrieller Form vollzogen – archaischste Regungen wieder aufleben? Wangh führt dafür die durch Hunger gesteigerte orale Regression und die durch die Kriegszeit mit Tod und Abschlachten erfüllten Phantasien der Kinder an, die sich später im Wunsch nach Vereinigung mit einem starken Führer, verstärkter Projektionsneigung und sadomasochistischen Verhaltensmustern niederschlugen. Ich scheue mich, diesen Gedankenverbindungen anhand des Lebens meines Vaters weiter nachzugehen, zumal Heinz selbst soviel Widerstandskraft aufbrachte, sich dem nicht vollständig auszuliefern. Ich meine durchaus, daß wir versuchen müssen nachzuvollziehen, wie diese Regression möglich war, weil wir unsere Welt, zu der diese Taten gehören, sonst nicht verstehen können. Aber ich denke auch, daß es gerechtfertigt ist, mir an dieser Stelle eine Grenze zu setzen.

Der englische Psychiater Henry V. Dicks, der Rudolf Heß nach seinem Englandflug betreute, hat zur Erforschung dieses Äußersten Ende der sechziger Jahre verurteilte NS-Mörder in bundesdeutschen Gefängnissen in Tiefeninterviews befragt.[194] Leider ist sein Buch bei uns nicht bekannt und nicht übersetzt. Seine Befunde bestätigen Wanghs These, wonach sich unter anderem aus Hunger, Demütigung und Angst geborene archaische Phantasien über körperliche Destruktion, Zerkleinerung und Zerstückelung in den Vernichtungslagern verwirklichen konnten. In der Kriminologie gibt es Ansätze, »die Großformen kollektiver Gewalt..., die durch den Staatsapparat nicht bekämpft, sondern im Gegenteil ausgelöst« werden, zu erforschen.[195] Die Geschichtswissenschaft lieferte ihren Beitrag mit der Analyse von Hitlers biologischen Vorstellungen über die »Zersetzung des Volkskörpers« durch die Juden und wie sich diese Wahnidee mit dem Kampf gegen Rußland als dem »jüdisch-bolschewistischen Todfeind« verband, der wegen seiner rassischen Minderwertigkeit in wenigen Wochen niederzuringen sei. Der Krieg gegen die UdSSR stellte dabei gleichsam den Schirm dar, hinter dem sich die horrenden Destruktionsphantasien realisieren konnten.[196]

Unterstellt, der von Wangh beschriebene Mechanismus einer Abspaltung und Projektion des Unerträglichen auf die Gegner sei in Heinz abgelaufen, so wirkte er sich offenbar wie eine Teufelsaustreibung aus. Indem die unannehmbaren Selbstanteile in Heinz isoliert wurden, führte diese Spaltung zunächst dazu, daß die realen Opfer seiner Projektion, unterstützt von Gesinnungsgenossen und der alles-exkulpierenden Instanz Hitler, in Lagern und Gettos verschwanden, später über die eigenen Grenzen der Persönlichkeit und des Territoriums hinausgeschoben werden konnten, um schließlich irgendwo im Osten ausgemerzt, vernichtet zu werden. In dem Maße, wie dies geschah, reinigten die Zurückbleibenden sich und den »Volkskörper«, wurden sie offensichtlich immer »besser«, bis schließlich die »Herrenmenschen« sich zum Kreuzzug, zum Heiligen Krieg anschickten, um das »Böse« endgültig niederzuzwingen, aus der Welt zu treiben und das »Gelobte Land« zu erringen.

Die Spaltung in Verachtung und Selbsterhöhung bewirkte außerdem, daß beim Kampf gegen die imaginierten Sündenböcke der Aspekt, daß es sich um einen Kampf gegen Selbstanteile handelt, immer draußen bleiben konnte. Die negativen Gefühlsanteile verschwanden aus dem Blick der Täter, wurden annulliert und inexistent gemacht, indem die Gegner in corpore vernichtet wurden. Am Ende kämpfte der »weiße Ritter« gegen eine phantasierte Hölle, aus der er die »rote Gefahr« kommen sah, während er die selbstgeschaffene Hölle der Kriegsschauplätze, der Gettos und der Vernichtungsstätten als etwas von außen Aufgezwungenes, Notwendiges, Unvermeidliches erlebte. Die Funktion der Gegner als lustvolle Bestätigung seines überlegenen Daseins[197] war seinem Bewußtsein entfallen, selbst wenn er täglich Tausende der Vernichtung anheimgab. Indem er sich seiner Pflicht pedantisch entledigte oder seiner Aufgabe begeistert hingab, fühlte der Täter sich selbst als Opfer, ohne sich als den Ursprung der Destruktion erkennen zu können. Hitler bemerkte in seinem Testament, daß die jüdischen »Verschwörer« für ihre »Schuld« angemessen »gebüßt« hätten, »wenn auch durch humanere Mittel«.[198] Himmler stilisierte sich und seine Schergen in der bekannten Rede vor seinen Generälen 1943 zum aufopfernden Helden: »Von euch werden die meisten wissen, was es heißt, wenn hundert Leichen beisammen liegen, wenn fünfhundert daliegen oder wenn tausend dalägen. Dies durchgehalten zu haben und dabei – abgesehen von Ausnahmen menschlicher Schwächen – anständig geblieben zu sein, das hat uns hart gemacht. Dies ist ein niemals geschriebenes und niemals zu schreibendes Ruhmesblatt unserer Geschichte...«.[199]

Eugen Kogon schrieb in seinem Buch ›Der SS-Staat‹ kurz nach Ende des Krieges: »Etwas Metaphysisches, das mit dem Verstand allein kaum mehr begreifbar ist, hat sich in den zwölf Rauhjahren des Dritten Reiches mit dem deutschen Volk abgespielt.«[200] Nach Kogon stellten noch viele, die die Auseinandersetzung mit dieser Zeit aufnahmen, fest, daß immer ein unerklärlicher Rest bleibt, der sich den Anstrengungen unseres Verstandes nicht erschließt. Der Zeitgeschichtler Eberhard Jäckel, der sich seit vielen Jahren der Erforschung des Regimes widmet, schrieb 1981: »Das Schrecklichste aber widersetzt sich einer Erklärung am meisten: der Mord an den Juden und auch an den so oft vergessenen Zigeunern ... und reicht in Bezirke hinüber, in denen es der erklärenden Vernunft die Sprache verschlägt.«[201]

Es mag durchaus sein, daß sich in den Kollektivverbrechen unter der nationalsozialistischen Herrschaft etwas Unbenennbares manifestiert, das sich letztlich nicht in Kategorien fassen und bewältigen läßt, um die Menschheit vor der »Banalität des Bösen«[202] zu schützen. Auf den Versuch, kollektive Gewalt im Krieg, Massen- und Völkermord zu erhellen, muß deshalb jedoch nicht verzichtet werden. Die verschiedensten Wissenschaftsdisziplinen arbeiten daran.[203] Wenn »der Ursprung dessen, was wir Schuld nennen, in einem einzigen Umfassenden« liegt, wie Jaspers formuliert, so kann es doch klar werden »durch das, was auf dem Wege über die Unterscheidung gewonnen wird«.[204]

Der Sündenbock

Das Bemühen, aus den Quellen ein Bild vom Vater zusammenzusetzen, das nicht nur die mir zugewandte Seite zeigte – »ein hervorragender Mensch mit viel Ausstrahlung, geliebt von seinen Männern wegen seiner burschikosen Art und mir immer ein guter Freund«[205] –, sondern auch die, welche die Opfer gesehen haben müssen, löste höchst widerstreitende Gefühle aus. Ich konnte mich der Hochachtung für seinen bedingungslosen Einsatz, der Bewunderung für seinen Mut und seine Tapferkeit, für die kühne Verwegenheit seines Draufgängertums, für die Bewahrung des Kampfgeistes auch bei schwersten Niederlagen, dem mitleidenden Erschrecken über die furchtbaren Strapazen, die er mit Zuversicht und Humor ertragen hatte, nicht entziehen. Noch einmal traten die überaus positiven Gefühle für den Kämpfer in ungeahnter Intensität hervor. Schon die Artikel über seine Abenteuer auf See hatten das Bild des strahlenden Ritters, zu dessen Füßen der besiegte Drache sich ringelt, geweckt. Obwohl ich es mir nur ungern eingestand, faszinierten mich die heroischen Momente sehr.

Noch einmal dann der Schmerz über den Tod des Helden. Zum Schluß tiefe Wut über den Unmenschen und seine Unfähigkeit, die Notwendigkeit fremden und eigenen Leids in Frage zu stellen, über das Verbot zu klagen, und die eherngläubige Unbarmherzigkeit, mit der er Zerstörung und Vernichtung in fremde Länder getragen, »seine Männer« und sich – »treu bis in den Tod« – geopfert hatte.

Während der Arbeit an seinem Leben habe ich mich immer wieder gefragt, warum ich den Toten nicht endlich ruhen lassen kann. Warum gehe ich wie unter Zwang jedem Datum, jedem Detail seines Lebens nach? Wieso muß ich wissen, ob ein Hitlerbild auf seinem Schreibtisch stand, ob er Ia oder Ic im Divisionsstab war? Warum bestehen Liebe und Haß, Schmerz und Wut so heftig und unverbunden nebeneinander, obwohl das alles über vierzig Jahre her ist? Warum kann nicht endlich Trauer die quälende Verbindung mit ihm lösen?

Die Gedanken, die sich beim Versuch, eine Antwort zu finden, einstellten, hefteten sich stets nur an eins der zwei Gesichter des Vaters, mal an die gute, mal an die böse Seite. Dazwischen gab es nichts. Und beides fügte sich nicht zusammen. Auf diese Spaltung bin ich während der Beschäftigung mit seinem Leben immer wieder gestoßen, am deutlichsten in der brutalen Trennung in Herren- und Untermenschen. Diese Grenzlinie drückt sich meines Erachtens auch in unserem Verhältnis zum Dritten Reich aus.

Mein Versuch, mich mit dem Leben des Vaters auseinanderzusetzen, scheiterte lange Zeit daran, daß das Dritte Reich mir als Projektionsschirm für alles, was ich für das schlechthin Böse hielt, diente. Unter dieser Voraussetzung entstand der Wunsch zu wissen, wer Heinz eigentlich war, nicht. Die Projektion machte alles Damalige verwerflich und böse, gleichzeitig befreite sie mich davon, meine geheime Identifikation mit ihm oder gar mich selbst in der Situation des Täters sehen zu müssen. Ich schlug mich auf die Seite der Opfer und ließ die Täter unerkannt hinter meinem Rücken hausen.

Wenn sich die pauschale Abwehr mildert und wir den Versuch unternehmen können, die Menschen von damals näher zu betrachten, vielleicht sogar uns in sie hineinzufühlen, treten hinter den pauschalen Feindbildern häufig die um den Alltag besorgten freundlichen Familienväter und verzweifelten Mütter in ihrer verführten Redlichkeit und in ihren Ressentiments hervor; mit ihnen aber auch ihr geheimes Einverständnis mit dem Vernichtungsprogramm, das angeblich hinter ihrem Rücken in die Tat umgesetzt wurde.[206] Unsere Fähigkeit, die Eltern zu begreifen, endet meist an der Frage, wie paßt beides zusammen; wie kann einer »ein guter Mensch und ein guter Faschist« sein?[207]

Als ich durch das Studium des Tagebuchs erkannte, wie sehr der Lebensweg dieses Sohnes bereits durch den Vater bestimmt war, fielen plötzlich die jahrelang gegen Heinz gehegten Vorwürfe in sich zusammen. Der Verzahnung beider Lebensläufe haftete etwas Ausweglose an, als wäre der Sohn nur ein Opfer der Umstände gewesen, als hätte er als verlängerter Arm seines Vaters gehandelt. Gleichzeitig ging mir auf, daß ich mir von dem vermuteten Beitrag des Sohnes zur Katastrophe des jüdischen Volkes überhaupt kein konkretes Bild machen konnte; wo lag eigentlich sein ganz persönliches Versagen, seine Schuld? Den Großvater konnte ich angesichts seines Schicksals, zumal des frühen Verlustes beider Eltern, auch nicht zum Sündenbock machen. Wozu auch? Es wäre nur eine Verschiebung des Problems gewesen.

Wozu? Warum überhaupt die Suche nach Schuldigen und Sündenböcken in diesem Zusammenhang? Das Geschehen im Dritten Reich steht für die historisch gewordene – das heißt auf Erden verwirklichte und nicht vergangene – Inkarnation des Bösen. Wer in dieser Zeit gelebt hat, ist mit dem Grauen und der Faszination, die zu dieser Zeit gehören, irgendwie in Berührung gekommen; niemand ist ausgenommen, keiner verschont. Auch die später Geborenen nicht. Fragen wir nicht deswegen jeden, was hast du gewußt, was getan, wenn der Verdrängungsschutz nicht so wirksam ist, daß man lieber gar keine Fragen stellt? Weil wir spüren, in dem, was da war, geht es ganz elementar auch um uns? Jeder der damals Lebenden erscheint irgendwie verwoben, verantwortlich oder verstrickt, auch die Widerstandskämpfer und Opfer der Verfolgung. Denn hört man in diese Lebensläufe hinein, gewinnt das Grauenhafte der Zeit wiederum Gestalt in Mord und Attentaten oder grausamsten Handlungen, die das Überleben eines Verfolgten sicherten. Wir müssen einerseits, um die Welt und uns darin heute zu verstehen, wissen, was war und wie es möglich wurde; andererseits schließen wir uns auch gegen diesen Horror ab, um uns zu schützen.

Als ich im Tagebuch von Max auf die antisemitischen Haßausbrüche stieß, habe ich eine Dokumentation aus Berichten von Überlebenden des Vernichtungslagers Treblinka[208] danebengelegt, »danebengelesen«. Ich wollte die Kluft zwischen dem von Max »Dahergeredeten« und der ihm sicher nicht vorstellbaren Verwirklichung des von ihm Gedachten überbrücken. Es war eine absurde Spekulation; aber ich habe mich gefragt, was hätte der alte Mann gefühlt und gesagt, wenn er je diese Stätte betreten hätte? Hätte ihn sein christlicher Glaube das zum Himmel schreiende Unrecht erkennen lassen?[209]

Ich mußte die Lektüre unterbrechen, konnte sie nur in kleinen Abschnitten fortführen, weil sie mich einsog. Um diese furchtbare Faszination und die routinierte Gleichgültigkeit, mit der die Wachmannschaften in Treblinka »ihr Geschäft« verrichteten, nicht verstehen, als unsere eigene Möglichkeit anerkennen zu müssen, müssen wir uns absetzen von »diesen Leuten«. Daß wir uns somit auch von den Opfern absetzen, uns ihnen innerlich nur mit größter Anstrengung[210] nähern können, ist allerdings die Kehrseite der Medaille. Unser selbstverständliches Bestreben ist es, um nicht auch so schuldig zu werden und so zu scheitern wie »jene« damals, aus ihren »Fehlern« zu lernen. Wir wollen nicht sein wie sie, wir wollen es besser machen.

Mein Vater wollte auch aus den Fehlern und Schwächen seines Vaters lernen. Er wollte auch gut sein und es besser machen. Darin liegt das Rachemotiv verborgen und der »Aufbruch zu neuen Ufern«. Der Wunsch, das »Neue«, die »Zukunft« zu ergreifen, sich dem »Fortschritt« zu öffnen, äußerte sich in Kleinigkeiten wie etwa dem Abscheu meiner

Mutter gegen das fette Essen, dicke Mehlpampen und Soßen, die sie von ihren Eltern gewöhnt war; stattdessen nun Gemüse roh, Reformhauskost und Sport, den sie und ihr Mann ausgiebig betrieben. Das »große« Motiv bestand in der Wiedergutmachung vermeintlichen Unrechts, die »nationale Schande«, die für Heinz die Vertreibung aus der angestammten Heimat umfaßte, nicht auf sich beruhen zu lassen, ein Leben lang zu jammern und das Elend tatenlos zu beklagen, wie er es an seinem Vater sah. Der Aufbruch unter Hitler, die »nationale Erhebung«, erschien ihm wie Millionen anderen als der Weg in eine bessere Zukunft. Sein Beitritt zur SS war sein Beitrag zur »Rettung Deutschlands vor dem völligen Untergang«, wie Max sich ausdrückte. Welche Worte der einundzwanzigjährige Sohn dafür gebrauchte, weiß ich nicht. Jedenfalls hatte er das Gefühl, zur »Gesundung« Deutschlands beizutragen, und bei allem, was er dafür tat, ein außerordentlich gutes Gewissen. Der Kriegseinsatz stellte sogar eine ersehnte, heilige Pflicht dar, für deren Verletzung er sich »vor der Welt schämen« hätte müssen. Obwohl der Kriegsbeginn 1939 von vielen mit Sorge und ohne Begeisterung aufgenommen wurde,[211] ist die Mehrheit ihrer »Kriegsverpflichtung« als Pflicht gefolgt, und genügend Deutsche wünschten sich wie Heinz nichts sehnlicher als ihren Fronteinsatz.[212]

Warum ist Heinz, obwohl er »sein Bestes« gab, so furchtbar gescheitert? Ich glaube gerade deswegen. Weil er es so besonders gut machen, so besonders gut sein wollte. Er wußte nicht, daß wir das, was wir am anderen für böse halten, brauchen, um uns daran abzuarbeiten, uns darin selbst zu erkennen und es schließlich als das Eigene anzunehmen.[213] Es ausmerzen zu wollen ist offenbar eine verhängnisvolle Täuschung, die genau ins Gegenteil führt; nicht zu Recht und Rettung, sondern in Finsternis und Barbarei. Vielleicht muß man »das Böse wollen«, um ihm nicht so ausgeliefert zu sein.

In meiner Familie leben einige charakteristische Züge aus der Vergangenheit fort, »feine« Vorurteilsbereitschaft, Verachtung des Leidens und der Schwachen, verborgene Rachsucht für vermeintliches und tatsächlich erlittenes Unrecht. Kürzlich las mir meine Mutter eine Zeitungsnotiz vor, wonach ein amerikanischer Völkerrechtler die Vertreibung aus den Ostgebieten als völkerrechtswidriges Unrecht bezeichnet hatte. Der Verlust der märkischen Heimat umschließt für meine Mutter den Verlust zweier Brüder und den ihres Mannes, wiewohl sie nie davon spricht. Als sie zu lesen begann, nahm ich den Blick in das Weiße im Auge des Gegners schon vorweg. Etwas Bedrohliches bahnte sich an. Alarmbereitschaft, alle Küstenbatterien aufgefahren; ich lasse mir nichts reinwürgen; ich bin für dieses Elend nicht verantwortlich. Als sie fertiggelesen hatte, erwiderte ich, an der Vertreibung seien sie doch selber schuld. Danach: »Rostow ist unser – dröhnend rollen unsere Abschüsse, und orgelnd ziehen die Granaten ihre Bahn durch die Nacht.« Hinterher fragte ich mich: Wenn ich weiß, daß ich nicht schuld bin an dem Elend und den Verlusten, warum kann ich nicht hinhören auf das, was sie mir sagen will. Da dämmerte mir, daß ich sie als Sündenbock brauche. Wenn ich zulasse, daß sie von ihrem Schmerz spricht, weiß ich nicht mehr, wen ich für meinen verantwortlich machen soll. So unterhalte ich das »Auge um Auge, Zahn um Zahn«, das Verbot, zu klagen und das Leid auszudrücken, während ich mir gleichzeitig wünsche, daß wir uns in den Armen liegen und von unserer Not sprechen könnten. – Nun gut. Wir haben noch Zeit. Vielleicht kann ich »es noch besser machen«.

Als ich die Bücher und Bildbände über den Holocaust, den Zweiten Weltkrieg, die Waffen-SS, die SS, die Leibstandarte, den Krieg im Baltikum zusammenpackte, um sie in die Bibliothek zurückzubringen, fiel mir auf, daß ich es nicht nur mit Erleichterung, sondern auch bedauernd tat. Ich hatte eine bestimmte Zeitspanne mit dem Vater verbringen können, weil das »Jenseitsbüro« das ursprünglich vorgesehene, reguläre Zusammentreffen mit ihm übersehen hatte. Ich hatte ihn, wie es sich für eine ordentliche Liebesgeschichte gehört – für eine versäumte, darum für eine nachgeholte natürlich erst recht –, verehren, verachten, begehren und hassen dürfen. Jetzt war die Frist um; Zeit, vom Vater, wie ich ihn nun kennengelernt hatte, Abschied zu nehmen:

In den tagen des november
wenn es kalt wird
denke ich deines todes
vater
die vögel flüchten aus den himmeln
die kinder behauchen

bereiftes glas
heimlicher
ohne zeit
ist die stunde deines sterbens
vater
wie meine klage
täglich
vergessen nährt sie
ins offenbare
stehe ich
verhüllten hauptes
zu sprechen der toten gebet

(Hans Keilson: Sprachwurzellos)

2. Teil
Die Kinder der Täter – Das Dritte Reich in Familienkonflikten

Noch jetzt, wenn ich von dem verborgenen Erbe des Dritten Reichs in den Kindern der damals Lebenden zu sprechen beginnen will, spüre ich die Macht des Tabus, das in uns und über den zwölf Schreckensjahren liegt. »Schau nicht hin«, sagen Mütter zu ihren Kindern, wenn nach einem Verkehrsunfall ein Mensch blutend auf der Straße liegt, und ziehen sie mit sich fort. Das Dritte Reich war kein Unfall der Geschichte, auch wenn es in den Jahren nach 1945 so betrachtet wurde. Die Tabus, mit denen es umgeben wurde, entsprechen den Dimensionen des Grauens, die es hervorgebracht hat. Um gefahrloser in den Rücken des Verbots, das das Hinschauen verhindern will, zu gelangen, begann ich daher Zeitungsartikel oder Rundfunksendungen zu dem Thema oft mit dem Hinweis auf das »Überlebendensyndrom«, das zu Beginn der sechziger Jahre durch die psychiatrischen Gutachten in Wiedergutmachungsverfahren bekannt wurde.[1]

Viele derer, die Rassenverfolgung und planmäßigem Völkermord entkamen, konnten ihr Leben nach der Befreiung nur im Zeichen der Konzentrationslager fortsetzen. Nachdem die körperlichen Wunden und Krankheiten geheilt waren, zeigten sich jedoch Jahre später zum Teil irreversible psychische Spätschäden, die Folgen der erlebten Extremtraumatisierung. Aber nicht nur die erste Generation, die Verfolgung und Terror überstand, ist gezeichnet. Die vielleicht noch größere Tragik liegt darin, daß das Grauenvolle der NS-Verbrechen auch in die nächste Generation hineinwirkte. Das Leid der Eltern zeugte sich oft in deren Kindern und Kindeskindern fort.[2]

An diese Schilderung ließ sich dann leichter die Frage anknüpfen: Welche psychischen Spuren haben die NS-Verbrechen bei uns, auf der Seite der Verfolger, hinterlassen? Und was hat diese Elterngeneration ihren Kindern unbewußt an seelischen Verformungen vererbt?

Forschungen zur Psychologie der Täter sind rar.[3] Soweit ich weiß, gibt es keine deutsche systematische, wissenschaftliche Untersuchung, in der versucht wird, die Fragen zu beantworten, wie eigentlich die Täter mit ihrer Schuld leben; ob sie Alpträume haben; ob sie an bestimmten psychosomatischen Krankheiten leiden; wie die Dinge, die sie gesehen und getan haben, ihre Familien beeinflussen. Von vielen Tätern hat man erfahren, daß sie nach außen sozial angepaßt und unauffällig weiterleben. Aber ist wirklich vorstellbar, daß das die ganze Wahrheit ist? Vor ihren innerpsychischen Prozessen stehen wir wie vor einem Rätsel, zumal unter Psychoanalytikern nicht ein Fall der Behandlung eines Täters bekannt ist. Jörg Friedrich, der die Integration der »Holocaust-Angestellten« in der Bundesrepublik untersuchte, spricht von der »Verrätselung der Tat«, die in dem Maße eingetreten sei, »wie die Distanz zum Täter der Gesellschaft abhanden gekommen ist«.[4]

Offenbar muß man selbst hingehen und sie befragen, so wie die Journalisten Claude Lanzmann und Gitta Sereny[5] es getan haben. Die Umstände des Todes von Franz Stangl, Leiter von Treblinka, zeigen, daß das unauffällige Weiterleben der Täter nicht die ganze Wahrheit war. Stangl starb, ohne vorher krank gewesen zu sein, kurz nach dem Tag, an dem er durch die Fragen der Journalistin zum ersten Mal in innere Berührung mit dem Ausmaß seiner Schuld gekommen war.[6]

Zur Psychologie der Kinder von Verfolgern gibt es vereinzelte Aufsätze vor allem von Psychoanalytikern.[7] Weitere ausführliche Falldarstellungen finden sich in ›Generations of the Holocaust‹. Der 34. Kongreß der Internationalen Psychoanalytischen Vereinigung diskutierte 1985 an einem Tag das Thema »Identifizierung und ihre Schicksale im Zusammenhang mit dem Nazi-Phänomen«.[8]

Der inzwischen verstorbene Hillel Klein, der als Jugendlicher in Auschwitz war und später in Israel mit Familien von Überlebenden arbeitete, sagte 1982 während einer Tagung: »Nach einer Zeit, in der sowohl in Deutschland als auch in Israel die Verschwörung des Schweigens herrschte, kommt es nun zur Rückkehr des Unterdrückten. Das Grausame, das Schreckliche, welches wir zu verneinen und zu verschweigen versucht haben, kommt zur Oberfläche. Es kommt zum Ausdruck in der Unruhe des Herzens vieler Menschen hier, in den Ängsten vor der Atombedrohung.« Hillel Kleins Gedankenverbindung rief Empörung bei vielen Zuhörern hervor. Aber ist es nicht auffällig, daß zwar die Erkenntnis, welchen Einfluß Eltern vor allem in den ersten Lebensjahren ihrer Kinder auf diese haben, praktisch Allgemeingut ist, aber die zweite Generation bis vor kurzer Zeit für sich daraus kaum Schlüsse hat ziehen können?[9] Wir tun oder taten so, als gelte diese Erkenntnis für die betroffenen Generationen nicht. Dabei liegt der Gedanke so nahe, daß dieses So-Tun der gemeinsamen Verleugnung von Eltern und Kindern dient und damit der Beschwichtigung der gesamten Gesellschaft.

In einer Reihe von Gesprächen mit Kindern von »Tätern« habe ich versucht, dem verschütteten Erbe näherzukommen. Ich verwende den Ausdruck »die Kinder der Täter« für die Nachkommen von Belasteten und Mitläufern aller Schattierungen, da er die ab 1933 eingetretene Spaltung unseres Volkes in zwei Teile wiedergibt, auf der einen Seite in die »Masse der begeistert Zustimmenden bis vorsichtig Billigenden; auf der anderen Seite in die Gruppe der Ablehnenden«, der »innerlich Distanzierten«, bis hin zu denen, die »aufgrund obskurer Rassevorstellungen« als »vernichtenswert galten«.[10] Daß ich überwiegend die Jahrgänge von 1940 bis 1950 befragt habe, liegt daran, daß ich selbst Jahrgang 1943 bin.

Aus Gesprächen mit Psychoanalytikern habe ich entnommen, daß es ein spezifisches Nazi- oder Verfolgersyndrom, das heißt ein einigermaßen fest umreißbares Bündel von Symptomen, offenbar nicht gibt.[11] Die Schuldbelastung der Eltern oder ihre Verstrickung im Dritten Reich kann zwar psychisches Leid der Kinder formen, ist für sich allein jedoch kein auslösendes Moment. Die Psychoanalytiker berichteten, daß diese Patienten wegen Depressionen, Zwangsphantasien, Ängsten, Arbeitshemmungen oder psychosomatischen Störungen in die Behandlung kamen. Erst in der gemeinsamen Arbeit stellte sich dann der Bezug zur deutschen Geschichte her, fanden das Grauen der Vergangenheit und der zeitweise gnadenlose Umgang mit dem anderen Eingang ins Behandlungszimmer. Auch hier kann es die gemeinsame Vermeidung geben, sei es, daß der Patient die Analyse abbricht, sei es, daß der Analytiker die Einfühlung in die grauenvollen Phantasien seines Patienten verweigert oder, um Unerkanntes in sich selbst zu vermeiden, um die prekären historischen Bezüge »drumrumanalysiert«.

Trotz der Unverwechselbarkeit jedes Schicksals zeichneten sich im Laufe der Zeit spezifische Problembereiche ab. Aus den meisten Gesprächen entnahm ich, daß sich in den Familien – Jahre nach dem Krieg – eine Situation bildete, die noch einmal die Trennung der Menschen im Dritten Reich in Verfolger und Verfolgte, Täter und Opfer, Sieger und Besiegte abbildete. Die von den NS-Verbrechen ausgehende Spaltungs- und Projektionsgewalt schuf Beziehungsformen zwischen den Generationen, die selbst wieder paranoid waren. Martin Walser hat das bereits in seinem Drama ›Der Schwarze Schwan‹ von 1964 gezeigt. Während sich der Sohn, ohne zu wissen, was der Vater getan hat, mit dessen Schuld wahnhaft identifiziert und ihn dadurch ständig konfrontiert und überführt, versucht der Vater sich auszumalen, wie er sich durch ein »offenes« Gespräch mit dem Sohn aus der Verstrickung retten könnte: »Allein dein Geburtsdatum macht dich zu einem fabelhaften Kerl. Tausendmal besser als dein Vater. Als alle Väter zusammen. Und das genießt du. Trampelst herum auf jedem, der das Pech hat, dreißig Jahre älter zu sein, der mit hineingerissen wurde, der Gelegenheit hatte, seine entsetzlichsten Eigenschaften kennenzulernen. Und du, der prahlende Gewissensheld, woher weißt du so sicher, du hättest dich damals so makellos bewährt? Man muß Gelegenheit gehabt haben, vorher kennt man sich nicht. Bitte, versuch dich, versuch dich an mir. – Dann drück ich ihm die Pistole in die Hand. Wie schwer es ist abzudrücken, kann ihn nur die Pistole lehren.«[12]

Dieses Muster bezieht auch noch die Generation der Enkel ein. Die erwachsene Tochter eines Vaters, der auf ihre Fragen, so lange sie ihn kennt, nur mit gekränkt-abweisendem Schweigen reagierte, bis sie das Fragen schließlich aufgab, berichtete mir: »Mein kleiner Sohn hat einen Freund, dessen Großvater ab und zu vom Krieg erzählt. Eines Tages erkundigte sich mein Sohn bei seinem eigenen Großvater, ob er auch geschossen habe. Da sprang mein Vater außer sich vom Tisch auf und schrie: ›Mußt du dich auch noch hinter meine Enkel stecken!‹« Die Reaktion dieses Mannes verrät sein Schuldgefühl. Wir wissen jedoch auch von Tätern, die selbst zu dieser Reaktion nicht fähig sind, weil sie sonst fürchten müssen, physisch und psychisch zusammenzubrechen.

Aus den Informationen, die ich im Laufe der Jahre zusammengetragen habe, habe ich mir über die Entstehung der

paranoiden Beziehungsform zwischen den Generationen folgendes Bild gemacht:
– Bei Tätern und Sympathisanten bewirkten der Massenschlaf des Gewissens, das Führer-Gefolgschafts-Verhältnis, die Übertragung eigener Gewissensfunktionen auf Hitler und eine Hierarchie von Vorgesetzten das Gefühl, nicht selbst gehandelt zu haben, also nur Werkzeug, Opfer gewesen zu sein.
– Das Selbstgefühl der Eltern war durch die Niederlage, den Verlust der angemaßten Größe und das Ausmaß der mit Kriegsende bekanntwerdenden Verbrechen schwer erschüttert. Ein solches Selbstgefühl ist leicht zu lädieren und mußte von den Kindern mitstabilisiert werden. Um die in den frühen Lebensjahren lebenserhaltende Zuwendung der Eltern nicht zu gefährden, lernten die Kinder, an die prekären Punkte möglichst nicht zu rühren.
– Die Angst der Eltern vor ihrer Schwäche war nur zu berechtigt. Sie hatten im Dritten Reich erlebt, wie die Schwachen und Hilflosen niedergetreten und vernichtet wurden, vielfach dabei selbst mitgeholfen. Diese sadistischen Erwartungen konnten leicht auf die Kinder übertragen werden.[13]
– Das Bestreben der Eltern, sich in einem Panzer künstlicher Stärke gegen die eigene Schwäche, quälende Schuld und peinigende Schamgefühle zu verschanzen, lähmte ihre Trauerreaktion, machte sie starr, selbstgerecht und unlebendig. Für die Kinder hieß das, an bestimmten Punkten immer wieder zurückgewiesen zu werden, das Gefühl, die Eltern nie richtig zu erreichen, ihnen nie richtig zu genügen. Ärger, Enttäuschung, Wut und Zorn darüber durften die Kinder jedoch auch nicht ausdrücken. Ich vermute, daß in vielen Angehörigen der zweiten Generation auf diese Weise das Gefühl entstand, von den Eltern niemals warm ans Herz genommen worden zu sein, sich niemals in einem wirklichen körperlichen und emotionalen Dialog mit ihnen befunden zu haben.

Aus all dem resultierte das bekannte, verbissene Schweigen, das in vielen Nachkriegsfamilien über dem Leben der Eltern und ihrer Rolle im Dritten Reich lag. Es bewirkte einerseits, daß die Biographien der Eltern verschwommen und undeutlich erschienen, entstellt oder mit Lügen befrachtet; andererseits forderte es die heranwachsenden Kinder geradezu zur Entlarvung der Eltern heraus. Während liebevolle Beziehungen dadurch gekennzeichnet sind, daß Schwächen nicht ausgenutzt werden, bestand in den Nachkriegsfamilien für die Kinder kaum eine Möglichkeit, solche Erfahrungen zu machen. In den Ablösungs- und Abgrenzungsprozessen diente daher die Vergangenheit den Nachkommen als Waffe, um die Eltern anzuklagen und zu entwerten. In dem verzweifelten Bemühen, sich von den negativen Elternbildern zu befreien und gleichzeitig doch noch zu bekommen, wonach man sich so sehnte, Verständigung, Zugang zu guten Eltern, machten wir später den Eltern den Prozeß, klagten sie in Wut und Haß an und wurden unsererseits zum Verfolger.

Die Wiederkehr des Verfolgers – Viktor P.

Viktor P. ist 1945 geboren, das Ergebnis eines Heimaturlaubs des Vaters. Gesehen hat er ihn zum ersten Mal 1949, als der Vater aus der Gefangenschaft zurückkam. Auf »das Thema« stieß Viktor durch den Geschichtsunterricht in der Schule. Zur selben Zeit, er war damals etwa zwölf Jahre alt, haute ihn einer aus dem Dorf an: »Weißt du überhaupt, was dein Vater früher war? Jetzt ist er Kirchenvorsteher, der schämt sich gar nicht, und früher war er hier der große SA-Boß.« Viktor sprach seinen Vater deswegen an, erhielt eine beschwichtigende Antwort und vergaß das Ganze wieder. Zwei Jahre später erfuhr Viktor in der Schule genauer, »was vor 1945 alles passiert ist«. Bisher hatte der Vater nur von vorzeigbaren Kriegserlebnissen erzählt, sein Flugzeugabsturz, Panzerabschüsse; jetzt brachte der Sohn aus ihm heraus, daß er seit Herbst 1944 zur Wachmannschaft von Dachau gehört hatte. Außerdem fiel ihm auf, daß auf alten Fotos Parteiabzeichen und Hakenkreuze wegretuschiert waren. Im Hof entdeckte er den Rest eines eingelegten Hakenkreuzes. Als er den Vater danach fragte, besserte dieser das Pflaster aus. Zu Gesprächen kam es nicht, Viktor war zu voll mit verachtenden Anklagen.

Er begann sich vom Vater zu distanzieren, er ließ ihn innerlich sterben. Dabei kam vieles zusammen. Der Vater, von Beruf Schuhmacher, mußte sein Geschäft zu dieser Zeit aufgeben, arbeitete schließlich als Lagerarbeiter. Viktor ging aufs Gymnasium. Der Vater betrank sich regelmäßig. Einmal sah Viktor ihn besoffen in einer Pfütze liegen, Leute um ihn herum, die ihn auslachten. Er prügelte die Kinder mit dem Knieriemen. Viktor wehrte sich mit Provokationen, ob er das jetzt so mache, wie er es früher auch immer gemacht habe. Der Vater wurde dadurch noch wilder. Viktor lehnte es ab, dem Vater weiterhin die Protokolle für den Kyffhäuser, einen Veteranenverein, zu schreiben. Er war froh, als er eine Brille tragen mußte und sich einen Bart wachsen lassen konnte. Um keinen Preis wollte er dem Vater gleichen. Er verbot den Eltern, zu seiner Abiturfeier zu kommen. »Ich brach damals alles ab, hab absolut dichtgemacht gegen ihn.«

Die innere Distanz zu seiner Familie ging so weit, daß er sich wünschte, andere Eltern zu haben. Er fand Ersatz bei dem Pfarrer, der ihn konfirmiert hatte, und im Direktor seiner Schule. »Das war wie ein Geschenk, wenn dieser Pfarrer mich einlud, bei seiner Familie zu übernachten. Mit ihm konnte ich sprechen.«

Viktor begann sein Studium mit Orientalistik, später sattelte er auf Theologie um. Er suchte Kontakt zu Juden, zog im zweiten Semester für ein paar Monate nach Paris zu einer jüdischen Familie. Der Vater war Mitglied der französischen KP. Es war Mai 1968, die Zeit der Pariser Unruhen. »Ich war dabei«, sagt Viktor. Er genoß das Leben im jüdischen Freundeskreis, kein Brief, kein Telefonat nach Hause. »Das war fantastisch, wie die abends um den Tisch saßen, miteinander Späßchen hatten, erzählten, wie sie den betrogen hatten und den, als Familie sich gegen die Welt stellten.«

Viktor wechselte seinen Vornamen, weil er genauso heißt wie sein Vater. Eines Tages brachte er seinen jüdischen Freund mit zu sich nach Hause. »›Das ist einer von denen, deren Eltern ihr erledigt habt.‹ So hab ich ihn vorgestellt. Das wußte der Freund nicht. Ich wollte meinen Vater bestrafen, ich wollte, daß die aneinander geraten und daß mein Vater total zusammenfällt. Ich habe damals selbst eine Phase als Verfolger durchgemacht.«

Das ist das Schlimmste, woran Viktor sich erinnern kann. Kurz danach kam der Punkt, an dem Haß und Verachtung zum ersten Mal in Mitleid umschlugen. Die Eltern ließen es sich trotz aller Differenzen nicht nehmen, zu Viktors Hochzeit zu kommen. Vor dem Standesamt sollte der Vater seinen Beruf angeben. »Da sagte er: ›Ich arbeite da hinten in dem

Schuppen‹, also er beschrieb, was er tat, er hatte kein Wort dafür. Das hat mich sehr angerührt. Da hab ich zum ersten Mal wieder ein Gefühl für meinen Vater gehabt.«

Wenig später war Viktor mit einer Delegation der evangelischen Jugend bei den Weltjugendfestspielen in Kuba. Als kubanische Soldaten weißgekleidete Kinder wie Gewehre geschultert ins Stadion trugen, weinten seine Bekannten, sonst kritische Köpfe, auf den Bänken rechts und links neben ihm. »Ich begriff, was Massensuggestion ist und daß mein Vater dem auch erlegen ist. Das half wieder ein wenig weiter.«

Während des Theologiestudiums ging Viktor seinen philosemitischen Interessen nach, beschäftigte sich mit jüdischer Tradition und Kultur, pflegte einen jüdischen Freundeskreis und entdeckte, »daß die christliche Theologie von vorn bis hinten antisemitisch ist«. Die Identifizierung mit den Opfern ging so weit, daß er sich seiner Frau bei der ersten Begegnung als Jude vorstellte. Durch Kontakte zu großen jüdischen Gemeinden und einer jüdisch-christlichen Ökumene in Amerika fand er die eigene Linie wieder. Dabei wurde ihm klar, »daß viele Dinge, wo meine Eltern mittaten, auch auf das Konto früherer Lehren der Kirche gingen. Heute ist es so, daß ich meine Identität und meinen Glauben nicht mehr anders verstehen kann als im Zusammenhang mit der jüdischen Tradition.« Viktor entnimmt ihr für sein Privatleben religiöse Gebräuche und beschäftigt sich mit rabbinischer Schriftauslegung. Er berücksichtigt den jüdischen Kalender, indem er darauf achtet, daß Sitzungen und Tagungen, an denen Juden teilnehmen, nicht auf hohe jüdische Feiertage gelegt werden.

In seiner Arbeit als Pastor versucht Viktor P., seine Gemeinde in Kontakt zu jüdischen Gemeinden zu bringen. Er bemüht sich, Bedingungen zu schaffen, damit etwas von dem kulturellen Reichtum bei uns wieder Wurzeln fassen kann, den die Elterngeneration mit dem Judentum zerstört hat. Teil dieser Arbeit ist es, in der Gemeinde ein lebendiges Gefühl für das im Dritten Reich und durch den Krieg begangene Unrecht zu wecken. Seltsamerweise ist Viktor in eine Gemeinde geraten, die vor 1945 ziemlich braun war, zwei Drittel der Mitglieder waren aus der Kirche ausgetreten. »Ich habe mehrere Leute schon mit den schlimmsten Krankheiten beerdigen müssen, wo mir vorher oder hinterher einer sagte: ›Wissen Sie, wer das war? Der hat damals, der war SS-sowieso.‹ Ich denk oft, daß Menschen, die das nicht loswerden, es schwer haben, in dieser letzten Phase zurechtzukommen. Ich versuche, da vorsichtige Angebote zu machen.«

Auch bei seinem Vater hat Viktor das Gefühl, als sei das, was er gesehen oder getan hat, in ihm wie weggesackt. »Er wirkt auf mich wie jemand, der etwas an den Füßen mitschleppt, einen dicken Klumpen; es lähmt ihn unheimlich. Und im Grunde genommen ist er nicht mehr weitergekommen, seitdem das Marschieren aufgehört hat. Ich hoffe, daß er das noch los wird vor seinem Tod, aber im Augenblick ist es einfach da, er wird in den Knien immer schwächer, sinkt in sich zusammen.«

Irgendwann geht Viktor auf, daß er das, was er mit seinen Gemeindemitgliedern versucht – sich für ihre Geschichten, für das nie Ausgesprochene zu interessieren –, auch für seine Eltern tun könnte. Den inneren Draht zum Vater hat er schon früher wiedergefunden. Das Schlüsselerlebnis war die Lektüre von ›Zen oder die Kunst ein Motorrad zu warten‹. Sein Vater hatte so ein Ding besessen, und der Sohn erinnerte sich plötzlich, wie er sonntags mit dem Vater über die Dörfer gefahren war. Die zusammengestoppelte Maschine streikte regelmäßig und dann, »fast zeremoniell, stieg mein Vater ab, holte hinterm Sattel die Tuchrolle mit dem Werkzeug hervor, rollte sie langsam über den Arm zum Boden aus und konnte durch Handauflegen auf dem Motor merken, wo was nicht richtig war. Da dachte ich, Mensch, und daß er viele Sachen so machte und daß ich irgendwie auch 'n tollen Vater hatte.«

1983 fährt Viktor zum ersten Mal mit einem Tonband zu seinen Eltern, um sie ohne Vorwürfe nach ihrem Leben zu fragen. Über die Rolle des Vaters in der SA, die Judenvernichtung und seine Tätigkeit in Dachau können sie noch nicht sprechen. Viktor selbst muß sich in Details erst kundig machen, um Ansatzpunkte für Fragen zu finden. Wenn der Vater, etwa anläßlich der Flick-Affäre, Bemerkungen macht wie ›da stecken bestimmt die Juden dahinter‹, steht Viktor auf und droht ihm: »Noch ein Wort und ich fahr wieder weg.«

Ähnlich kompromißlos, geradezu rabiat verhält er sich, wenn ein Kollege im Café einen »Pharisäer« bestellt oder ein Kirchenvorsteher etwas von »jüdischer Hast« sagt. »Da verlier ich die Selbstkontrolle, den hab ich fast zusammengeschlagen, vor allem wenn's Leute sind, von denen ich sowas nicht erwarte. Ich brech das Gespräch dann ab, ich erklär dann nichts mehr.« – »Wo ich steh, steht kein Antisemit«, das deutlich zu machen ist Viktor unendlich wichtig, nicht zuletzt im Hinblick auf die dreißig- bis vierzigtausend Juden in der Bundesrepublik, deren Ängste er kennt.

Wenn er selbst aggressiv angegangen, angepöbelt oder bedroht wird, bekommt er wahnsinnige Angst, ist gelähmt, reagiert höchstens mit Flucht. »Da entsteht in mir das Bild des brüllenden, schreienden Vaters, der ich nicht sein will, den ich unter Beton setzen muß. Ich kann dann nur weinen.« Auch im Privatleben tut sich Viktor mit seinen Aggressionen schwer. Für seine Frau ist es oft demütigend, wenn er immer nur »den ruhigen Otto« markiert.

Wir sprechen nicht weiter darüber, ob diese Unfähigkeit auch ihre Parallele in seiner Identifizierung mit den jüdischen Opfern findet. Aber er sagt unmittelbar darauf: »Ich habe lange Zeit alles getan, um als einer von ihnen zu gelten, bis ich mich allmählich auch selbst bejahen konnte.«

Längere Zeit glaube ich, Viktors Geschichte sei ein Beispiel dafür, wie sich ein Sohn von den negativen Anteilen seiner Nazi-Eltern befreit. Dann wurde mir klar, daß das, worüber er mit seinem Vater noch nicht sprechen kann, dessen Rolle in Dachau, einem noch unberührbaren, verbotenen Bezirk in ihm selbst entsprechen muß. Da der brüllende, schreiende Vater ihm ja durchaus gegenwärtig ist, wird sich mit dem, was Viktor unter Beton setzen muß, vermutlich die weitaus furchterregendere Destruktivität des Vaters im Zusammenhang mit Dachau verbinden.

Spionageabwehr – Paul Z.

In dem folgenden Lebenslauf ergibt sich die Notwendigkeit, sich den verbrecherischen Aspekten des Vaters zu nähern, nachdem der Sohn bereits geglaubt hatte, er habe »seinen alten Herrn« endgültig zu Grabe getragen und bräuchte ihm nicht mehr »nachzuspionieren«:

Der Familientherapeut Paul Z. ist 1943 im »Warthegau« geboren. An seinen Vater hat er keine Erinnerungen mehr, da dieser kurz vor Kriegsende vermutlich ums Leben kam. Pauls Bild vom Vater setzt sich aus Bruchstücken zusammen, die ihm die Mutter, die Schwester des Vaters oder Kriegskameraden überlieferten. »Er soll ein fröhlicher, geselliger Mensch gewesen sein, der ganze Opern pfeifen konnte, ein Draufgänger mit depressiv-gemüthaften Anteilen. Er begann ein Jurastudium, und da wird's gleich verhängnisvoll; das Studium ist aus mir undurchsichtigen Gründen abgebrochen worden. In der Familie kursieren dazu verschiedene Versionen. Nach der meiner Mutter hat er als Student heftig dem Alkohol zugesprochen und ist in einer schlagenden Verbindung herumgefallen; nach einer anderen Version soll er durch einen Juden sein Kapital verloren haben, so daß kein Geld mehr für das Studium da war. Er hat dann in Berlin eine kurze Ausbildung zum Kriminalkommissar absolviert, war darin offenbar auch ziemlich erfolgreich, denn er soll eine Falschmünzerbande ausgehoben haben. Irgendwann wurde die Kriminalpolizei in die SS überführt, und das Abenteuer, Verbrecher zu fangen, endete schließlich in Schergentätigkeit für Himmler. Er meldete sich zu einer Abteilung der Spionageabwehr, die dem Reichssicherheitshauptamt unterstand, kam 1942 nach Polen, und in der letzten Phase des Krieges hatte er Feindsender abzuhören, um Truppenbewegungen nach Berlin zu melden. Meine Mutter vermittelte mir, das sei eine Art Himmelfahrtskommando in Ostpreußen gewesen, das schon von den Russen besetzt war; er hätte da 'nen Bunker am Spirdingsee gehabt, und irgendwann kam der letzte Funkspruch: ›Melde mich ab, kämpfe bis zur letzten Kugel.‹ Bums. Das war wohl seine Art, den Tod zu suchen in diesem Krieg. Aber wir wissen über sein Ende bis heute nichts Genaues.«

Dem Kind und Heranwachsenden kamen diese Geschichten fern und fremd wie eine Legende vor. Die Gestalt des Vaters erschien undeutlich und ungreifbar. Ob der Vater an Verbrechen beteiligt gewesen war, wurde in der Familie nicht besprochen. Paul ist jedoch atmosphärisch ein Gefühl vermittelt worden, »als könne da etwas gewesen sein. Genaues hab ich nicht erfahren. Was er tat, war ja streng geheim. Meine Mutter konnte ihn kaum mal besuchen da oben, nur einmal im Jahr kam er auf Urlaub nach Hause.«

Paul gab sich mit der nebulösen Rolle, die der Vater als Geist im Familienleben spielte, zufrieden. Seine Mutter konnte oder wollte das Geheimnis um den Vater nicht lüften. Aber sie idealisierte ihn nachträglich auch nicht. Paul hörte aus ihren Erzählungen eher vorsichtige Zweifel an seinen menschlichen Qualitäten heraus. »Nach meinem jetzigen Kenntnis- und Gefühlsstand hätte meine Mutter wohl gerne gehabt, wenn ich weniger ihrem gefallenen Mann als ihrem eigenen Vater ähnlich geworden wäre. Der war evangelischer Pastor; etwas Vergleichbares bin ich ja auch geworden, Seelsorger im weltlichen Bereich.«

Um Definitives über den Verbleib ihres Mannes zu erfahren, schaltete die Mutter über Jahre hinweg den Suchdienst des Roten Kreuzes ein. Auf Paul wirkte die Ungewißheit, ob der Vater noch lebte oder nicht, zwiespältig. »Ich hab mir immer zwischen Hoffen und Bangen überlegt, wie das ist, wenn er kommt. Er war 'ne Sportskanone, ich dagegen nicht so fit in Leibesübungen, bißchen Muttersöhnchen. Ich dachte, o je, wenn der mich antreibt und mir meine Privilegien nimmt. Dann wurde er für tot erklärt, und ich konnte das gar nicht richtig verstehen; schon die Worte ›vermißt‹ und ›verschollen‹ waren Anlaß für Rätseleien. Ob das was mit Mist zu tun hätte oder Erdschollen, Acker, Fischen. Ich habe mich an die Worte geklammert in der Verlegenheit. Er war ein unbekanntes Phänomen.«

Nach der Todeserklärung verschwand der Vater aus dem bewußten Erleben des Kindes. »Er war lange Zeit wie eine Leiche im Keller, von der niemand etwas weiß. Punktuell tauchte er auf, in der Schulzeit etwa, als ich dachte, andere haben Väter, ist das nun ein Nachteil, daß ich keinen hab? Ich hab's nicht so erlebt. Mein älterer Bruder konnte mir in bestimmten Dingen etwas vormachen, so wie Väter einem etwas beibringen. Das reichte mir als kleiner Ersatzvater. Dann kam die Zeit der Pubertät, als viele meiner Freunde in Konflikten mit den Eltern steckten. Da war es mir ganz recht, nicht auch noch unter der Fuchtel so eines alten Herrn zu stehen. Da hab ich's wie einen Freiraum empfunden, zumal ich den engen Bezug zu meiner Mutter besaß, bis sie 1967 starb.«

Paul fragte sich später, ob er durch die gefährliche Nähe zur Mutter vielleicht homosexuell geworden sei. »War ich aber nicht. Durch die besondere Situation in der Restfamilie habe ich jedoch weiche, fürsorgliche Seiten ausgeprägt; präsentiere mich offenbar auch wenig als Konkurrent oder als wenig angreifbar. Sicher liegt das daran, daß ich nicht mit einem Vater konfrontiert war, mit dem ich auch mal richtig die Kräfte messen mußte.«

Während der Studentenbewegung rückten die Geschichte des Dritten Reiches und die Politik der Bundesrepublik stärker in Pauls Blickfeld. Der Vater selbst blieb weiterhin in der Versenkung. »Ich ging zur Schule, als wir noch forciert unter dem Einfluß der Besatzungsmächte standen und den Adenauer-Staat bejahten. Da wurden dann eben auch Globkes und solche Leute eingebaut. Ähnlich stell ich mir vor, ist auch mein Vater in mein Weltbild und in meine Person eingebaut worden. Ich lernte dann erst Ende der Sechziger zu bezweifeln und zu befragen, ob das alles so richtig war, was die da gemacht hatten. Aber die Studentenbewegung hat mich nicht mitgerissen. Vielmehr beobachtete ich mit großem Erstaunen, welch ungeheuer starke Triebfeder es für andere war, die Nazi-Vergangenheit der eigenen Eltern auf die aktuelle politische Bühne zu bringen und im Kampf mit ihnen sich abzuarbeiten. Mir selbst war das nicht so quälend präsent.«

Nach dem Tod der Mutter 1967 gründete Paul recht bald eine eigene Familie. Als sein Kind starb, begann er, um den Verlust zu bewältigen, eine Psychotherapieausbildung. Die umfangreiche Selbsterfahrung führte ihn an Kapitel seiner Kindheit, in denen er sich mit der Abwesenheit des Vaters auseinandersetzte. »Väter und Söhne sind ja auch Konkurrenten, und der war im Krieg anscheinend aus dem Feld geschlagen, im Feld geblieben. Dieser Aspekt, als Dreikäsehoch gesiegt zu haben, war mir lange sehr fremd. Nun entdeckte ich, daß es auch eine Entlastung für das Kind sein kann, zumal wenn der Vater so unbekannt ist und mit dämonischen Zügen ausgestattet in der Familie herumgeistert. In einer anderen Phase der Beschäftigung kam ich dann drauf, daß ich ihn als Bezugsgröße durchaus vermißte; in bestimmten schwierigen Lebensphasen, in denen es darum geht, das eigene Mann- und Vatersein zu erproben. Da hätte ich gerne jemanden gehabt, dem ich auf die Finger und sonstwohin hätte gucken können, um zu sehen, so mach ich's auch oder so mach ich's bestimmt nicht. Der frühe Vaterverlust hat mich mit einer unverbindlichen, frei flottierenden Männlichkeit versehen, die viele Unsicherheiten mit sich gebracht hat.«

Während seiner Berufstätigkeit in einer Familienberatungsstelle wurde es Paul zunehmend zum Problem, daß politisches und »seelsorgerisches« Engagement von ihm und anderen stets wie sich ausschließende Alternativen behandelt wurden. »Als müsse der, der in Psycho macht, unpolitisch sein, und als dürften die, die Politik betreiben, sich möglichst keine seelische Macke leisten. Politiker wehren sich ja heftig dagegen, wenn man bestimmte Züge ihrer Ausdrucks- und Handlungsweisen als Symptomverhalten interpretiert.«

Der erste Schritt, beide Bereiche näher aneinanderzurücken, vollzog sich in einem Seminar vor etwa drei Jahren, in dem eine Teilnehmerin die Schrecken einer Kriegsnacht mit Bombenangriffen wiedererinnerte. Paul schien es danach nur konsequent, mit Hilfe der erlernten gruppentherapeutischen Methode die Zeit vor 1945 genauer unter die Lupe zu nehmen: »Was war mit unseren Eltern? Was tragen wir an Unerkanntem von damals noch heute mit uns herum?« Das Ergebnis war überwältigend und beängstigend. Obwohl Paul seit Jahren, auch als Ausbilder, Gruppentherapien leitet, hatte er eine solche Massierung von unverarbeitetem, dazu mit gewalttätigen Elementen durchsetztem Erinnerungsstoff noch nicht erlebt: »Mir ist aus der Gruppenarbeit bekannt, daß Leute nacheinander umschriebene Bereiche von Unverarbeitetem einbringen wollen. Aber in dieser Summation kam die Vergangenheit wie eine Lawine auf mich zu; ich war besorgt, was haben wir da entfesselt! Das war wie eine riesige Bürde von der vorherigen Generation, als die da versammelten Abgesandten es wagten, das Schweigen zu durchbrechen und mal hinzuschauen, was sie jahrelang als Nicht-Wissen mit sich herumgetragen haben.«

Paul kam selbst in Kontakt mit intensiven Haßimpulsen, die sich gegen seinen Vater richteten: »Meinen Vater als Stellvertreter einer Epoche, der vermutlich höchst bedenkliche und menschlich nicht zu verantwortende Handlungen begangen hatte, den wollte ich gerne mit Fäusten traktieren. Das hab ich vorher nicht gespürt, das war mir gar nicht klar, daß ich es ihm noch so faustdick geben möchte, so handgreiflich aufräumen möchte mit dem merkwürdigen Rattenschwanz von Legende und Verklärung; daß ich noch so viel an pauschaler Verteufelung dieser Epoche mit mir herumschleppe; ein wichtiger Erkenntnisschritt.«

Ausgehend von den konformistischen Neigungen, die Paul schon früher an sich festgestellt hatte, hatte er bereits vor Jahren das lückenhafte Bild des Vaters mit ähnlichen Zügen ausgestattet. Er war zu dem Schluß gekommen, »daß er im Rahmen seines Dienstes vermutlich sich der Notwendigkeit gebeugt hat, kriminelle Handlungen auszuführen, also an der Liquidierung von Partisanen beteiligt gewesen sein müßte, sehr früh auch gewußt haben muß, wie die Vernichtungsmaschinerie des Dritten Reiches funktionierte.« Dennoch blieb der Vater für Paul auch nach dem Seminar weiterhin ein »privathistorisches Phänomen, das irgendwie mitgemacht hatte, dem wahrscheinlich ein nicht unerheblicher Teil an der Riesenschuldmasse zuzuschreiben war«, dem er sich aber vorerst nicht weiter nähern wollte. Als ich ihn fragte, ob er daran denke, die Legenden um den Vater etwas näher zu überprüfen, zum Beispiel in Militärarchiven zu stöbern, um ein genaueres Bild zu bekommen – er wußte, daß ich und andere Betroffene solche Recherchen anstellten –, sagte er: »Ich bin bisher nicht auf die Idee gekommen. Ich hab den alten Herrn ruhen lassen in dieser Hinsicht. Den konkreten Antrieb, weiter Familienarchäologie zu betreiben, habe ich bisher nicht verspürt. Was da passiert ist, ist sicher nicht ohne weiteres zu entschuldigen. Aber meine tägliche Arbeit als Familien- und Gruppentherapeut hat mich dazu geführt, daß mir sehr wenig Menschliches fremd ist und ich in dieser Hinsicht auch wesentlich weniger zu erschrecken bin als vor zehn Jahren. Und ich hab auch nicht den Drang, ihn als Verbrecher zu entlarven oder ihn reinzuwaschen.«

Gut anderthalb Jahre nach diesem Gespräch erkundigte ich mich bei Paul noch einmal nach dem Stand der Dinge. »Meine Hoffnung, den alten Herrn ruhen lassen zu können, hat sich nicht erfüllt«, sagte er. »Ich lese gerade Elie Wiesel und die Eichmannprotokolle. Eine Polenreise zu meinem Geburtsort im Bezirk Posen und nach Auschwitz steht bevor.« Paul erkundigte sich nach Adressen von Militärarchiven und Dokumentationsstellen, in denen sich Akten über seinen Vater oder dessen Einheiten befinden könnten. Abschließend fügte er noch hinzu: »Außerdem hab ich die Schwester meines Vaters gebeten, ihre Erinnerungen an ihre Familie und ihren Bruder aufzuschreiben. Mich interessieren seine Entwicklungsbedingungen, wie er als junger Mann war, Arbeitshypothese: ›prämorbide Persönlichkeit‹. Vielleicht kann ich ja doch noch einen Funken Wahrheit in die Legenden und ein persönliches Verhältnis zu ihm kriegen.«

Zerstückt im Verhau

Niemand kann sich seine Eltern aussuchen. Außerdem ist die Identifikation mit ihnen unvermeidlich, da sie mit uns und wir mit ihnen in der Kindheit einmal eine starke Bindung hergestellt haben. Die Frage ist daher nicht, wie man der Verkettung mit den Eltern entgehen kann, sondern ob man sich ihrer bewußt wird, das heißt über die Einsicht in das Unvermeidliche und das Sich-Abfinden mit ihm zu mehr innerer Bewegungsfreiheit findet. Viele Kinder von belasteten Eltern konnten und können die Auseinandersetzung mit ihnen nicht wagen, weil sie die existentielle Bedrohung spüren, die von ihren Fragen auf die Eltern ausgeht; sicherlich auch, um die eigene Angst nicht erleben zu müssen, die »guten« Eltern zu verlieren. Wenn Kinder ihre Eltern decken, werden sie zu Komplizen der Verleugnung der Eltern. Ihre moralische und psychische Korrumpierung bleibt dann erst recht nicht aus. Sie kann sich in Wahrnehmungs- und Realitätsverzerrungen, Gefühlsflachheit und emotionaler Starre äußern oder all den anderen psychischen Manövern, mit denen man sich gegen Unerträgliches schützt. Oft sind die Erlebnisse, die diese Kinder mit ihren Eltern hatten, und die Taten der Eltern so horrend, daß die Abwehrstrategien der Kinder den lebenswichtigen Versuch darstellen, eine minimale Integrität, einen Rest von innerem Zusammenhalt zu bewahren. Das bedeutet freilich gleichzeitig, daß diese Kinder etwa im intellektuellen Bereich Zusammenhänge verwischen oder spalten müssen, im Emotionalen sprunghaft und zerrissen sind, stets gefährdet, vor Angst, Scham, Wut und Todesdrohung auseinanderzufallen.

Held oder Verbrecher? – Inge T.

Die Lehrerin Inge T. ist Jahrgang 1947. Beide Eltern waren überzeugte Nationalsozialisten, die noch Jahre nach dem Krieg aus ihrem Herzen keine Mördergrube machten. Der Vater war 1943/44 als Adjutant des 1946 hingerichteten Höheren SS- und Polizeiführers Ostland, Friedrich Jeckeln, an Plünderung, Brandschatzung und Massenerschießungen im Rahmen der »Partisanen- und Bandenbekämpfung« hinter der Ostfront beteiligt. Inge erinnert sich, daß der Vater sich ihr als der saubere, opferbereite und kampferprobte SS-Führer präsentierte. In der engeren und weiteren Familie zirkulierten Geschichten über seine Heldentaten »in den letzten Wirren«, etwa wie er mit schwerer Kopfwunde und Flüchtlingen auf dem Rücken mehrmals schwimmend die eiskalte Elbe überquert habe.

Inge wuchs in einer Atmosphäre versteckter und offener Gewalttätigkeit auf, in die in chaotischer Weise ein Großteil des gesamten Familienclans verstrickt war. Nach Kriegsende versteckte sich der Vater mehrere Monate in einer Jagdhütte in der Nähe eines niedersächsischen Dorfs, in dem seine Familie wohnte, zusammen mit einer Frau, die er über die Elbe gerettet hatte. Ein wirres Eifersuchtsdrama entspann sich, in dessen letztem Akt diese Frau drohte, den Vater an die Engländer zu verraten, und – in Anwesenheit von Inges Mutter und ihrem Großvater – durch den Vater »irgendwie« zu Tode kam. Vater und Großvater verscharrten die Leiche und vereinbarten Stillschweigen. Ein Jahr später wurde die Tote gefunden. Bis zur Entdeckung des mutmaßlichen Täters vergingen jedoch vier Jahre. 1954 wurde der Vater freigesprochen.

Inges Vater arbeitete derweil im Geschäft ihres Großvaters, ebenfalls ein alter Nazi, was unerträgliche Spannungen zwischen den beiden Männern keineswegs verhinderte. Man beschimpfte sich gegenseitig als Verbrecherbande; Inge erinnert sich an den Tag, als sie aus dem Haus des Großvaters auszogen: »Mein Opa hatte eine abgeschlagene Flasche in der Hand, mein Vater eine Axt, so bedrohten sie sich über die Straße hinweg. Ich seh meinen Vater noch, wie er dann bei uns in der Küche sitzt, ein Messer in den Tisch stößt und sagt: ›Das wird der Chef büßen‹.«

Auch das Verhältnis der Eltern war von Gewalttätigkeit und Morddrohungen durchtränkt. Der Vater, dem durch den Untergang des Dritten Reiches und den Verlust seiner Führer jeder Halt entzogen war, konnte beruflich nicht mehr Fuß fassen. Er suchte Unterschlupf bei Frauen, die ihn bewunderten und versorgten, und drohte, seine Familie zu verlassen. Die Mutter ihrerseits klammerte sich wie eine Ertrinkende an ihren Mann und drohte, sich aufzuhängen. Die Kinder erlebten die wüsten Auftritte nachts mit; »da stehen wir alle drei in der Tür wie kleine Gespenster, und meine

Mutter liegt am Boden und wimmert, oder sie rennt durch Hof und Stall und wir immer hinter ihr her.«

1956 verschwand der Vater. Die Mutter setzte Inge, seine Lieblingstochter, dazu ein, den Vater zurück oder wenigstens Geld von ihm zu holen. Inges Verhältnis zur Mutter gestaltete sich dadurch sehr zärtlich, ebenso das zum Vater. Die schmachtend-verzweifelten Briefe der Mutter beantwortete der Vater, indem er innig an Inge schrieb, die sich darin selbst gemeint sah. Das Ausbeuterische beider Verhältnisse, daß sowohl der Vater als auch die Mutter sie nur benutzten, konnte sie nicht durchschauen.

Als die Deutsche Reichspartei, für die die Mutter ersatzweise votierte und für die sie warb, verboten wurde, entwickelte sie eine Art religiösen Wahn. Außerdem trieb sie, hierin ganz einig mit dem Vater, die Tochter zu schulischen Leistungen an. Inge kam auf die Oberschule. Obwohl intelligent und sprühend, war das Gymnasium eine große Anstrengung für sie. Ihr häusliches Milieu war alles andere als bildungsfreundlich, ihre Schichtzugehörigkeit und ihr Plattdeutsch trennten sie scharf von den Stadtkindern auf der neuen Schule. Die Leute in der Stadt erinnerten sich zudem noch gut an den Mordprozeß gegen ihren Vater.

Angst zu fühlen oder zu versagen gab es für Inge nicht. Beides wäre einer Katastrophe gleichgekommen, da sie als Oberschülerin Hoffnungsträgerin beider Eltern war. Die Mutter brauchte sie als menschlichen Halt, der Vater wollte durch sie bewiesen haben, daß aus seinem »Erbgut« doch etwas Positives hervorgegangen ist. Als einzige Gymnasiastin ihrer Altersstufe war Inge das Wunderkind ihres Heimatortes. Der Glorifizierung und dem Vorgezeigtwerden durch die Familie hatte sie nichts entgegenzusetzen. »Ab der achten Klasse etwa, als ich schlechter wurde, gab meine Mutter mir diese Durchhalteparolen, so ähnlich stell ich mir das in den letzten Kriegsjahren vor: Du mußt stehenbleiben, das kannst du mir nicht antun, du mußt durchhalten. Und ich hab's ja auch geschafft. Aber da ging auch mein Kräfteverschleiß los.«

1963 starb die Mutter. Kurz danach nahm sich der Vater das Leben. Inge beendete die Oberschule, studierte, engagierte sich links, wurde Lehrerin. Bei einer Friedensdemonstration vor einigen Jahren trug sie ein Schild mit der Aufschrift: »Die Herrschenden sind alle Verbrecher.« – »Ich kann noch nicht anders, als der Elterngeneration den Vorwurf zu machen, daß sie das alles zugelassen haben, daß sie mitgemacht und es gemacht haben. Davon komm ich noch nicht los. Ich neige dazu, die gesamte Generation zu verurteilen, auch wenn ich Einzelschicksale kenne. Aber wenn ich daran denke, wie planmäßig diese Verbrechen stattgefunden haben, dann, nee..., ich finde nichts Entlastendes.«

Inges Beziehungen zum anderen Geschlecht waren zeitweise höchst problematisch. Einerseits ließ sie sich ausnutzen, andererseits bedeutete Trennung Tod. Um der unterwürfigen Abhängigkeit eines Freundes zu entkommen, versuchte sie sich umzubringen. Beim Stillen ihres Kindes hatte sie Gewaltphantasien und grauste sich vor sich selbst.

Eines Tages konnte sie nicht mehr. Körperlich nicht erklärbare Erschöpfungszustände zwangen sie, ihren Beruf aufzugeben. »Ich hab mich im Grunde immer nur verschlissen, immer über meine Kräfte gelebt und gearbeitet. Ich hab keine Quellen gehabt, aus denen ich schöpfen konnte, um wieder Kraft für die nächste Arbeit zu sammeln. Wie ein Faß ohne Boden, so ausgelaugt. Ich hab von einem Tag auf den anderen aufgehört in der Schule. Ich konnte nicht weiter unterrichten. Irgendwie war mir klar, ich muß jetzt mit mir etwas tun und nicht immer für andere.«

Das erste, was sie nach dieser Entscheidung tat: Sie schrieb die Erinnerungen an ihren Vater auf, »und da fiel mir unheimlich viel ein, ich hab den ja so bewundert, er war für mich immer der große Held.« Sie legte eine Akte an, »Meinem Vater auf der Spur«, und fing an zu recherchieren, wer das eigentlich war. Sie war wie besessen, saß tagelang in Archiven, reiste in die DDR, wo der Vater aufgewachsen war, ging seinen Untaten nach. Trotzdem blieb das Bild des Vaters unklar. »Ich hab detaillierte Unterlagen gefunden, daß er mit seinem Bataillon an der Bekämpfung von Partisanen und Banden hinter der Ostfront beteiligt war. In den Militärberichten ist am Anfang verdeckt, später offen deklariert, daß sich dahinter die Vernichtung von Juden verbarg. Ich hab die genaue Aufstellung gefunden, an welcher Stelle er da zuständig war. Aber er hatte nur die Sicherung des einen Flügels. Ich konnte nicht feststellen, daß er da persönlich jemanden erschossen hat. Also er hat sich mir wieder entzogen. Ich kann ihm persönlich kein Verbrechen nachweisen.«

Während sie in den Akten des Militärarchivs in Freiburg

herauszufinden versucht, in welcher Weise der Vater an den Massenerschießungen beteiligt war, hat sie das Gefühl, ganz bei ihm zu sein. Sie verabscheut seine Taten, gleichzeitig steigt die Erinnerung auf, wie sie als kleines Kind an seiner Seite saß und er sie mit seinem großen Arm umfing. Als sie aus dem Berliner Document Center seine Personalakte erhält, träumt sie in der nächsten Nacht, daß er da ist und mit ihr schläft. »Ich hatte ihn wiedergefunden, ich vereinigte mich mit ihm, und es war mir wohl und ganz normal.«

Um endlich etwas für sich zu tun, beginnt Inge eine Psychoanalyse. Bis sie sich von dem beunruhigenden Bild des Vaters, dem heldenhaften Verbrecher, wird trennen können, wird es Zeit brauchen. Denn was immer sie versucht und tut, um innerlich eine klare Haltung zu ihrem Vater zu finden, um sich von ihm abzugrenzen, sie muß sich verurteilen: »Das ist eigentlich das, was ich an mir selber so verwerflich finde. Ich will meinen Vater immer reinwaschen auf der einen Seite. Das ist diese Polarität. Andererseits möchte ich, daß er ein Verbrecher ist, um endlich Klarheit zu haben. Und dann wieder ziehe ich alles heran, um zu sagen, armer Papa, dich haben sie ja immer verführt. Und damit werd ich eben nicht fertig.«

Ihren Aufstieg aus desolaten Verhältnissen und den plötzlichen Abbruch ihrer Laufbahn empfindet Inge wie eine Wiederholung der Geschichte ihrer Eltern. »Meinem Vater wurde der Hang zum Höheren nachgesagt, und das stimmt ja auch, er ist aufgestiegen aus ganz einfachen Verhältnissen und hat seine Karriere gemacht und ist tief abgestürzt nach dem Zusammenbruch. Und ich wiederhole eigentlich seine Geschichte, bin aufgestiegen und hab dann gemerkt, das pack ich nicht, hab dagegen angekämpft seit vielen Jahren, und dann konnte ich nicht mehr, und das ist ja auch 'ne Art Absturz. Wenn ich das Leben meiner Eltern zu beurteilen versuche, dann würgt's mich. So viel Versagen. Ich will ihnen die Verstrickungen in die Geschichte nicht zugute halten. Sie hätten auch anders entscheiden können. Sie haben uns, ihren Kindern, zuviel aufgebürdet noch zu ihren Lebzeiten, und sie haben mir nur Chaos hinterlassen. Mit diesem Chaos hab ich jetzt zu kämpfen. Ich arbeite dagegen an mit dieser Trotzdem-Haltung, mit meiner Analytikerin und mit meinem neuen Studium, Politik und Geschichte; ich hoffe, daß mich das nicht wieder in so einen Strudel reinbringt.«

In den Gesprächen fiel mir einige Male auf, daß Söhne und Töchter, deren Väter in einem Vernichtungslager, in Einsatzgruppen oder in einer Euthanasieanstalt tätig waren, sich mit der Frage, wie das Dritte Reich möglich war, intensiv auseinandergesetzt hatten, aber gleichzeitig um das Leben und die Gestalten ihrer Väter einen großen Bogen schlagen mußten, eine Art cordon sanitaire zwischen sich und sie gelegt hatten. Oft hält diese Sicherheitsvorkehrung das Grauen in gewissem Maße auch lange Zeit fern. Eine Tochter, obgleich Juristin, wagte es selbst Jahre nach dem Tod des Vaters nicht, die Mutter um das Urteil zu bitten, durch das der Vater zu einer mehrjährigen Zuchthausstrafe wegen Judenerschießungen in Rußland verurteilt worden war. Sie befaßte sich intensiv mit der Sowjetunion und stand zeitweilig der DKP nahe. Die bei uns verbreiteten antikommunistischen Feindbilder, die darin enthaltene Weigerung, die den Russen durch unser Volk angetanen Leiden zur Kenntnis zu nehmen, versetzten sie zuweilen in äußerste Wut und Erbitterung. Als sie endlich doch in der Lage war, sich mit dem Inhalt des Koffers zu konfrontieren, in dem das Material über den Vater verwahrt war, weigerte sich ihr Bruder, den Koffer herauszugeben. Sie wolle ja nur den Vater schlecht machen. Nachdem auch dem Bruder Zweifel an der Integrität des Vaters gekommen sind, haben sie beschlossen, den Koffer gemeinsam zu öffnen.

Die zerstörte Humanbeziehung, die Spaltung der Welt in Volksverderber, Untermenschen, Ungeziefer, zu Vernichtende und in rassisch Überlegene, der die Eltern verfallen waren, kehrte sich auch gegen die eigenen Kinder. Sie kehrt heute zurück in Gestalt psychotischer Bedrohung. Der Wunsch, die Eltern für sich zu erhalten, der gleichzeitig stattfindende Versuch, das böse Selbst auszuscheiden, aus sich herauszusetzen, ist ein dem Psychotischen naher Prozeß. Manchmal zeigt sogar die Berufswahl diese psychotische Qualität, mit dem mörderischen Zwiespalt zwischen Bewahren- und Ausstoßenmüssen irgendwie zu Streich zu kommen.

»Papa, du bist ein Mörder« – Thilo S.

Thilo S. ist Jahrgang 1949. Seine Brüder sind 1944 und 1945 geboren. Thilo ist – wie sein Vater – Arzt. Er arbeitet als Pathologe, prüft Gewebeproben und Zellabstriche auf Krebs- und Tumorzellen, hat Leichen zu untersuchen. Eigentlich wollte er klinisch tätiger Arzt werden. Da er an sich gewisse Fähigkeiten entdeckte, Morphologisches zu interpretieren, freundete er sich mit der Pathologie an.

Thilos Vater war nach seinem Staatsexamen 1943 Luftwaffenarzt. Außerdem ist er von dem Leiter einer Universitätsklinik, Professor K., zu Menschenversuchen mit dem Giftgas Phosgen an KZ-Häftlingen herangezogen worden. Vier der Häftlinge starben an schweren Lungenödemen, die anderen Versuchspersonen waren durch das Gegenmittel, das Professor K. entdeckt hatte, wirksam geschützt. Die Aufgabe von Thilos Vater war es, während des Versuchs die Gaskonzentration in der Kammer zu messen.

Zu Beginn unseres Gesprächs stellt Thilo dar, welches Bild er sich vom historischen Geschehen durch die Darstellung des Vaters, durch Lektüre von Prozeßakten und durch Aussagen von Professor K. gemacht hat. Danach habe Professor K. seinen zwei Assistenten nicht mitgeteilt, daß auf Befehl von Karl Brandt, dem Leibarzt Himmlers, vier der Versuchspersonen vor dem Betreten der Gaskammer das Gegenmittel nicht bekommen hatten.

Von Professor K. hat Thilo ein äußerst positives Bild gewonnen: »Er war ein beliebter Arzt, durch und durch Wissenschaftler. Daß er Selbstversuche vorgenommen hat, zeigt das schon. Er glaubte, mit dem Gegenmittel Millionen Menschen vor einem Gaskrieg durch die Engländer schützen zu können. Ich find heut, daß das eine klassische tragische Situation war. Was er auch tat«, hebt Thilo hervor, »er begab sich ins Unrecht.«

Während Thilos Vater 1945 untertauchte, zwischen den Besatzungszonen hin- und herwechselte, wurde Professor K. und seinen Assistenten im Ausland der Prozeß gemacht. 1956 waren zwei der drei Angeklagten nach mehrjähriger Strafverbüßung wieder auf freiem Fuß. Thilos Vater hingegen blieb, da er sich dem Prozeß um ein Kapitalverbrechen entzogen hatte, weiterhin im Ausland zum Tode verurteilt. Heiligabend erfuhr die Familie von der Urteilsverkündung durch das Radio. »Mein älterer Bruder soll gesagt haben, Papa, du bist ein Mörder, ich geh mit dir nicht mehr spazieren.«

In Thilos heutiger Sicht erhalten seine Zweifel an der Schuld des Vaters dadurch Nahrung, daß die anderen Alliierten, die den Vater zeitweise internierten, kein Interesse an einer Auslieferung hatten. Außerdem wurde in den fünfziger Jahren ein deutsches Ermittlungsverfahren gegen den Vater eingestellt.

Für den Vater war zwar die erträumte Laufbahn als Wissenschaftler beendet, er fand jedoch eine Stelle als Stadtarzt, schließlich wurde er Leiter eines kommunalen Gesundheitsamtes. Seine wissenschaftlichen Interessen gab er an die Kinder weiter. Statt der Schultüte erhielten die Söhne ein Aquarium. Noch als halbe Kinder gewannen die Brüder Preise durch Aufsätze über ›Gimpelzucht in Gefangenschaft mit Freiflug‹ oder ›Das Leben der Ameisen‹. »Wir wohnten nahe am Wald, unsere Wohnung war ein halber Zoo, alle Kinder der Umgebung bei uns, es war 'ne tolle Kindheit. Wir konnten unsere Eltern deshalb auch gar nicht kritisieren.«

Als Heranwachsender stellte Thilo dem Vater Fragen, wie er denn heute »dazu« stehe. Selbst wenn er von den Absichten Professor K.s vorher nichts wußte, hinterher habe er doch gemerkt, »daß die Leute gestorben sind«. Der Vater distanzierte sich nicht vom Ergebnis der Versuche. Thilo entwickelte eine noch ganz unklare Haltung, daß alles, was mit Krieg zu tun hat, schlecht sei. Politisch predigte der Vater den Söhnen Abstinenz.

Die Studentenbewegung, in die der Beginn seines Medizinstudiums fiel, berührte Thilo zunächst nicht weiter. »Wir waren so wissenschaftsgeil, daß uns die antiautoritäre Phase nicht angemacht hat, das war ja noch so wirrköpfig.« Als eine Freundin ihn in einen Arbeitskreis über Marx' ›Kapital‹ mitnahm, änderte sich seine Einstellung schlagartig. »Fand ich irre, weil das ja wissenschaftlich ist, und da waren wir in einem Semester ruckzuck über die Studentenbewegung hinaus. Die waren einfach viel weiter zurück als das, was Karl Marx und Sozialismus bedeuteten.«

Thilo suchte sich 1969 eine Universität, an der es schon Rote Zellen gab. »Plötzlich hab ich 'ne Möglichkeit gesehen, das Dilemma meines Vaters, als Wissenschaftler politisch mißbraucht zu werden, produktiv zu lösen. Mir war klar, als

Wissenschaftler mußt du dem Volke dienen. Die Roten in China, die haben ihr Volk befreit. Das hat mir so eingeleuchtet, Kulturrevolution und die roten Ärzte.«

Als er gegen ein Nazi-Treffen demonstrierte und von der Polizei des SPD-Landes von der Straße geprügelt wurde, verstärkte sich die Überzeugung von der Richtigkeit des eingeschlagenen Weges. Nachdem er sich stark von den Eltern distanziert hatte, schrieb er einen langen Brief an sie: »Ich werde Kommunist, damit es mir nicht so geht wie Euch, damit Situationen, in denen Vater war, nie wieder entstehen können.« Wenig später überlegte Thilo, ob er statt Arzt nicht Berufsrevolutionär werden sollte.

Die Eltern verfolgten die Entwicklung des Sohnes interessiert. »Diese Konzeption, dem Volke dienen, das hat auf meinen Vater Eindruck gemacht.« 1976, als Thilo und anderen ein Prozeß drohte, spendete der Vater Geld für den Rechtshilfefond. »Gerichte, Staatsanwälte, Politiker, das sind miese Typen für ihn, gegen die was zu unternehmen, das war in Ordnung.«

Als seine kommunistische Organisation verboten werden sollte, stand Thilo nicht nur vor dem Staatsexamen, sondern auch vor der Frage, ob er in den Untergrund gehen sollte. Kollegen wurden verhaftet, er schlief jede Nacht woanders, er entschloß sich, als Mediziner weiterzuarbeiten.

Thilos mittlerer Bruder hat sich »anders als ich nicht politisch von den Eltern distanziert«. Nach zwei Selbstmordversuchen war er lange in Behandlung, entwickelte einen schweren Zorn auf den Vater; er heiratete eine Frau aus dem Land, in dem der Vater zum Tod verurteilt worden war. Thilo bedauert diesen Weg des Bruders, schließlich sei eine Therapie kein Ersatz für die politische Auseinandersetzung.

Sehr besorgt ist Thilo um seine Mutter. Seit Ende des Krieges war sie mehrmals wegen depressiver oder manischer Zustände in psychiatrischer Behandlung gewesen. In den Fünfzigern versuchte sie, Zeugen und Leumundszeugnisse für den Vater aufzutreiben. Danach »hat er dann quasi meine Mutter eingesperrt. Wenn er vom Amt nach Hause kam, hat er nichts mehr unternommen. Die Familie mußte für ihn da sein, er ist so eine Art Einsiedler geworden, menschenscheu, keine Freunde, keine Reisen«, eine selbstverhängte Haft. Thilo hält seine Mutter für sensibler als den Vater, »mein Vater ist eigentlich kalt, er führt exakt Tagebuch, wo er heute gucken kann, was er vor zwanzig Jahren gemacht hat, wer zu Besuch kam und so. Meine Mutter mußte für ihn da sein, quasi gefangen, sehr schlimm. Und ich bin mir einig mit ihr, daß das keine endogene Psychose bei ihr ist, sondern eben unsere Familiengeschichte dazu geführt hat.«

Thilo selbst erlebte Manie und Depression. 1983 wurde für alle Beteiligten völlig überraschend das alte Verfahren wieder aufgenommen. Thilo war tief getroffen, spürte die Verpflichtung, dem Vater beizustehen, zweifelte jedoch, »ob der rote Thilo sich mit dem ›KZ-Arzt‹ identifizieren darf, weil ich ja selber schizophren sein muß, mit mir selber nicht mehr klar komm.« Dennoch empfand er den neuen Prozeß nicht nur als Bedrohung, sondern auch als Chance.

Thilo trieb Ahnenstudien und stellte fest, daß er eigentlich stolz auf seine Vorfahren sein kann. Er vergegenwärtigte sich, daß er und seine Brüder »mit halbwegs aufrechtem Gang durch die Gegend marschieren können und daß die Eltern, die das ermöglicht haben, insofern auch was Positives auf den Weg gebracht haben.« Er fand Briefe vom Vater aus der Internierung 1949, in denen der Vater sich fragte, warum Professor K. ausgerechnet ihn, den jungen, unerfahrenen Arzt, zu den Versuchen hinzugezogen hatte. Thilo hoffte, daß es eine wirkliche Selbstkritik war; trotz seiner Zweifel entschloß er sich, dem Vater zu helfen. »Das war mir zunächst genug. Das hat mir gezeigt, daß er nicht nur der stolze Wissenschaftler war, sondern auch darüber nachgedacht hat, was er für 'n Mist gemacht hat.«

Trotz seiner rationalen Erwägungen erlebte Thilo die erneute Konfrontation mit der Vergangenheit als Verlust seiner bisherigen Identität und wie ein eruptionsartig auftretendes Hingezogenwerden zum Vater. »Plötzlich identifizierte ich mich mit ihm und redete ihm gut zu, daß er keine Angst zu haben brauche und daß es 'ne Schweinerei wäre, wie 's jetzt wieder aufgerollt würde.« Mit Schmerzen nahm er zur Kenntnis, daß ehemalige Genossen ihn dafür erbarmungslos verachteten.

Während dieser Zeit saß Thilo an seiner Dissertation. Kurz nach Erscheinen der Presseberichte von der Wiederaufnahme des Prozesses »war ich wie besessen, ich dachte, ich hätte das Wesen der Leberzirrhose entdeckt und ich mach 'n Nobelpreis. In zwei Wochen ist die Diss über die Bühne, dann geh ich zur WHO und organisiere das Weltgesundheitswesen ein bißchen besser.« Die Depression ließ nicht lange auf sich warten. Thilo merkte selbst, daß seine Entdeckung keine war und stürzte in tiefe Minderwertigkeitsgefühle. Er fühlte sich vom israelischen Geheimdienst verfolgt, verschenkte größere Summen Geld an seine notleidende Cousine.

Am Schluß des Interviews sprechen wir davon, daß wir alle die Züge unserer Eltern tragen. Thilo wirkt müde und traurig, als er sagt: »Ist ja egal, ob über die Gene oder über Erziehung weitergegeben, wir sind die Kinder unserer Eltern.«

Einige Zeit später führten wir ein Gespräch, in dem Thilo sagte, er sei zu der Erkenntnis gekommen, in vielem bloß die Farben vertauscht zu haben, statt Braun mußte es eben Rot sein. Ich hatte ihm einen Auszug aus Horst Eberhard Richters Buch ›Die Chance des Gewissens‹ mitgebracht, das Kapitel über die nationalsozialistische Medizin. Als ich es selbst zum ersten Mal las, war ich ziemlich geplättet über die Wiederkehr des Verdrängten in anderem Farbanstrich; »Kulturrevolution und die roten Ärzte«, »als Wissenschaftler dem Volke dienen«. Plötzlich wunderte ich mich nicht mehr, daß Thilos Vater den Ideen des Sohnes etwas abgewinnen konnte. Die biologistische Vorstellung vom Volk als Organismus, von den Individuen als Zellen, vom Volksarzt, der um das Wohl des Ganzen willen die kranken Zellen opfern darf; Victor von Weizsäcker, Konrad Lorenz und andere wissenschaftliche Größen hatten 1933 Ausmerzung und Vernichtungspolitik zur ethischen Pflicht des Arztes erhoben, da – so von Weizsäcker – »eine Sozialpolitik, die nur Erhaltungspolitik betreiben will, sich einer Illusion ausliefert«.[14] Thilo betrachtete sich, als wir das Gespräch führten, nicht mehr als Kommunist. Aber obwohl er Publikationen zur nationalsozialistischen Medizin gelesen hatte, wehrte er sich dagegen, den Vater im Zusammenhang mit diesem »Ideengut« zu sehen. Er durfte an der wissenschaftlichen Redlichkeit Professor K.s und seines eigenen Vaters noch nicht zweifeln.

»Was das ganz Brutale war...« – Erika U.

Erika U. ist 1953 geboren. Ihr Vater studierte Pädagogik und Jura und arbeitete als Lehrer. Mitte der dreißiger Jahre trat er in die SS ein, bewarb sich wenig später zum SS-Sicherheitsdienst; 1942/43 wurde er Leiter eines kleineren Vernichtungslagers im Osten. Auch hierum bewarb er sich aus freien Stücken. Bei Heimaturlauben soll er erzählt haben, »wie wir die kaltgemacht haben«. Seine Frau und die weitere Familie hielten das für Lügen, er sei schon immer ein Angeber gewesen.

1945 tauchte er unter, schlängelte sich ohne größere Strafe durch die Entnazifizierung, wurde wieder in den Schuldienst eingestellt. Dem Vater ging es gut, seine Frau hingegen litt an Arthritis und Depressionen. 1959 brachte sie sich um, kurz vor Antritt eines Sanatoriumsaufenthaltes. Obwohl viele Mitglieder der weitverzweigten Familie – ähnlich wie der Vater – noch heute an ihren Nazi-Überzeugungen festhalten, glaubten sie, »er habe sie auf dem Gewissen«.

Erikas Bruder, Ende des Krieges geboren, wandte sich vom Vater endgültig ab. Ihr Verhältnis war ohnehin seit langem gestört. Als der Vater 1945 zurückkam, redete sein Sohn ihn beharrlich mit »Onkel« an. Er entzog sich den harten Leistungsansprüchen des Vaters und hing an der Mutter, der er sehr ähnlich war. Der Vater hielt ihn für zu weich und zu schwächlich. Die Erziehungsbemühungen des Vaters konzentrierten sich daher ganz auf Erika. Mit drei Jahren konnte sie schwimmen, täglich nahm er sie mit auf den Sportplatz, kontrollierte mit der Stoppuhr ihre Fortschritte, trieb sie mit sanftem Zwang und Versprechungen zu Höchstleistungen an. »Aus der Zeit meiner Kindheit hab ich ein gutes Bild von meinem Vater. Ich war der Nachkömmling, das Wunschkind, ziemlich verwöhnt. Gekümmert hat er sich immer um mich, rücksichtsvoll, der liebende Vater. Er hat sich immer mit mir beschäftigt, mich überallhin mitgenommen. Ich bin nicht geschlagen worden, er war nicht streng, er war nicht brutal, das kann man wirklich nicht sagen.« Nach dem Tod der Mutter durfte Erika, um ihre Ängste zu besänftigen, beim Vater im Bett liegen, bis sie eingeschlafen war.

1962 wurde der Vater auf dem Friedhof auf der Beerdigung seines Bruders verhaftet. Erika verabschiedete sich von ihm auf dem Polizeirevier. Zum ersten Mal erfuhr sie, daß der Vater irgend etwas begangen hatte. »Bei späteren Besuchen im Gefängnis habe ich ihn gefragt, was denn los sei. Dann hieß es immer, er habe gar nichts gemacht, das hänge mit dem Krieg zusammen.« Die Verhaftung des Vaters erregte in dem kleinen Ort großes Aufsehen. Da der Vater als Lehrer, Gemeinderat und Mitglied sämtlicher Vereine sehr angesehen war, blieb Erika von Anfeindungen verschont. Durch Kaution kam er wieder auf freien Fuß. Aus dem Schuldienst bei halbem Gehalt entlassen, fand er eine Stellung in der Wirtschaft. Bis 1974, als der Prozeß endlich eröffnet werden konnte, wurde er noch drei- oder viermal verhaftet.

1963 nahm der Vater seine Haushälterin zur Frau. Sie wußte nichts von seiner Vergangenheit, nahm sie auch später nie zur Kenntnis. Kinder und Familie waren entsetzt. Erika fürchtete und haßte die neue Frau. Sie bekam wieder nächtliche Angstzustände, versagte in der Schule, zog sich zurück, konnte sich nicht mehr ausdrücken. Sie wurde zu zwei ledigen Schwestern ihrer Mutter gegeben, erhielt eine Behandlung bei einer Kinderpsychologin. In der einen Tante fand sie einen Mutterersatz, die andere setzte den Leistungsdruck des Vaters fort. Diese ehemalige BDM-Führerin und Sekretärin eines hohen SD-Beamten hielt Erikas Vater für einen Sadisten und Exzeßtäter, der mit seinen Taten die hehren Ziele des Nationalsozialismus besudelt habe; sie leugnete jedoch die systematische Vernichtung der Juden. »Sie war nach wie vor genauso gesinnt wie mein Vater, steht noch heute für das Regime grade und machte dann auch die entsprechende ›Vergangenheitsbewältigung‹ mit mir.« Erika wehrte sich gegen sie und die Ideale ihres Vaters, indem sie freiwillig keinen Sportplatz mehr betrat, sich bei den Jusos engagierte, Schulsprecherin wurde und die moralischen Verbote der Tante umging. Sie blieb sitzen, wollte das Abitur nicht machen, sie wollte raus. »Ich war lange Zeit völlig verstört, ich wußte nie, wo ich hingehöre, was ist richtig jetzt, am liebsten wollte ich auf eigenen Füßen stehen.« Als die Konflikte unerträglich wurden, beging Erika einen Suizidversuch. Danach durfte sie die Schule verlassen, suchte sich selbst eine Lehrstelle, heiratete, holte auf Fachschulen eine Ausbildung nach.

1974 begann der Prozeß gegen den Vater. Die Anklage

lautete auf vielfachen Mord. Erika verschaffte sich Einblick in die Handakten des Vaters. »Da stand der genaue Ablauf, was sich in dem Lager abgespielt hat. Es hat mich gegraust.« Sie erfuhr außerdem detailgetreu, wie ihr Vater Judenerschießungen befehligt hatte. »Was das ganz Brutale war, mein Vater ist ein exakter Typ. In dieser Art hat er Randnotizen auf der seitenlangen Anklageschrift gemacht: Wenn es zum Beispiel hieß, daß, als die Menschen zur Grube geführt wurden, fünf Wachtposten dastanden und zehn zur Erschießung abkommandiert waren, dann hat mein Vater ganz cool dazugeschrieben, ›es waren nur vier Wachtposten‹. Oder es ging um die Erschießung einer jüdischen Pfarrersfamilie, die er gesondert hat hinrichten lassen; dann schrieb er, es seien drei und nicht vier Kinder gewesen. Das hat mich am meisten bestürzt. Er hat ja immer gesagt, er weiß es nimmer. Aber aus diesen Akten, die nur für ihn und den Anwalt bestimmt waren, ging hervor, wie präzise er doch alles noch weiß.«

Um sich und den Vater zu schonen, »er wollte absolut nicht, daß jemand von uns zum Prozeß kam«, ging Erika mit einer Perücke in den Gerichtssaal. Der Vater bekam fünf Jahre, die Hälfte davon war schon durch U-Haft abgegolten. Nachdem sie die Wahrheit erfahren hatte, war Erika für Monate wie geschockt, sie zog sich zurück. »Da weiß man nimmer, ist das jetzt dein Vater oder ist das ein völlig anderer Mensch. Er hat auch vor Gericht so unbeteiligt erzählt, als erzähle er eine Story, die nicht ihn selber betrifft. Man weiß gar nicht, wie man das verarbeiten soll.«

Einige Tage nach unserem Gespräch telefonieren wir noch einmal miteinander. Erika ist aufgefallen, daß auch sie ihre Geschichte irgendwie unangemessen erzählt hat, wie eine groteske, unfaßbare Story, über die man lacht, um das Grauen nicht zu spüren. Erika weiß, daß sie sich davor schützen muß. Wenn sie Sendungen über das Dritte Reich sieht, muß sie abschalten, sie bekommt sonst Durchfall und Krämpfe, obwohl sie meint: »Manches, was im Fernsehen kommt, ist ja immer noch verniedlicht. Wenn das so gezeigt würde, wie ich es in der Akte meines Vaters gelesen habe, dann würden die Leute umkippen. Die würden sagen, das wäre völlig übertrieben, so eine Horrorvision war das. Wenn ich so weit gehen würde, daß ich das voll an mich ranlaß, daß das mein Vater ist, der das gemacht hat, ich glaub, daß ich dann wirklich Probleme mit meinem eigenen Leben hätte; dann hätt ich mir vielleicht auch wie meine Mutter einen Strick genommen. Deswegen muß ich mir einfach sagen, mein Leben ist dies, ich hab Kinder, ich kann nicht immer auf das Vergangene schauen.«

Trotzdem hat sie den Kontakt mit ihrem Vater nicht abbrechen wollen. Sie sagt sich: »Es gibt Menschen, die sind schwer fehlbar, und solche, die es weniger sind. Wenn ich genauso brutal bin, wie die anderen es sind, wird sich nie etwas ändern, und er ist nun mal mein Vater, und er hat sich mir gegenüber nie schlecht verhalten.« Gleichzeitig kann sie sich nicht damit abfinden, daß er keinerlei Schuld fühlt. »Ich hab immer zu ihm gesagt, ›wenn du wenigstens Reue empfinden würdest oder dich sozial betätigen würdest!‹ Es gibt Leute, die geben einen gewissen Prozentsatz von ihrem Vermögen ab oder nehmen ein Kind auf. Aber nichts davon bei ihm. Im Gegenteil. Für meine Begriffe ist er asozial veranlagt.«

Immer wieder kommt es zu heftigen Auftritten, wenn er unverfroren und selbstgerecht seine Nazi-Ideen verkündet, über die »glanzvoll-revolutionäre Leistung seiner Generation« spricht, über Behinderte und Straftäter, die frei herumlaufen, womit er keineswegs sich meint, und den schlappen demokratischen Staat. »Da geht mir sofort die Galle hoch, da werd ich aggressiv, dann sag ich ihm, er sei doch hier der Verbrecher. Dann geht er in die Höhe und schreit, er hätte seine Strafe abgesessen, und damit sei der Fall erledigt, und was ihm der Staat sonst noch alles angetan habe, die Rente aus der SS-Zeit gestrichen, und die Politiker heute, das seien sowieso alles Verbrecher. Und da setzt es bei mir brutal aus.«

Erika ist nach diesen Auftritten fix und fertig, hat Rückenschmerzen, muß ins Bett. Sie begreift nicht, wieso alle Vorhaltungen an diesem Mann abprallen, wieso sich seine Schuld nicht an ihm rächt, nicht in Krankheiten – er ist kerngesund –, nicht sozial – er ist in seiner Gemeinde rundum akzeptiert. »Geistig ist er allerdings runter«, stellt sie fest, »da er alles vermeiden muß, was ihn mit den Greueln der Vergangenheit konfrontiert. Da bleiben dann fast nur noch Springer-Presse, Kitschzeug und Kreuzworträtsel.« Einmal hat er ihr einen Alptraum, der immer wiederkam, erzählt: Er rast mit einer blutbefleckten SS-Uniform quer durch die Stadt hinter seiner ersten Frau her, er erreicht sie erst, als sie blutüberströmt in einem Bett liegt.

Von der zweiten Frau ihres Vaters weiß Erika, daß er

zuweilen nachts aufschreckt, tobt und schreit, neulich hat er sich den Knöchel dabei angeschlagen. Aber tagsüber ist davon nichts spürbar. Auch den Traum hat er wie eine lustige Anekdote erzählt. »Irgendwo liegt's doch begraben«, meint Erika und sieht rot, wenn ihr Leute ahnungslos sagen, ihr Sohn habe Ähnlichkeit mit ihrem Vater. Da krampft sich ihr alles zusammen.

Sie selbst engagiert sich sozial, »vielleicht aus dem Schuldgefühl, ich muß was gutmachen, was er verbrochen hat.« Die Kinder schickt sie in die Waldorfschule. Pistolen und Kriegsspielzeug hält sie strikt von ihnen fern. »Ich bin da ziemlich empfindlich. Wenn mein Sohn bloß mal peng, peng macht, reagier ich schon überzogen und versuch, ihm das drastisch klarzumachen. Bekannte meinen, ich sei darin zu starr. Aber es wär für mich wirklich das Brutalste, wenn das umschlägt und mein Sohn zur Bundeswehr ginge.« Da der Enkel sehr an seinem Großvater hängt und sie ihn nicht in Haß gegen ihn erziehen will, ist ihr vor dem Moment bang, wo sie das Kind über den Großvater aufklären muß. »Den einzigen Trost, das ist ganz brutal jetzt, den seh ich darin, daß er in zehn Jahren vielleicht nicht mehr lebt oder nicht mehr relevant ist für den Jungen.«

Der Prozeß der Identifikation mit den Eltern setzt früh ein und ist nicht bewußt zu steuern. Daher übernehmen die Kinder als Bestandteil ihrer inneren Welt sowohl positive wie negative Züge der Eltern, lange bevor sie sich mit ihnen bewußt auseinandersetzen können. Auch Erikas Geschichte zeigt daher, daß es nicht nur um Gesinnung, sondern auch um das subjektive Erlebnis des Kindes in seiner ursprünglichen elterlichen Umgebung geht. Vergegenwärtigt man sich das, beginnt man zu ahnen, mit welchem Erbe die Kinder der Täter tatsächlich zu kämpfen haben, denn die Väter, die in diesen Geschichten auftauchen, sind furchterregend. Es sind schwache oder brutal-kriminelle Menschen, deren Unglück und Versuchung es war, auf ähnlich bedrückte, aber ähnlich brutale, ihrer Aggressionsneigung hilflos gegenüberstehende Führer zu stoßen und mit ihnen gemeinsam Heilung zu suchen. Der Alptraum des Vaters von Erika gibt einen Hinweis darauf, warum er bei den Greueltaten mitmachen konnte. Der Vater erlebt in dem Traum eine katastrophal verzerrte Urszene, was darauf schließen läßt, daß lange vor Beginn seiner kriminellen Handlungen eine entsprechende psychische Disposition gegeben war.[15]

Auch in Erikas Geschichte begegnet man wieder der schweren Ich-Entfremdung. Erika geht als eine andere, mit einer Perücke, in den Prozeß; sie spürt, daß sie ihre Geschichte eigentlich irgendwie anders erzählen müßte. Der Vater selbst erzählt vor Gericht von sich wie von einem Fremden. Früher rühmte er sich seiner Verbrechen, tut das noch heute, andererseits ist er bemüht, sie vor den Kindern zu verbergen. Der Psychoanalytiker Frederick Wyatt kommentierte die schier unlösbaren, dauernden Konflikte, die aus diesen grauenhaften Familienkonstellationen für die Kinder entstehen: »Ihr Selbst ist ihnen allen fremd geworden, statt das Zentrum ihres Erlebens zu sein wie bei gewöhnlichen Menschen. Sie leben wie eine Maus in einer Höhle, die zwischen Felsbrocken und Eiszapfen hin- und herspringt und eine Bleibe sucht.«[16]

Die seltsame Gefangenschaft – Margit N.

Margit N. ist 1952 geboren. Sie hat Geschichte studiert, arbeitet zur Zeit jedoch nicht, weil sie sich ihren zwei kleinen Kindern widmet und sich klarwerden will, wie es mit ihr weitergehen soll. Walter, Margits Vater – Jahrgang 1915 – hat in der »Reichskristallnacht« einen Juden erschossen. Bis vor kurzem hatte Margit davon keine Kenntnis: »Damit hab ich vierunddreißig Jahre gelebt und es nicht gewußt, aber es ist dauernd neben mir gestanden.«

Ihren Großvater väterlicherseits kennt Margit nur aus Erzählungen. Er starb kurz vor ihrer Geburt; ein angesehener Rechtsanwalt, kaisertreu, deutsch-national, hitlerfeindlich: »Aber er muß ein unglaublich autoritärer Kerl gewesen sein; mein Vater verehrte ihn, obwohl er von ihm gequält wurde; der Großvater hielt ihn für dumm und flegelhaft, nahm ihn aus der Schule, ließ ihn Gärtner lernen. Ich vermute, auf diese Weise ist Walter in der SA gelandet, er schwärmt noch heute von der Kameradschaft dort.« Margit erfuhr von dem Mord und den Begleitumständen über ihre Mutter. 1985 konnte sie sich endlich mit dem konfrontieren, was da gewesen war. Margit: »Nach dem Mord an von Rath in Paris ist die SA nachts aus dem Bett getrommelt worden, jetzt aber drauf auf die Juden. Da sind sie in einer Gruppe von vier Mann zu dem einzigen jüdischen Laden am Ort gegangen, haben den Laden zertrümmert, den Inhaber an die Wand gestellt und erschossen.« Unmittelbar nach Ende des Krieges, als der Vater von der Front zurückkam, wurde den Tätern der Prozeß gemacht. Die Verhandlung ergab, daß Margits Vater geschossen hatte, die wesentlich älteren Anführer der Gruppe jedoch ebenfalls schwere Schuld auf sich geladen hatten. Während sie zu sieben und acht Jahren verurteilt wurden, erhielt Margits Vater nur sechs. Im Prozeß sprachen die Söhne des Erschossenen für Margits Vater. Er sei einer der wenigen gewesen, der sie immer ordentlich behandelt habe, man habe sich gut gekannt und sei gut miteinander ausgekommen. »Das ist die Schizophrenie, die ich mir bei meinem Vater unheimlich gut vorstellen kann. Er ist weich, völlig von seinen Gefühlen geleitet, zu vielen Sachen ohne Distanz, und dann der Knebel durch seinen Vater, wodurch er nie eine moralische Instanz in sich selber ausbilden konnte, um zu sagen: Da mach ich nicht mehr mit, da ist Schluß. Wahrscheinlich hat er gegen den Menschen, den er umbrachte, nichts gehabt. Aber in dieser aufgeputschten Stimmung, angefeuert von den anderen, ist er dann dazu fähig gewesen. Und ich frage mich, wen hat er da in Gestalt des Juden eigentlich umgebracht, mit der unterdrückten Wut gegen den Vater erscheint mir die Tat wie ein Ventil.« Margits Mutter war im Krieg mit einem Mann verheiratet, der unter großem persönlichen Risiko Juden aus Deutschland herausschleuste. Nach dem Krieg mußte sie ihn für vermißt erklären lassen. Sie selbst war aus dem »Bund deutscher Mädel« ausgetreten, dieser »Massenkram« habe sie abgestoßen. 1951, drei Tage, nachdem Margits Vater aus dem Gefängnis entlassen war, lernten sich die beiden kennen. Margit weiß von ihrer Mutter, daß sie damals sehr depressiv war. Die fröhliche, unbekümmerte Art ihres zweiten Mannes habe sie angezogen und ihr geholfen. Margit fragt sich, ob sie die Verbindung vielleicht auch aus einer Art Solidarität eingegangen sei, »doch noch was Anständiges draus zu machen«.

1956 stöpselte Margits Vater am Fließband Kronenkorken, da er das von seinem Vater geerbte Vermögen innerhalb weniger Jahre vertan hatte. Später zog er mit der Familie in eine andere Gegend der Bundesrepublik. Hier kannte niemand seine Vorgeschichte, ein kleiner wirtschaftlicher Aufstieg zum Meister einer Maschinenfabrik gelang.

Margit wuchs mit der Vorstellung auf, bei den Haftjahren des Vaters habe es sich um eine Kriegsgefangenschaft gehandelt, »unter dieser Rubrik lief das bei uns«. Gleichzeitig wußte sie, daß der Vater nicht in Rußland oder Frankreich, sondern in einer deutschen Vollzugsanstalt gesessen hatte. »Ich bin ja nicht doof. Aber diese beiden Sachen hab ich nicht zusammengebracht. Das hat hundertprozentig funktioniert. Da hat das Tabu zugelangt. Aufgehoben hab ich die Spaltung erst, kurz bevor ich meine Mutter fragte. Da erst wunderte ich mich, was das wohl für eine eigenartige Gefangenschaft war.«

Margit wuchs in einer Umgebung auf, in der alle, auch gleichaltrige Cousinen, die Geschichte ihres Vaters kannten, nur sie und ihre Geschwister nicht. Für Margit entstand daraus das Gefühl, »daß wir immer etwas Besonderes waren, aber warum wußte ich nicht«. Da sie wegen ihrer ärmlichen Kleidung oft ausgelacht wurde, sah sie den Grund darin, daß »wir immer am Rand waren«, also in der Armut der Familie.

Ihr Verhältnis zum Vater verschlechterte sich, je älter Margit wurde. »Als Kindervater war er toll. Später wollte er mir immer den Mund verbieten, das hat mich hochgebracht. Als wir in der Schule zum Dritten Reich kamen, war er schon kein Gesprächspartner mehr. Einmal versuchte ich es noch. Ich sollte eine Zusammenfassung schreiben über die Judenvernichtung. Ich konnte es nicht, ich war so aufgewühlt. Ich fragte beim Mittagessen meine Eltern: ›Was war da?‹, und die meinten nur: ›Das war schlimm‹, und damit hatte es sich. Es gab kein Gespräch. Ich stand mit meinem Entsetzen und Grauen allein da. Danach wußte ich, darüber kannst du nicht mehr reden. Hab ich auch nie wieder versucht.«

Kurz vor dem Abitur »hab ich mich auf ganzer Linie verweigert, wurde magersüchtig. Eigentlich wollte ich Medizin studieren, aber meine Eltern redeten mir ein, ich sollte Lehrerin werden. Ich konnte mich nicht wehren. Im Studium kam ich in radikal-linke Kreise, und obwohl ich Studentensprecherin war, wußte ich nie genau, warum ich das alles tat außer aus Opposition gegen mein Elternhaus. Genauso ging es mir mit meinem Prüfungsfach; ich wählte ›Widerstand im Nationalsozialismus‹, aber es war alles halb bewußt, halb unbewußt.«

Acht Wochen vor ihrer zweiten Lehrerprüfung warf Margit alles hin, gab den Beruf auf, arbeitete mit randständischen Jugendlichen, lernte ihren Mann kennen, zog tausend Kilometer von den Eltern fort: »Mein erster aktiver Schritt in ein eigenes Leben. Hab ich bis jetzt nicht bereut. Für meine Eltern war das sehr schlimm, da ich das einzige Kind bin, das halbwegs etwas geworden war. Meine Familie ist chaotisch. Alle meine Geschwister haben mit Ex-Fixern zu tun. Ein Schwager hat sich den ›Goldenen Schuß‹ gesetzt, ein Bruder ist asthmakrank und Frührentner. Aber bei uns zu Haus galt als oberste Regel, Harmonie zu wahren, und als nächste: ›Du darfst nicht merken‹, und wenn doch, fällst du aus dem Familienhimmel.«

1985 stand der Kongreß der Psychoanalytiker in Hamburg mit dem Thema »Identifizierung und ihre Schicksale im Zusammenhang mit dem Nazi-Phänomen« an. Margit interessierte sich sehr dafür, ohne den Hintergrund ihres Interesses genauer zu kennen. Damals träumte sie: »Ich bin an einem römischen Kaiserhof, an dem ein Despot herrscht. Er hat ein Tabu des Schweigens verhängt. Niemand darf sprechen, niemand fragen. Ich bin in einer Widerstandsgruppe mit einem Mann zusammen; der bricht das Tabu; er bringt den König um, und wir fliehen zusammen.« Da Margit und ihr Mann wegen einer Ehekrise eine Paartherapie aufgesucht hatten, konnte sie sich im Schutz der Therapie endlich dem Tabu nähern: »Der Traum war die Initialzündung. Ich dachte, was wird da eigentlich verschwiegen? Danach bat ich meine Mutter um das Gespräch. Das Irre ist, sie hatte es mir vorher schon von sich aus angeboten, ein deutliches Signal gegeben, indem sie andeutete, ›das war keine Kriegsgefangenschaft, das war Entnazifizierung‹, aber ich habe das sozusagen ›überhört‹!«

Als Mutter und Tochter sich zu dem Gespräch trafen, fragte Margit gradeheraus: »Was hat Walter damals gemacht? Warum war der im Gefängnis?« Margit erinnert sich noch, daß ihre Mutter antwortete: »Er hat in der Kristallnacht einen Juden erschossen.« Margit fragte nach: »Ermordet?« Danach setzte ihr Bewußtsein für kurze Zeit aus. »Da hatte ich das Gefühl, da ist ein Loch. Ich sitz vor einem Abgrund. Ich bin weg, zerfallen. Ich mußte mich erstmal wieder zusammensuchen. Da bricht die Angst auf, vor der mich all die Jahre diese Wand schützen sollte. Danach hab ich gedacht, das mach ich zu Hause weiter mit mir ab. Jetzt muß ich erstmal meine Mutter an irgendein Ufer bringen, sie weinte. Zu Hause hab ich dann hoffnungslos geheult, das war eine Nacht, ich dachte, ich halt das nicht aus, eine Gratwanderung, selber durchzudrehen. Die nächsten zwei Wochen waren fürchterlich. Die Therapeutin hat mir geholfen, das zu überstehen.« Margits Mutter teilte ihrem Mann mit, daß Margit seine Geschichte nun kannte. Obwohl er keinen Bezug zur Kirche hatte, suchte der Vater einen Pastor auf: »Um zu ›beichten‹, wie er das selbst bezeichnete. Zum ersten Mal sprach er mit einem anderen Menschen als mit meiner Mutter darüber. Danach sagte mir meine Mutter, Walter sei ›bereit, sich mir zu stellen‹. Ich schrieb ihm einen Brief, in dem ich ihm sagte, er sei nach wie vor mein Vater, ganz gleich, was das andere bedeute, und ich müßte nicht mit ihm drüber reden, wenn's für ihn zu schlimm sei. Da war er aber schon ziemlich verwirrt; er bekam nämlich einen psychotischen Schub; ich hab ihn im Krankenhaus besucht; es war wüst, ein wahnsinniger Ausbruch, massiver Größenwahn, er wollte Bundeskanzler werden, dazwischen immer sein Vater und das Gefängnis, die Tat selber kam in seinen Reden nicht vor. Jetzt ist er wieder beieinander, man kann normal mit ihm reden; er ist unvergleichlich viel ruhiger, wie ein erloschener Vulkan.«

Margits Geschichte ist ein Beispiel dafür, wie in einer Familie, die bereits aus der Großelterngeneration schwere Belastungen mitbringt, das Thema »Nationalsozialismus« in die übrigen Konflikte, mit denen die Familie sich plagt, verflochten sein kann. Der verheerende Einfluß des Großvaters auf Margits Vater ist nicht zu übersehen; ebensowenig die hier nur angedeuteten Beziehungsstörungen, die sonst noch in der Familie bestehen. Margits Vater hatte als Jugendlicher bereits ein »Nervenfieber«. Er erinnert sich, daß er sich damals »gespalten« gefühlt habe. Margits Geschwister reagierten fast nicht, als sie von der Vorgeschichte des Vaters erfuhren. Selbst, als bereits deutliche Anzeichen für den psychotischen Schub vorlagen, spielten sie diese herunter, so daß Margit sich wunderte: »Was wird hier eigentlich gespielt?!«

Zum Schluß unseres Gesprächs fragt sich Margit: »Was ist eigentlich das Ende der Geschichte? Worauf läuft das Ganze hinaus? Was ist der Nutzen, mir fehlt ein Verbindungsstück zur Gegenwart.« Damals hatte ich erst Bruchstücke für eine mögliche Antwort. Im letzten Kapitel habe ich versucht, die Verbindung herzustellen.

Versöhnt Rache? – Rainer C.

Rache ist süß, eine Redensart, die banal und wahr ist. Rache befriedigt. Aber versöhnt und befriedet sie auch? Manchmal, wenn ich hinter eine der Unwahrheiten gekommen war, mit denen ich mich über Jahre abspeisen und erbittern ließ, stellte sich ein erhebendes, rauschhaftes Gefühl von Stärke und Potenz ein. Mir fehlte ein Wort für diesen Zustand, er war »rein« und »stark«. So ähnlich wie die Freude des Rumpelstilzchens, das um das Feuer tanzt, sich auf seinen Lohn, das Kind der Königin, freut und dabei dem lauschenden Jäger unfreiwillig seinen Namen preisgibt. Jemand klärte mich auf, daß es sich dabei um Rache handele. Ich war höchst erstaunt; denn ohne Beimischung von Ohnmacht und Wut, die sie sonst zu einer quälenden Angelegenheit machen, war diese Empfindung verführerisch schön.

Die Episode brachte mich darauf, daß in Freude und Stolz der Hitler zujubelnden Menschen – bei den diversen Siegesparaden nach neuen Eroberungen und zweifellos auch bei seinen Hetzreden gegen die Juden – sehr viel Rache mit untergemischt gewesen sein muß. Sie entschädigte, wie Max' Tagebuch zeigt, für Jahre voller Bitterkeit, für Niederlage und Not.

Rache hat noch eine andere Funktion. Sie lenkt ab; sie täuscht über die eigentliche Misere hinweg. Eberhard Jäckel schreibt über die Stimmungsschwankungen in den dreißiger Jahren im Deutschen Reich: »Niedergedrückt wurde sie (die Stimmung) zumeist von den wirtschaftlichen Sorgen des täglichen Lebens, emporgerissen dann wieder durch außenpolitische und später militärische Erfolge. Vielleicht ist das nur allzu menschlich, und doch scheint es ein Kennzeichen dieses Regimes gewesen zu sein, daß es die Zustimmung der Bevölkerung eher durch Ablenkung von der Misere errang als durch deren Beseitigung. Ablenkungen von geradezu berauschender Art allerdings, die auch ebenso dargeboten wurden, gab es am laufenden Band.«[17]

Meines Erachtens wird auch in der folgenden Geschichte von etwas abgelenkt, vermutlich von dem ausweglosen, verzweifelten Schmerz, der sich mit der ungeheuren Selbstverletzung und Selbstbefleckung verbindet, den die Vernichtung des jüdischen Volkes im Grunde für jeden von uns darstellt, die Kinder der unmittelbar an der Vernichtung Beteiligten jedoch ungleich stärker als andere bedroht. Mir ist das erst lange nach dem Interview aufgegangen, denn Rainer C.s Erzählung wirkte »diamanten«, geschliffen und wie hermetisch auf mich. Intellektuell verstand ich alles, aber ich bekam keinen inneren Zugang. In unserem Gespräch kristallisierte sich etwas heraus, das Rainer in seiner Schilderung des Verhältnisses zu seinem Vater beschreibt: die Ungeheuerlichkeit des Geschehens wurde durch Verkleinerung des Gegenübers, durch Intellektualisierung und Spaltung – Rainers eigentlicher Feind sei die unpolitische, aber despotische Großmutter gewesen – emotional unverstehbar.

Rainer C. ist 1943 geboren. Er ist verheiratet, hat zwei Kinder. Seine behinderte Frau hat – wie Rainer – Soziologie studiert. Das Vermögen der Großeltern fraß die Inflation; der soziale Abstieg war für die Familie ein Schock. Rainers Vater wurde kaufmännischer Angestellter in der Textilbranche. Um das Jahr 1931 trat er in die SS ein. Bis zu seiner Einberufung bei Kriegsbeginn übte er seinen Zivilberuf aus. Wenn Rainer seinen Vater fragte, welche Vorstellungen dieser mit seinem Eintritt in die SS verbunden hatte, erhielt er Antworten, aus denen er über politische oder rassistische Einstellungen des Vaters nichts erfuhr: »Er hat es immer sehr privatisiert, also mit einer gewissen Eitelkeit begründet, politisch zu sein, ohne mit der Masse mitlaufen zu müssen. Er hat immer gesagt: ›Da kam jemand, mit dem war ich gut Freund und der hat mich mitgenommen‹. Mein Vater war groß, als Kind ein bißchen schwächlich, hat daher wahrscheinlich auch eine gewisse Neigung zu Männerbünden gehabt und zu einer gewissen Härte und Stärke. Na ja gut, da zog er da mit denen mit, lernte schießen, ein bißchen paradieren. SS, nicht SA, SA waren ja die Proleten. Die SS war der feinere Verein, ein Orden höherer Art.« Weil Rainer im Verwandtenkreis oder von Bekannten des Vaters niemals antisemitische Äußerungen gehört hat, glaubt er, auch der Vater sei »sicher nicht« Antisemit gewesen.

Bis 1941 war Rainers Vater in der Etappe im Reich in Verwaltungsfunktionen tätig, eine Art Kleiderspieß »oder besser: nicht der, der ausgibt, sondern hinten feststellt, daß die und die Größe fehlt. Er war immer Mannschaftsdienstgrad, Unterscharführer, Unteroffizier. Dann ist er nach Lublin gekommen. Maidanek. Direkt im Lager.« Nach der Darstellung, die der Vater Rainer gab, sei er in Maidanek als Verbindungsmann zum Offizier Todt[18] tätig gewesen; außerdem habe er im Lager »wieder das gemacht, was er bisher auch gemacht hat, Lebensmittel und Kleider ausgegeben.«

Rainer ist als Kind selbst fast ein Jahr lang in Lublin gewesen. Als seine Mutter nach seiner Geburt reisefähig war, fuhr sie mit ihm zum Vater; beim Näherrücken der Ostfront verließ sie Polen wieder. Da der Vater viel fotografierte und nach dem Krieg oft mit seinem Sohn die Fotoalben betrachtete, wuchs Rainer »mit dem privaten Wissen« auf, wo er und der Vater gewesen waren. »Ich hab meinen ersten Geburtstag dort gefeiert. Es gibt ein Bild von mir auf dem Arm meiner Mutter. Und ich hab ihn gefragt, was war da und was hast du da gemacht, natürlich nicht konkret auf die Tätigkeit bezogen. Ein Achtjähriger fragt ja nicht, hast du da die Juden umgebracht, oder hast du denen bloß was zu essen gegeben.«

Auf das Kind wirkte der Vater verläßlich; er ließ viel mit sich anfangen und ging auf seinen Nachwuchs ein. Dennoch betont Rainer, immer »eine fast neutrale Beziehung« zu ihm gehabt zu haben: »Ich bin nicht von ihm geprägt oder beeinflußt worden, ich habe keine starke Beziehung zu ihm, nicht im schlechten und nicht im guten Sinne; er ist zwar eine wichtige, aber doch eine Nebenfigur, nie die zentrale Person meines Lebens gewesen.« Wenngleich Rainer meint, der Vater habe »natürlich die letzten Geheimnisse seines objektiven Tuns nie gelüftet« und werde dies auch nicht mehr tun, beschreibt er ihn als offenen Menschen, als geschickt und sehr freundlich im Umgang mit anderen, absolut ehrgeizlos, gesprächsfreudig bis redselig, der sich »mit kleinen, überschaubaren Verhältnissen begnügt, in denen man guten Kontakt zu anderen haben kann, aber nie anderen wirklich auch weh tun muß«. Ihn als Typ könne man »nicht an die Rampe lassen«.

Da Rainers Mutter kurz nach dem Krieg starb, wuchs er bei seiner Großmutter auf. Sie erzog ihn. Mit ihr, nicht mit dem Vater, trug er seine Kämpfe aus. Rainer beschreibt seine Großmutter als eine »beinharte« Frau, die härteste, die er je kennengelernt habe, als Patriarchin, die die Sippe beherrschte, als »die Alte, die ganz oben sitzt und die alle in der Hand hat«. Seine Worte klingen haßerfüllt und erbittert, als er erläutert, daß sie zu dumm gewesen sei, um mit ihm als Heranwachsendem politisch zu diskutieren. »Ihre Dummheit war mein Problem; sie war ungeschult in Gesprächen, aber nicht im Herrschen, wie in Diktaturen so oft der Fall. Sie hatte ein waches Gefühl, wo die Macht bedroht war und wo man hinlangen muß, um den anderen zu treffen und von aufrührerischen Versuchen abzuhalten. An der Front hab ich gekämpft.« Politisch schätzt Rainer sie als pronazistische, aber letztlich unpolitische Mitläuferin ein. Sie gehörte der konservativen Schicht an, »die den eigentlichen Versuchungen doch noch relativ widerstanden hat, oder andersrum gesagt, die Drecksarbeit von anderen hat machen lassen. Aber das war nicht ihr Denken, sie war auch im weitesten Sinne nicht politisch, sie war rein privat gestimmt.«

Rainer selbst interessierte sich sehr früh für Politik, außerdem war ihm die Geschichte des Dritten Reiches als Kind stets nah. Er berichtet von einem Foto, auf dem er als Baby mit einem der Mörder von Canaris zusammen auf einer Decke sitzt; von den seinem Elternhaus benachbarten Wohnblocks, in denen von jeher Kommunisten wohnten, und der ebenfalls nahen Siedlung, die in den dreißiger Jahren für SS-Angehörige gebaut worden war und jetzt noch von ihnen bewohnt wurde; von der jungen Frau, die ein farbiges uneheliches Kind aufzog und sich nach dem Verschwinden des Erzeugers ein paar Pfennige als Prostituierte verdiente; von den D.P.s,[19] den Polen und Juden, die aus den Lagern gekommen waren und zu Beginn seiner Schulzeit noch in einem Teil der Klassenräume hausten: »Wenn du die Augen aufmachst in der Großstadt, kriegst du auch als Kind viel mit.«

Was es – tatsächlich – bedeutete, daß der Vater in Maidanek gewesen war, ging Rainer auf, als er mit siebzehn oder achtzehn Jahren in dem Fernsehfilm ›Am grünen Strand der Spree‹ sah, wie sich einer der »Helden« in Rußland an Judenerschießungen beteiligte. »Das war für mich 'n echter Schock. Auch wegen der bildhaften Darstellung. Wie die ihre Maschinenpistolen in die Gruben reinhalten, wie die dann Kalk drüberstreuen. Da war das dicht, und da war das sichtbar.« Rainer begriff, »was wirklich passiert ist« und daß sein Vater Teil der Vernichtungsmaschinerie gewesen war, im Zentrum einer der Vernichtungsstätten »gearbeitet« hatte.

Weder damals noch später sprach Rainer mit seinem Vater darüber. Er fragte ihn nicht, was er im Lager im einzelnen gesehen und getan und warum er sich zum Dienst im Lager hatte verpflichten lassen. Rainer begründet sein Verhalten so: »Ich wußte damals eigentlich durch Lektüre und Filme schon genügend darüber, jetzt mal rein abstrakt gesehen, so daß es für mich nicht mehr darauf ankam, was er konkret getan hat, ob er an der Rampe selektiert hat, ob er nur für die Beheizung, Beschaffung der Brennstoffmaterialien oder des Saatgutes für die Gärten zuständig war. Das hat mich dann nie mehr so sonderlich interessiert. Und zwar schlichtweg aus dem Grunde, weil sich mir dann sofort die Frage gestellt hat, wie konnte so was passieren. Wie kann sich jemand zu so was verpflichten; und dann fangen so diese ganzen Abstufungen an. Die moralische Empörung, die so hoch war, daß es mir auch schon deshalb wurscht war, was da im einzelnen geschehen ist, weil für mich jeder, der dort drin war, zunächst mal einfach moralisch auf dem Tiefstand ist. Das kann man nicht machen, so kann man sich nicht unter seine menschliche Würde begeben, daß man also bewußt ein aktiver Teil einer solchen Vernichtungsmaschinerie wird. Nachdem ich dann wieder etwas mehr davon gehört hab, über die Zufälligkeiten, wie man überhaupt in eine Organisation kommt und wie man in einer solchen Organisation weiterkommt, hab ich mich dann wieder weitergefragt, wieso kann es dazu kommen, daß solche Organisationen überhaupt entstehen können; wieso kann es zu diesem Gedankengut kommen, mit dem solche Vernichtungsmaschinerien getragen werden. Und dann war man schon weit weg vom persönlichen Schicksal mit diesen Überlegungen. Das geht dann schon in die Vorgeschichte. Wo sind die Weichen gestellt worden, von der Großmannssucht Wihelms II. angefangen, vielleicht schon bei der Bismarckschen Politik, die von manchen bis zu Martin Luther zurückgeführt wird. Ich hab das nur gesagt, um zu erklären, warum mich sein persönliches Schicksal dann nicht mehr so interessiert hat.«

Rainer konfrontierte den Vater nicht und nahm auch keine anklagende Haltung gegen ihn ein, weil er der Überzeugung war und ist: »Das bringt mir nichts. Warum soll ich mich da mit ihm auseinandersetzen? Zu 'nem Schuldeingeständnis bring ich ihn nicht, und es liegt mir auch nichts dran, weil das ja nur die erste Stufe ist und weil ich nach anderen Ursachen forschen muß als nach persönlichem Versagen. Denn daß die ganze Vernichtungsmaschinerie eine andere Dimension haben muß als das bewußte und gewollte Zusammenwirken von vielen Menschen auf verschiedenen Posten, das war mir frühzeitig klar. Und selbst wenn er gesagt hätte, ›gut, mein Sohn, hier stehe ich, ich sage dir, ich habe in der Vergangenheit schwer gefehlt‹, dann hätte sich für mein Verständnis an den Beziehungen zwischen ihm und mir nichts geändert, weil sie relativ neutraler Art waren; und in meinem Verständnis für die Zeitgeschichte hätte sich auch nichts geändert.«

Rainer vermutet, daß das anders gewesen wäre, wenn sein Vater nicht nur ein kleines Licht, sondern »eine hohe Charge« gewesen wäre. »Dann hätt ich ihn ja fragen können, was haben die sich dabei gedacht, welche Überlegungen, wer hat den Anstoß dazu gegeben, dann hätte ich ja Zeitgeschichte betreiben und ihn als Zeugen hernehmen können für die hohe Geschichte. Und in der Nachkriegszeit war man auch noch so geprägt auf das, was die Großen gemacht haben, die Kleinen laufen ja immer mit.«

Als ich Rainer fragte, ob er, als er vom Ausmaß der Vernichtung der Juden und von der Beteiligung seines Vaters daran erfuhr, seinen Vater in sein Urteil über den moralischen Tiefstand der Ausführenden miteinbezogen habe, sagte er nachdenklich und mit Weichheit: »Nein. Ich kann aber auch nicht sagen, warum nicht.« Nach einer Pause: »Vielleicht ist es doch nicht möglich, das Grauen so ganz an sich herandringen zu lassen.«

Da Rainer den Vater als Zeitzeugen nicht ernst nahm und als Jugendlicher ohnehin ein Einzelgänger war, suchte er sich seine eigenen Erkenntnisquellen. Im Bücherschrank des Vaters stand ›Die neue Rundschau‹: »Das war die Zeitschrift, die genau auf die Vergangenheit einging, die schilderte, was war, und die Fragen stellte, wo die Brüche im System, wo das Versagen gelegen hat.« Rainer abonnierte außerdem ›Die Zeit‹, studierte ausführlich die ›Süddeutsche‹ und beschäftigte sich mit neuer Literatur. Er versuchte, im Studium Maßstäbe für eine politische Ethik auszubilden und diese über seinen Beruf hinaus umzusetzen, indem er sich

»allein und mit anderen um die politischen Dinge kümmert«. Das alles hat dazu geführt, daß er sich »als Person als jemanden erlebt, der sich selbst gezeugt hat«. Er setzt hinzu: »Vielleicht allein wegen der bewußten Distanzierung von der Vergangenheit, weil ich da nicht weitermachen wollte. Das lehn ich so von vornherein ab, ohne daß ich hierfür private Gründe nennen kann. Es sind doch wohl in erster Linie aus der Sache gewonnene Gründe.«

In der letzten Zeit, wenn Rainer den Vater besucht oder umgekehrt, bemüht er sich, aus dem Vater »so ein Stückchen rauszuholen«, auch weil er ein paar private Dinge genauer wissen will: »Und nun muß ich einfach feststellen, daß sein Gedächtnis nachläßt. Er weiß einfach manches nicht mehr so genau.«

Trotz seiner ausführlichen intellektuellen Beschäftigung mit der deutschen Geschichte ist Rainer bis heute unklar geblieben, wie der Völkermord geschehen konnte, »wie man sich als Mensch überhaupt in solche Ausnahmesituationen versetzen kann«. Rainer ist außerdem unverständlich, wie sein Vater mit dem, was er gesehen oder selbst getan hat, lebt, ohne erkennbar darunter zu leiden, im Wachen oder Schlafen davon bedrängt zu werden. »Bei dem bricht nur die private Vergangenheit ein«, meint Rainer etwas verächtlich. Der Vater hatte lange gebraucht, um über den frühen Tod seiner Frau, mit der er bis dahin kaum hatte zusammenleben können, hinwegzukommen.

Rainer ist überzeugt, daß sein Vater – außer privaten Erklärungen – selbst keine Antwort darauf wisse, warum er sich nach Maidanek habe verpflichten lassen. Im Kontakt mit ehemaligen italienischen Bekannten, die Faschisten gewesen waren, hatte Rainer bemerkt, daß sie ihm ihre politischen Motive von damals erläutern konnten; ihnen war vollkommen gegenwärtig, warum sie sich dem Duce angeschlossen und die Kommunisten verfolgt hatten; sie konnten sich erinnern, ihre Vergangenheit war ihnen verfügbar einschließlich ihrer persönlichen Brüche und Fehler. An seinen eigenen Landsleuten und seinem Vater fällt Rainer immer nur »diese unglaubliche Verdrängung« auf. So ungern Rainer mit »dem Volkscharakter« operiert, greift er letztlich doch auf diese Vorstellung zurück, um sich eine Erklärung für das Geschehene zu geben: »Das muß bei uns drin sein, das mag sich vielleicht als Ordnungstugend erklären, ist ja egal; ich muß meine Arbeit ordentlich machen, und wenn man mich heute wo hinstellt und sagt, ›du mußt die behinderten Kinder pflegen‹, dann pfleg ich sie heute, und wenn man mir morgen sagt, ›du mußt sie lebendig begraben‹, dann begrab ich sie lebendig.«

Am Schluß unseres Gesprächs sagt Rainer – es klingt wie ein Fazit, nachdem wir uns in Erklärungsversuchen, »wie es möglich war«, verloren haben: »1972 war ich mit einer Gruppe von Kollegen in Polen, noch bevor die Botschafter ausgetauscht waren. Die Polen zeigten uns, wie sie Höß, den Lagerkommandanten von Auschwitz, hingerichtet haben. Der Galgen stand so, daß er in sein eigenes Amtszimmer schauen konnte. Für mich hat das Rache bedeutet. Es hat all das Emotionale weggenommen. Es war so eine Hoffnung, daß einer von denen, die so vielen etwas angetan haben, sich vielleicht erkennen konnte: ›Ich bin jetzt dort, wo jene waren.‹ Das hat mich versöhnt. Dasselbe habe ich auch an den Polen wahrgenommen. Rache versöhnt.«

»Ich will nicht verbrannt werden...« – Herbert D.

Herberts Geschichte hat mich von allen am meisten bedrückt. Sie enthält Elemente, die über das bereits Erzählte hinausgehen. Das ist einerseits die Wiederkehr des Horrors der Massenvernichtung in den Gesprächen des Jugendlichen mit seiner Mutter zu einem Zeitpunkt, als Mutter und Sohn »offiziell« von den Verbrechen des Ehemannes und Vaters im Vernichtungslager noch nichts wußten. Das ist andererseits die Spiegelung der totalen Überschätzung, unserer kollektiven Illusion über die Bedeutung des deutschen Widerstandes.[20]

Herberts Eltern lernten sich erst kurz nach dem Krieg kennen. Wenig später heirateten sie. Im Herbst 1948 kam Herbert auf die Welt. Einige Monate vor seiner Geburt war sein Vater verhaftet worden. Im Sommer 1949, in der Nacht vor einer entscheidenden Vernehmung, brachte er sich in der Haft um.

Herberts Vater wuchs in Österreich auf, trat Ende der zwanziger Jahre der NSDAP bei. Nach Hitlers Machtantritt mußte er wegen seiner nationalsozialistischen Aktivitäten

Österreich verlassen. Im Deutschen Reich war er in »Heil- und Pflegeanstalten« tätig, in denen Geisteskranke ermordet wurden. Herbert hat in einem Pressebericht die Aussage eines später angeklagten Mittäters des Vaters gelesen, wonach entweder er oder sein Vater den Gashahn aufgemacht hätte.

1943 gehörte der Vater zum Personal eines Vernichtungslagers. Wegen angeblicher dienstlicher Verfehlungen kehrte er nach seiner Ablösung auf seinen früheren Posten in der Euthanasieanstalt zurück. Gegen Ende des Krieges wurde er an die Front versetzt.

Herberts Mutter, die wie sein Vater einer großbürgerlichen Familie entstammte, hatte nach dem Ersten Weltkrieg ein Mädchengymnasium, auf das viele jüdische Familien ihre Kinder schickten, besucht. Nach dem Scheitern ihrer ersten Ehe ging sie zu Beginn der vierziger Jahre eine neue Verbindung ein. Noch während der Verlobungszeit wurde dieser Mann vermißt. Von den Verbrechen ihres dritten Mannes erfuhr Herberts Mutter durch die Verhaftung und das Spruchkammerverfahren lediglich den die Euthanasie betreffenden Teil. Aber diese Ereignisse waren ohnehin schon, wie Herbert sagt, »der Schlag ihres Lebens. Es war völlig überraschend für sie. Als sie ihn kennengelernt hatte nach dem Krieg, war er für sie einfach ein Soldat, der aus der Gefangenschaft kam.«

Da sie mittellos war und nur die Sprachausbildung einer höheren Tochter hatte, hielt sie den Sohn und sich mit Stundengeben über Wasser. Herbert sagte seiner Mutter später immer wieder, »daß sie sich eigentlich auch als Nazigeschädigte hätte ausgeben können. Sie hat sehr schwer damit gekämpft, ob die Heirat für meinen Vater – so wie für sie – die große Liebesheirat war, ob er nicht nur nach nazistischem Gedankengut noch ein Kind wollte. Mein Vater wollte sofort heiraten, und es mußte, wie man im Bayrischen sagt, ›ums Verrecken‹ ein Kind her; und es mußte ein Sohn werden.«

Als Herbert zur Schule kam, erzählte ihm die Mutter, daß sein Vater durch Selbstmord gestorben sei »aufgrund von politischen Vorgängen«. Einzelheiten berichtete sie ihrem Sohn erst später. »Aber sie hatte damals Bedenken, daß ich es von außen erfahren könnte. Von Verbrechen hat sie nicht gesprochen. Die Euthanasie hat sie nie als ›Verbrechen‹ bezeichnet. Das war für sie Entscheidungssache, die man so oder so halten konnte.«

Herbert bekam einmal Hakenkreuze an den Schulranzen geschmiert, ansonsten wurde er von seiner Umgebung wegen des Vaters nicht angefeindet. Trotzdem war er bis weit ins Gymnasium hinein überaus unbeliebt, die Klassenkameraden drangsalierten ihn. »Das lag jetzt nicht an der politischen Vergangenheit meines Vaters, wie man annehmen könnte, sondern daran, daß ich ein Musterknabe war. Meine Mutter hatte mir grundsätzlich verboten zu schlagen, damit niemand sagen kann, der Apfel fällt nicht weit vom Birnbaum. Ich mußte mich von kleineren und schwächeren Kindern verprügeln lassen, zwangsweise, so war ich erzogen.« Weil Herbert nicht raufte, sich nicht schmutzig machte und immer ordentlich zu Hause blieb, wurde er den anderen Kindern als Vorbild hingestellt. »Ich durfte zum Beispiel nicht radfahren und mit Kameraden weiß Gott wohin schweifen. Bis in die Studienzeit bin ich strengstens gehalten worden.«

Bis zu seinem vierzehnten Lebensjahr litt Herbert an Bronchialasthma. Es verschwand mit der Pubertät und nachdem Herbert, unter dem Beifall seiner bisherigen Gegner, selbst einmal in der Klasse einen Angreifer aufs Kreuz gelegt hatte. Während der langen Krankheitszeiten las er überaus viel. Geschichte, biographische Werke, Lebensdarstellungen großer Männer fesselten ihn besonders. Dieses Interesse ist ihm bis heute geblieben.

Trotz der strengen Erziehung ist Herbert überzeugt: »Meine Mutter hat mir zu einer völlig normalen Jugend verholfen. Bei uns herrschten nicht dauernd Trauer und Trübsal, oder das Bild des Vaters an der Wand mit 'nem Kreuz. Sie mußte ja weiterleben. Sie hat das schon so weit beiseite schieben können, daß sie damit eben leben konnte. Daß sie innerlich auch belastet war, habe ich daran gemerkt, daß sie mit mir als Kind nie hat beten können. Dann fing sie an zu weinen. Oder singen, sie hat mit mir nie Kinderlieder singen können, auch da begann sie sofort zu weinen. Ich hab gedacht: ›Was soll das eigentlich‹, Kinder wehren sich ja gegen so was. Ich hab also gesagt: ›Hör bitte auf, ich mag keine weinenden Leute.‹ Auch als junger Mann hab ich das kaum ertragen.«

Herbert ist froh, daß seine Mutter sich immer intensiv mit ihm unterhalten hat, ihm die Umstände beim Tod des Vaters nicht verschwieg und ihre eigene Begeisterung für Hitler in den Anfangsjahren der Diktatur detailliert schilderte. So berichtete sie ihm auch, 1943 habe ihr eine Freundin in der Lüneburger Heide erzählt, »da draußen in Bergen-Belsen, da werden Menschen in 'n Ofen geschoben und verbrannt«, was sie für völligen Unsinn gehalten habe. »Ich bin da eben hineingewachsen, habe immer mehr erfahren, bekam die Einzelheiten mit. Sie hat mich auch schon mit elf, zwölf mitgenommen, wenn sie ihre Bekannten abends in einem Gasthaus traf.« Herbert wuchs, wie er sagt, »schnell in die Position eines Hausvaters hinein«; so kannte und verstand er schon als Kind die finanziellen Nöte seiner Mutter.

In einem Punkt hat er sich von ihr jedoch nicht bestimmen lassen: »Das einzige, was ich abgelehnt habe, strikt, das war: ›Du wirst Mediziner‹. Darauf hab ich gesagt: ›Wenn einer einmal den Eid des Hippokrates gebrochen hat, dann kann ich nicht als Sohn meines Vaters Mediziner werden. Stell dir mal vor, ich werde an das Krankenlager eines geistig debilen Menschen gerufen, und der stirbt mir unter den Händen. Da heißt es doch sofort, na ja, ist doch klar.‹ Da hat sie mich gelassen.«

Erst als dem Personal des Lagers, in dem Herberts Vater tätig gewesen war, der Prozeß gemacht wurde, erfuhren Mutter und Sohn von dem ganzen Ausmaß der Verbrechen des Vaters. Herbert erinnert sich, daß seine Mutter bisher immer »sehr stolz gesagt hatte, nur Euthanasie, sonst nichts, also nichts mit Juden. Das war nun ein herber Schlag für sie. Danach hat sie nie mehr drüber gesprochen. Sie hat mir nur noch erzählt, bevor sie von dem Prozeß erfahren habe, da habe sie einen Brief an den älteren Bruder meines Vaters geschrieben. Der muß schon vorher mehr gewußt haben, hat es aber nie zugegeben. In diesem Brief schrieb sie: ›In letzter Zeit kommt mein Mann immer nachts zu mir ans Bett und sagt, du stehst doch zu mir, du mußt zu mir halten.‹ Der Bruder meines Vaters, er war früher Ortsgruppenleiter, hat meine Mutter als ›Spinnerin‹ bezeichnet; sie solle sich nicht als Märtyrerin aufspielen. Aber die Familie meines Vaters hat das eben bewußt immer sehr weit weggeschoben. Für die ist er nicht durch Selbstmord gestorben, sondern an der Krankheit, die er sich in Gefangenschaft geholt hatte. Bis zum Prozeß haben sie diese Fiktion aufrechterhalten. Ich durfte deswegen auch meine Großeltern nie besuchen. Sie wollten nicht, daß ich in den Ferien zu ihnen komme, das wäre ja sonst aufgekommen.«

Obwohl Herberts Mutter stolz und erleichtert darüber war, daß ihr Mann »nur« mit der Ermordung Geisteskranker zu tun hatte, ahnte sie, wie Herbert glaubt, schon lange vor dem Prozeß, in dem sie die Wahrheit erfuhr, etwas anderes. »Sie hat bestimmte Gefühle gehabt; das hat sie mir nachher immer gesagt, daß er ihr etwas verborgen hat. Sie hatte nach dem Krieg in V. auch das Empfinden, daß er ihr etwas verbirgt. Sie traf ihn einmal nach dem Einkaufen im Café; er saß da schon, sie kam rein, da hatte er so einen Kinnbart, das muß kurz vor der Heirat gewesen sein. Da hatte sie plötzlich das Gefühl, das ist Ritter Blaubart. Ohne daß von ihm eine Information vorgelegen hätte. Meine Mutter hat eine gute Intuition, gefühlsmäßig, etwas wie das zweite Gesicht, nicht stark, wie einige Menschen es haben. Das war aber dann sofort weg, und meine Mutter hat sich dadurch von der Heirat auch nicht abhalten lassen.«

Als Herbert zu studieren begann, war die Studentenrevolte in vollem Gange. Herbert empfand den Protest der Studenten als pubertär und gefährlich, er engagierte sich nicht. »Ich hab über die ganzen Meinungen nur gelacht, wahrscheinlich haben die sich zu Hause nicht abreagieren können. Ab einem bestimmten Zeitpunkt kann man sich von einer radikalen Gruppierung eben nicht mehr lösen, wie mein Vater, oder nur noch mit Verlust des eigenen Lebens. Für mich ist das Fazit, allem radikalen Gedankengut von vornherein abzusagen und es auch zu bekämpfen.« Nach dem Ende seines Studiums holte er die Mutter zu sich und lebte bis zu ihrem Tod mit ihr zusammen. Herbert war etwa dreißig Jahre alt, als die Auseinandersetzungen mit der Mutter wegen seiner Beziehungen zu Frauen begannen. »Natürlich wollte sie, daß das Kind heiratet, der muß ja heiraten, aber keines der Mädchen, das ins Haus kam, war gut genug; das ist ja immer, wenn man so ein Wesen dreißig Jahre lang erzogen hat.« Herbert ist immer noch unverheiratet, er hat das Gefühl, in diesem Punkt »noch jung« zu sein und noch viele Erfahrungen machen zu müssen. Er denkt jedoch auch mit Angst an diese Möglichkeiten: »Es wird natürlich ein schweres Problem sein, wenn man mal eigene Kinder hätte. Das war als junger Mann bei mir schon die Überlegung,

Geistlicher zu werden und damit auf Kinder zu verzichten. Nicht, daß ich in einen Orden eintreten wollte wie der Sohn von Bormann, aber so zwischen siebzehn und zwanzig hat mich das stark angezogen. Das Problem ist ja, ist da vielleicht ein verbrecherisches Erbe, das man den Kindern weitergibt. Ich sehe, wieviel sich vererbt, zum Beispiel Alterungsfähigkeit, Krankheitsanlagen. Ich glaube nicht, daß alles Vererbung ist, aber genauso wenig glaube ich ausschließlich an soziale Prägung.«

Herbert wurde erst nach dem Tod der Mutter klar, daß sie versuchte, sich innerlich von ihrem Mann zu trennen, indem sie sich intensiv mit ihrer Schulzeit, mit den jüdischen Lehrern und ihren jüdischen Mitschülerinnen beschäftigte. Außerdem lehnte sie es plötzlich ab, in dem Familiengrab, in dem auch ihr Mann lag, bestattet zu werden. Über die Art der Bestattung hatte es zwischen Mutter und Sohn schon lange Debatten gegeben, als Herbert noch ein Kind war. »Wir haben uns stundenlang gestritten, auch mit theologischen Hintergründen, ich bin grundsätzlich gegen eine Feuerbestattung. ›Ich will nicht verbrannt werden‹, das war das erste, was ich immer zu ihr gesagt habe, wie man als junger Mensch über so was spricht. ›Ich, wenn ich mal sterbe, will nicht verbrannt werden, weil ich nicht in 'n Ofen geschoben werden will. Das kann ich mir nicht vorstellen. Also ich will 'ne Ganzbeisetzung haben.‹ Meine Mutter hingegen wollte das immer. Mein Vater wurde ja damals richtig beigesetzt, weil das Krematorium in V. kaputt war. Deswegen konnte sie ihn nicht verbrennen lassen. Und dann riet uns ein Bekannter, nun doch nicht so verrückt zu sein, dies Geld könnte sie doch für sich und mich verwenden, sie sollte das Begräbnis auf die billigste Art machen. So geschah es dann auch. Meine Großmutter wurde aber Anfang der Fünfziger verbrannt. Und als das Grab meines Vaters nicht erneuert werden konnte, da hab ich das Grab ausgegraben, die Knochen verbrennen und als Urne beisetzen lassen. Dann ist noch meine Großtante nach ihrem Tod dort verbrannt bestattet worden. Und in dieses Familiengrab wollte meine Mutter immer durch eine Urnenbeisetzung kommen. Und das hat sie schlagartig, drei Jahre vor ihrem Tod, abgelehnt. Statt dessen wollte sie eine normale Ganzbeisetzung, und zwar hier. Ich hab deswegen hier auf dem Friedhof ein Grab gekauft.«

Herbert vermutet, daß dieser Entschluß der Mutter auf

einen Fernsehfilm zurückgeht, den sie einige Jahre vor ihrem Tod sah: »Es ging um einen jüdischen Arzt, der mit Kindern aus dem Warschauer Getto in das Vernichtungslager und in den Tod ging. Ich erinnere mich noch, als ich nach Hause kam, da war sie schwer geschockt. Gesprochen hat sie nicht viel darüber, nur in kurzen Andeutungen, aus denen ich ihre Betroffenheit entnehmen konnte. Danach hat sie wohl diesen Trennungsstrich zwischen sich und meinen Vater setzen wollen. Aber sie hat es mir nie gesagt.«

Herbert ist dem Grauen, das sich mit seinem Vater verbindet, bisher nicht so direkt begegnet wie seine Mutter: »Er ist für mich auf meiner Ahnentafel Nummer zwei. Aber an sich ist er, als Figur, für mich genauso fern wie Eichmann, genauso fern wie Persönlichkeiten längst vergangener Zeiten. Da würde ich jetzt, von der Figur und von meiner Urteilsfähigkeit über ihn her, keinen Unterschied machen. Das einzige, was Sie sagen könnten, ist, ich beschäftige mich zu wenig mit ihm, ich schiebe das weg. Aber daß ich nun denke, o Gott, das ist ja mein Vater gewesen, das hab ich so nicht gehabt, also ein Erschrecken. Ich komm immer wieder auf die Frage, wie kann ein intelligenter Mensch, der eine akademische Ausbildung hat, der aus einem akademisch geprägten, einem hochgebildeten Elternhaus stammt, mit Dichterlesungen zu Hause, altsprachlicher Ausbildung, humanitas et cetera, wie kann der sich so weit runterbegeben, daß er... das ist, was ich nie fassen werde. Das ist kein Erschrecken, sondern nur das allgemeine Erstaunen, was in einem Menschen für Abgründe liegen können. Über die Gründe haben wir ja vorhin gesprochen, wie mein Vater dahingekommen ist, aber das sind trotzdem Gründe, die das endgültig nie erklären werden. Auf der anderen Seite kann man wieder sagen, wenn man von den Abgründen, die es in einem Menschen gibt, mal erfahren hat, ist das vielleicht ein Vorteil. Daß man weiß, was überhaupt in einem Menschen schlummert. Wie sagt Goethe, es gibt kein Verbrechen, das ich nicht hätte tun können. Ich könnt mir nie vorstellen, einen Menschen umzubringen. Und wenn man sieht, daß intelligente Menschen so was getan haben, noch dazu der eigene Vater, dann sagt man sich, es muß doch da etwas geben, was du bislang nicht erfahren hast und hoffentlich nie in deinem Leben erfährst. Das ist vielleicht aber auch das Glück der Einzelbiographie, ohne daß man jetzt einen Stein werfen will, daß man das niemals erleben muß.«

Intellektuell hat Herbert sich durchaus ein Bild gemacht, wie sein Vater zur Euthanasie und zum Massenmord gekommen war: »Ein junger Mann aus einem antisemitischen Elternhaus, der in Österreich selbst in einer Minderheitensituation lebte und bewußt auf Deutschland ausgerichtet war, flieht mittellos wegen seiner Überzeugungen aus Österreich ins ›gelobte Land der Partei‹, wird dort als Märtyrer der Bewegung aufgenommen, findet Kontakt zu höchsten Parteikreisen, hat natürlich keine Vorstellung davon, daß ein gesamter Staat Recht in Unrecht verkehren kann, also eigentlich eine Verbrecherorganisation ist, bekommt in der Euthanasieaktion die Möglichkeit, Karriere zu machen, indem man ihm und anderen jungen Ärzten zunächst psychisch Kranke vorsetzte und dann die Schraube immer weiter anzog, bis er sich über den weiteren Schritt der Vernichtung von Zigeunern immer unlösbarer in die Vernichtungsmaschinerie verstrickte.«

Weiter mochte sich Herbert dem Leben seines Vaters nicht nähern. Literatur über das Vernichtungslager und den Vater vermeidet er bewußt. Er sagt: »Es gibt ein Buch über dieses Vernichtungslager, in dem auch mein Vater vorkommt, aber ich hab es noch nie, muß ich sagen, gelesen. Weil..., ich meine nicht, daß ich..., ich finde es nur..., na ja, Sie werden es vielleicht verstehen können, daß ich da nicht näher einsteigen will in die Sache. Mir genügt das Wissen, das ich habe. Es genügt mir absolut. Ich kann mir nie vorstellen, wie mein Vater in diesem Vernichtungslager agiert hat. Muß ich auch offen und ehrlich sagen. Die Idee, mir das vorzustellen, ist mir erst jetzt durch das Gespräch mit Ihnen und ein Interview mit einem Wissenschaftler gekommen. Aber ich schieb es wieder weg. Dann sag ich, jetzt ist aus, genug. Du kannst ja nichts dran ändern. Das belastet dich zusätzlich und schadet dir selbst. Wenn man's so nimmt, ist es eine indirekte Sippenhaftung, und das werfen wir den Nazis doch grade vor. Wenn ich mich selber geistig in den Käfig setze, dann begehe ich ja selber Sippenhaftung. Da muß ich doch gegen angehen und sagen, hier ist eine Trennung zwischen den Generationen.«

Herbert versucht, nicht nur »das Negative« am Vater zu sehen: »Und dann hat er den letzten Rest des Krieges als kleiner Unterarzt ganz normal an der Front mitgemacht und war dann im Kriegsgefangenenlager. Dort wurde gefragt, wer übernimmt die Krankenpflege, und er hat sich wieder sofort gemeldet. Er hat mit den Patienten zusammen auf dem Fußboden schlafen müssen und hat sich dadurch anscheinend infiziert, auf jeden Fall war er, als er meine Mutter kennenlernte, schon krank. Der Hausarzt hat gesagt, er wäre daran sowieso gestorben, ob das nun ein Kanzleitrost nach dem Selbstmord war, weiß ich nicht. An dem moralischen Tatbestand läßt sich nichts ändern, am juristischen auch nicht. Und das einzige, was ich dazu sagen kann, was mich in gewisser Weise als Mensch aussöhnt, er hat niemanden weiter belastet, also sich nicht auf Befehlsnotstand herausgeredet im Gefängnis, nichts weggeschoben auf andere, und er hat sich selbst gerichtet. Das ist nach dem Alten Testament eine klare Entscheidung, die er getroffen hat. Das war für einen so jungen Mann sicher nicht leicht. Mir genügt das Wissen, das ich habe.«

Trotzdem beschäftigt ihn der Vater; zum Beispiel überlegt Herbert sich, ob der Vater nicht vielleicht doch wegen menschlicher Regungen von seinem Posten als Arzt des Vernichtungslagers abgelöst wurde: »Aufgrund der Verwandtschaftsbeziehung wäre ich prädestiniert, darüber zu schreiben, wie mein Vater zu seinen Taten kam. Aber wenn man persönlich involviert ist, würde das immer auf den Versuch hinauslaufen, den Vater zu rehabilitieren. Und das kann ich nicht, und das will ich auch nicht, selbst wenn er jetzt in dem Lager, was ich glaube, diese angeblichen dienstlichen Versäumnisse in der Absicht begangen hat, um dort wegzukommen; man kann die Gründe für eine Straf- oder Rückversetzung ja auch selbst schaffen; denn in einem Zeitungsbericht hieß es so ungefähr, er habe die Kranken ins Revier geholt, rangeholt, aber zu wenige getötet; so etwa ergab es sich, ich sag's jetzt mal etwas trivial und krass, aus dem Zeitungsbericht. Das kann er ja mit Absicht getan haben. Ich meine, ich bin nicht hundertprozentig davon überzeugt, und das würde ihn ja auch nicht reinwaschen. Wissenschaftlich kann man das nicht mehr abklopfen, weil die, die noch leben und vor Gericht gestellt wurden, alles abwälzen. Ist ja die normale Reaktion. Das wurde in dem Prozeß ja deutlich. Einer der Schindertypen hat es ja probiert, der versuchte, sich auf meinen Vater herauszureden, was dann mißglückt ist. Da wurde eindeutig festgestellt, daß er das war und nicht mein Vater, aber er hat versucht, es auf die schon Toten abzuwälzen.«

Herberts Vermutungen gehen sogar noch weiter. Er fragt sich, ob sein Vater und dessen erste Frau nicht etwas mit dem Attentat vom 20. Juli 1944 zu tun gehabt haben könnten: »Die erste Frau meines Vaters war eine Mitarbeiterin eines hohen NS-Funktionärs. Nach dem Attentat auf Hitler 1944 war diese erste Frau in Italien gewesen und hatte sich Typhus geholt. Sie war zur Auskurierung in einem Bad und nach Familienerzählungen schon sehr gut wiederhergestellt. Und mein Vater hat sie dort besucht, so zehn Tage nach dem Attentat. Dann war er wieder im Hotel, wurde dort angerufen, sie läge im Sterben. Ist ganz rasch gestorben. Wenige Tage nach dem Attentat. Und dann ist mein Vater kurz darauf eingezogen worden, das weiß ich aus dem Soldbuch. Und zwar als kleiner Unterarzt an die Front. Es ist in der Familie der ersten Frau meines Vaters gemunkelt worden, mein Vater hätte sie vergiftet. Ich ziehe daraus eine bestimmte andere Lehre. Die erste Frau meines Vaters hat in diesem Kurort ein Staatsbegräbnis bekommen, mit allen Ehrungen. Ihr Vater, der keine unbedeutende Person war als Leiter eines Wirtschaftsunternehmens, mein Großvater und mein Vater anschließend selber, haben sich bemüht, die Leiche aus dem Kurort raus und nach V. ins Familiengrab zu bekommen. Das ist verboten worden. Die Leiche mußte sofort beigesetzt werden. Wenn man noch weiter hinzuzieht, daß sie gestorben ist mit den Worten auf den Lippen: ›Mein Führer, mein Führer‹ – jedenfalls hat mein Vater das meiner Mutter so erzählt – und daß sie eine sehr freie Rede über die Mißstände in der Partei geführt hat, sehr offen darüber geredet hat, also ich persönlich würde es nicht für abwegig halten, daß mein Vater ihr sogar die Giftkapsel hat bringen müssen, à la Rommel. Im Zusammenhang würde ich das nicht mal für abwegig halten. Weil der Tod so merkwürdig schnell eingetreten ist. Typhus ist keine Krankheit, die plötzlich zum Exitus führt, wenn er schon gebessert ist. Und auch die plötzliche Ablösung von meinem Vater aus dem KZ. Im ›Spiegel‹ war mal ein Bericht drin, wo darüber gesprochen wurde, daß da bestimmte Kontakte bestanden haben zwischen der Parteihauptleitung in Berlin, Parteihauptquartier, und den einzelnen KZs. Es waren eher wirtschaftliche Verbindungen, die da gelaufen sind. Und dann seine

Versetzung an die Front. Wenn Sie sich den zeitlichen Zusammenhang zwischen dem 20. Juli und seiner kurz danach erfolgten Versetzung zur Front vorstellen... Das weiß ich sicher, das hat er meiner Mutter immer erzählt, daß er dann die Grundausbildung hat mitmachen müssen, Fußbodenschrubben mit der Zahnbürste. Man könnte daraus den Schluß ziehen... Wenn man auch die Bilder sieht, wie er ausgesehen hat damals. Er war ja *hinter* der Front gewesen. Aber das Bild, das ich habe aus dem Herbst 44, zeigt ein solches Gesicht, daß er fast aussieht wie ein Kriegsgefangener nach zehn Jahren Rußlandaufenthalt, daß da also innerliche Belastungen gewesen sein müssen. Er hat auch in der Familie und meiner Mutter gegenüber solche Äußerungen gemacht: ›Uns Österreicher nimmt man zum Dreckwegmachen.‹ Mehrfach solche Äußerungen. Wie weit sind hier Verbindungen gelaufen zum 20. Juli? Weil ja doch ein gut Teil von Parteikreisen auch mitgespielt hat. Was da war, wissen wir nicht mehr, werden wir auch nicht mehr rauskriegen. Weil, ich kann mir nicht vorstellen, daß man bei Verschwörungen Akten anlegt darüber. Obwohl die Deutschen ja zu so was neigen. Aber in diesem Fall kann ich es mir nicht vorstellen. Es sind also dunkle Punkte in der Biographie drin, die man, wenn man's gutwillig deuten will, in diese Richtung deuten könnte.«

Herbert versucht, sich den Vater, der zum tausendfachen Mörder wurde, als gescheiterten Widerstandskämpfer vorzustellen. Ich weiß nicht, welche Zuspitzung die Phantasie der Kinder der Täter über ihre Väter als die heldenhaften Verbrecher noch finden könnte. Andererseits glaube ich nicht, daß diese Phantasie irgend etwas Pathologisches hat. Sie ist sozusagen angemessen, wenn man mit diesem Kollektivverbrechen leben muß. Sie ist so normal und so abnorm wie die allgemeine Nekrophilie und die unsinnige Hoffnung, mit der wir täglich existieren. Nachdem ich Herberts Geschichte aufgeschrieben hatte, überkam mich Resignation. Was blieb eigentlich, als zu weinen und nie wieder aufzuhören?

Nach über einem Jahr traf ich Herbert wieder. In dem überaus anstrengenden, aber auch klärenden und bereichernden Gespräch über das Leben seines Vaters, über dessen Taten und über uns selbst wurde mir klar, daß ich Herbert nach unserer ersten Begegnung in die Sippenhaft genommen hatte, in die gesetzt zu werden er sich gewehrt hatte. Mit dieser Einsicht wurde es mir möglich nachzuvollziehen, daß die dienstlichen Verfehlungen des Vaters vielleicht doch ein rettendes Versagen, eine unbewußte Flucht vor der mörderischen Pflicht gewesen sein könnten.

Sprachlos – versteinert

Sehr wahrscheinlich macht es einen Unterschied, ob Eltern durch aktives Tun, Dulden oder Wegsehen in den Nationalsozialismus verstrickt waren, da das Ausmaß der Probleme, mit denen sich die Kinder herumschlagen müssen, unter anderem davon abhängen könnte; eine Frage, die mit wissenschaftlichen Methoden angegangen werden muß. Jedenfalls fiel mir auf, daß auch die Kinder, deren Väter nur im Krieg waren oder ihr Geld als Wehrmachtslieferanten verdienten, schwer beunruhigt sind, wenn das Gespräch über die Vergangenheit mit den Eltern nicht möglich ist. Obwohl ich sie nicht belegen kann, wage ich die These, daß praktisch die gesamte zweite Generation mit dem Problem einer zutiefst zwiespältigen Idealbildung zu kämpfen hat, als hätten wir insgesamt vor dem Dilemma gestanden: Mußten wir als Heranwachsende die Eltern um unserer eigenen Selbstachtung willen nicht verachten? Und mußten wir als Kinder sie nicht gleichzeitig auch so vorbehaltlos lieben, wie jedes Kind das zunächst einmal braucht und möchte, um später selbst fähig zu sein, zu lieben und moralische Integrität auszubilden; selbst wenn man berücksichtigt, daß ein gut Teil dieser Erwartungen an die Eltern, weil eben kindlich, sich später immer als zu hoch erweist und korrigiert werden muß.

Nur eine halbe Stunde von Auschwitz entfernt – Ulrich A.

Pastor Ulrich A. ist 1945 wenige Monate nach Kriegsende geboren. Sein Vater war im Krieg in einem Lazarett in Krakau als Unterstabsarzt, gegen Ende des Krieges in Italien eingesetzt. Ulrich hat keine Anhaltspunkte dafür, daß sein Vater Sympathien für die Nazis hegte. Parteimitglied war er nicht. Trotzdem kann Ulrich sich kein klares Bild von ihm machen.

In Ulrichs Familie war Auschwitz kein verbotenes Thema; man sprach »generell« darüber; die Haltung der Eltern erschien Ulrich eindeutig ablehnend. Im Geschichtsunterricht des Gymnasiums erarbeitete sich Ulrichs Klasse die Geschichte der Judenvernichtung anhand von Quellen. Der Gedanke, die Eltern nach ihren persönlichen Erlebnissen zur

Judenverfolgung zu befragen, lag Ulrich völlig fern. Vom Krieg sprach der Vater praktisch nie. Seine Ruhe und Kompetenz als Arzt wirkten auf das Kind und den Heranwachsenden erleichternd, da Ulrichs Mutter unter langen Phasen von Depression litt, in denen sie den Sohn mit endlosen Redeströmen zuschüttete.

Nach Ulrichs Erinnerung gab der Vater über seine Kriegserlebnisse nur ein einziges Mal einen zusammenhängenden, persönlichen Bericht. »So 1966 rum ist bei uns der Weihnachtsbaum hochgegangen, fast wäre die ganze Bude abgebrannt. Alle standen unter einem Schock; meine Schwester heulte, meine Mutter assoziierte Bombenangriffe, weil von der Hitze die Fensterscheiben sprangen. Die meisten Familienmitglieder verdrückten sich, nur meine Eltern und ich blieben nach dem Löschen zurück. Da fing mein Vater plötzlich an zu erzählen, wie er da in Polen gewesen ist, wie er dann, um befördert zu werden, zur Bewährung nach Rußland an die Front sollte, aber unverhofft nach Italien kam. Und wie er vom Apennin auf die von den Amerikanern bombardierten, brennenden Dörfer herabsah. Er sagte, die nächtlichen Brände wären einerseits beeindruckend gewesen, fast faszinierend; er hätte diesem Eindruck erliegen können, wenn er nicht gewußt hätte, da gehen Menschen zugrunde. Ich weiß heute, daß er damals ohne Wissen seines Vorgesetzten Partisanen mit Essen versorgte. Die drohenden Auseinandersetzungen mit dem Vorgesetzten blieben ihm jedoch erspart, weil die Amerikaner kamen. Die Partisanen sagten Gutes über ihn, so daß er nur in eine Art Edelgefangenschaft kam. Irgendwie hat er immer Glück gehabt.«

Während seines Theologiestudiums wurde Ulrich von der Studentenbewegung erfaßt. Mit den Eltern, die bis dahin CDU wählten, gab es heftigen Streit über den Einfluß der Springer-Presse und sonstige politische Fragen. Ulrich erlebte, wie die Debatten allmählich die Positionen der Eltern veränderten. Sie begannen SPD zu wählen, eine Entscheidung, die von allen als wichtiger Schritt empfunden wurde. Der Vater nahm Konfrontationen im Lions-Club in Kauf; er nahm auch hin, daß alte Bekanntschaften sich deswegen lösten. Vordergründig spielte die Vergangenheit in diesem Prozeß keine Rolle. Ulrich glaubt heute jedoch, daß sie »irgendwie stellvertretend« mitabgehandelt wurde: »Mein Vater hatte damals einem Bekannten, einem richtigen Industrieboß, von mir erzählt, und der wollte mit mir diskutieren, so unter dem Motto: ›Dem werd ich den Kopf schon zurechtsetzen‹. Meine Eltern fragten mich: ›Machst du das? Der kommt demnächst.‹ Natürlich wollte ich die Diskussion, hab mich dann auch mächtig ins Zeug gelegt. Meine Eltern griffen in das Gespräch kaum ein, aber ich hatte ein Gefühl von Solidarität mit ihnen; auch wenn es ziemlich happig für sie war. Ich fühlte mich sicher in meinen Überzeugungen, und ich spürte, sie standen hinter mir.«

1974 bekam Ulrich eine Stelle als Pastor in einer Landgemeinde. Durch den Großvater mütterlicherseits, ebenfalls Pastor, war ihm das Alte Testament von klein auf vertraut. Der Großvater konnte das Buch Hiob auswendig und beeindruckte das Kind mit Psalmen, die er morgens im Badezimmer rezitierte. Noch ohne die tieferen Bezüge zur Vergangenheit zu sehen, begann Ulrich mit der Gemeinde Themen der jüdischen Religion zu erarbeiten. Eines Tages sprach ihn nach der Predigt ein Gemeindemitglied an: »Was Sie da von den Mazzen erzählten, die haben wir doch als Kinder gegessen.« Ulrich wurde klar, daß die älteren Gemeindemitglieder aus eigenem Erleben über das Judentum viel mehr wissen mußten als er. »Da fing das an, ich fragte, was ist hier eigentlich gewesen. Den jüdischen Friedhof hatte ich vorher nie registriert. Jetzt ging ich zu den Leuten und fragte, was wißt ihr denn noch. Und das entwickelte eine Dynamik, die mich mitgerissen hat. Ursprünglich hatte ich gar keinen solchen ›Vorsatz‹. Aber dann verfolgten wir die Geschichte der jüdischen Gemeinde bis ins siebzehnte Jahrhundert; wir entdeckten, daß einige Leute noch Kontakte mit aus dem Dorf emigrierten Juden in den USA hatten. Wir fuhren rüber, die besuchten uns; es entstand eine große Ausstellung und eine Dokumentation.«

Während der Treffen ehemaliger Klassenkameraden des Dorfes wurde die Geschichte in seltsam zwiespältiger Weise lebendig. Bei manchem der deutschen Dorfbewohner war der Zeitfaden seit der »Reichskristallnacht« wie abgeschnitten. Mit ahnungsloser Naivität fragten einige bei den ersten Zusammenkünften: »Was, der ist auch tot? Wo ist der denn geblieben?« Während die in aller Harmlosigkeit gestellten Fragen Ulrich und seine Frau Brigitte in große Peinlichkeiten stürzten, hatten beide den Eindruck, daß die älteren Dorfbewohner das Geschehen in den Vernichtungslagern im fernen Polen und die Ereignisse im Dorf nur allmählich zusammenbringen konnten. Vereinzelt gab es jedoch auch andere Reaktionen. Ein Nachbar von Ulrich war von einer alten Jüdin betreut worden, wenn seine Eltern auf dem Feld waren; er nannte sie »Tante«, sie war im Dorf eine Institution gewesen, weil sie den Frauen das Stricken beigebracht hatte. Dieser Nachbar erzählte, wie sein Onkel zum Schutz der Tante mit der Mistgabel auf die SA-Leute losgehen wollte und wie der Onkel eingesperrt wurde, »damit er nicht auch wegkam«. Da erinnerten sich die Versammelten an die vernichtende Wut, die rasende Erregung und die ohnmächtige Angst dieser Tage.

Für Ulrich und seine Frau lebten diese Gefühle in anderer Weise auf, als sie selbst zu Besuch bei einer ehemaligen Dorfbewohnerin in New York waren. Brigitte berichtet: »1981 wurde das zum ersten Mal so nah, daß ich mich unheimlich geschämt habe. Da merkte ich, obwohl ich 1947 geboren bin und mein Vater Sozialdemokrat war, daß ich auch etwas damit zu tun habe. Bisher war das immer so weit weg. Und dann noch zu erfahren, daß die alte Frau mich nicht schuldig macht, trotz aller Bitternis.« Ulrich war das letzte Mal 1985 dort: »Ich wollte in New York in einem kleinen jüdischen Laden die Liturgie für Passah, das Seder-Mahl, kaufen. Ich legte es dem Verkäufer auf den Tisch, da fragt der mich auf Englisch, ob ich Jude sei. Als ich ihm erkläre, daß ich Deutscher bin, fragt er nach meinem Geburtsdatum und sagt dann auf deutsch: ›Damals war ich gerade aus Auschwitz zurück.‹ Plötzlich hatte ich den Eindruck, als ob die etwa acht Leute im Laden, orthodoxe Juden und mehr liberal Gekleidete, alle deutsch redeten. Ich weiß nicht mehr, wie ich da rausgekommen bin, mir fehlen ein paar Minuten, ich erinnere mich nur noch an diese Beklemmung, als wenn ich plötzlich zu den Lemuren abtauchte, in die Vorhölle, ein Alptraum.«

Nach der Reise konnte Ulrich drei Wochen nicht schlafen. Er entwickelte eine panische Angst, nie mehr in seinem Leben schlafen zu können. »Als ich drüben war, hab ich gar nicht so gespürt, daß es so massiv war, das kam erst hinterher. Und ich frag mich, was das bedeutet, diese Distanz, daß ich nicht gleich merke, was da passiert.«

Während dieses Amerikaaufenthaltes bekam Ulrich eine Karte zu Gesicht, auf der alle Konzentrationslager eingezeichnet waren. »Ich hatte mir geographisch nie klar gemacht, wo was liegt. Jetzt erkannte ich, daß Krakau nur eine halbe Stunde von Auschwitz entfernt ist. Daraufhin fragte ich meinen Vater: ›Du bist doch in Krakau gewesen, hast du nicht gehört, was in Auschwitz passierte?‹ Er beteuerte mir, daß er davon überhaupt nichts mitgekriegt, davon schlicht und ergreifend nichts gewußt hätte. Und da hab ich dann schon meine Zweifel, ob das so stimmt.« Zu diesem Zeitpunkt hatten Ulrich und Brigitte bereits eine Ausbildung als Familientherapeuten absolviert. Durch die innere Auseinandersetzung mit der kranken Mutter, die zunächst vorrangig gewesen war, hatte sich auch das nie bezweifelte positive Bild vom Vater verändert. Ulrich bekam Zugang zu seinen untergründigen Vorwürfen, als Kind im Konflikt mit der Mutter vom Vater im Stich gelassen worden zu sein. Er entdeckte an sich selbst, was seine Frau schon länger gespürt hatte, daß die Vermeidung und die Angst der Eltern vor Gefühlen sich in ihm selbst fortsetzten. Die Sensibilisierung für seine persönliche und für die kollektive Vergangenheit hatte bereits vor dem Erlebnis in New York dazu geführt, daß er es wagte, seinen Vater persönlicher zur Vergangenheit zu befragen. »Es war auf einem Familientag vor zwei Jahren. Da gab es die Gelegenheit, sich mit dem Inhalt von etlichen Aktenordnern zu beschäftigen, in denen Fotos und Briefe von Familienmitgliedern gesammelt waren. Ich fand dort einen Brief meiner Großmutter väterlicherseits, von der ich wußte, daß sie ziemlich braun gewesen war und mit Begeisterung die Hand zum Gruß erhoben hatte. In diesem Brief von 1943 gab sie ihrer Freude Ausdruck, daß nun auch ihr jüngerer Sohn für den Führer kämpfen dürfe. Als sie diesen Brief schrieb, war dieser Sohn bereits tot, was sie jedoch noch nicht wußte zu dem Zeitpunkt. Ich zeigte den Brief meinem Vater. Er kannte ihn bereits. Ich fragte ihn, wie er es denn finde, daß seine Mutter seinen Bruder geradezu jubelnd in den Krieg geschickt hatte. Kaum Reaktion von ihm, keine Wut, kein Abscheu, nur ein bißchen Achselzucken, Hilflosigkeit, Schweigen. Ich komme damit nicht zurecht. Es kommt mir vor, als sähe ich meinen Vater nur durch eine Mattscheibe. Er bleibt konturlos, nicht greifbar.«

Etwa sechs Jahre liegt ein Ereignis zurück, das Ulrich genauso stark beeindruckte und für das er ebenfalls keine Erklärung fand. Zum fünfundsechzigsten Geburtstag des Vaters schrieben ihm die Kinder eine Geburtstagszeitung. Da sie vom Leben des Vaters kaum Einzelheiten kannten, füllten sie den bekannten Rahmen mit erfundenen Details. »Es kam auch die Zeit in Italien vor, wie er da auf dem Apennin mit einer blonden Schwester Gerda und dem bösen Nazi-Vorgesetzten sich als junger Arzt aufopfert. Wir hatten uns viel Mühe gemacht und amüsierten uns königlich, als wir das vortrugen. Mein Vater war völlig versteinert, stand auf und ging weg. Genau weiß ich bis heute nicht, was in ihm vorging. Ich vermute nur, das hat er wohl auch mal gesagt, er hätte damals geglaubt, wir wollten ihn lächerlich machen, weil er sich wegen seiner Hilfe für die Partisanen zum Widerstandskämpfer stilisiert habe. Dabei hat er das nie getan. Er hat nie erzählt, er habe etwas Großartiges geleistet.«

Im Rückblick fällt Ulrich auf, daß sein Vater immer peinlich vermied, den Eindruck zu erwecken, »irgendwo etwas getan zu haben«, im Guten oder Schlechten. »Vielleicht besteht für ihn die Schwierigkeit darin, daß er so gut davongekommen ist? Aus meiner Erfahrung als Pfarrer weiß ich, daß sehr viele, die die Nazi-Zeit miterlebten, so etwas wie ein inneres Konto führen. Irgendwie fühlen sie sich mitschuldig an dem, was geschah. Das läuft auf diesem Konto unter Soll. Auf der Habenseite stehen Verlust von Haus und Hof, Vertreibung, der Verlust eines Kindes, der Angehörigen, der Gesundheit und so weiter. Mir scheint, Soll und Haben werden da gegeneinander aufgerechnet, und damit stimmt das innere Gleichgewicht wieder. Mein Vater hat, wie mir scheint, das Pech gehabt, in entscheidenden Situationen immer Glück gehabt zu haben, auch wenn er das selbst nie so formulieren würde. Er ist nirgendwo Opfer geworden; als fühle er sich schuldig, nichts an Auseinandersetzungen vorweisen zu können, nichts auf der Habenseite.«

Hin und wieder setzt der Vater Zeichen, die dem Sohn signalisieren, daß er sich von der Vergangenheit nicht freispricht. Als Ulrich nach Amerika zu einem Vortrag in einer jüdischen Gemeinde fuhr, verabschiedete der Vater ihn mit den Worten: »Dann vertritt uns man gut.« Aber er sagte es nur wie nebenbei, etwas ironisch, so daß Ulrich nicht erkennen konnte, ob es ernst gemeint war. Mit seinen über siebzig Jahren nimmt der Vater an Friedensdemonstrationen teil, stapfte einen ganzen Tag lang am Raketendepot in Hasselbach herum, besuchte das Friedenskonzil der Rheinischen

Kirche. Ulrich freut sich darüber, aber es genügt ihm nicht; er sehnt sich danach, auch die Sprachlosigkeit zwischen sich und dem Vater überwinden zu können. »Als ich ihn zufällig auf dem Konzil traf, hätte ich anfangen können zu heulen, daß er da ist. Aber das krieg ich nicht rüber. Wir stehen steif voreinander und sagen: ›Ja, wo sitzt du denn‹, oder: ›Wie viele waren in deinem Bus.‹ Und wenn ich es gelegentlich mal schaffe, meinem Bedürfnis, mich mit ihm auszutauschen, nachzugeben, bei ihm anrufe und sag: ›Ich muß mit euch reden‹, dann sitzen sie schon wieder alle wie auf dem Armesünderbänkchen, wenn ich komme, und ich steh wieder im Regen. Das macht mich ganz kirre. Ich stell dann meine Fragen, mein Vater erzählt auch pflichtschuldigst; ich denk, meine Güte, ist der Mann heute offen. Aber wenn ich nach Hause gehe und mir überleg, was er erzählt hat, dann waren es eine Menge Daten, wann er wo war, aber alles so merkwürdig abstrakt, und ich merke, ich hab von ihm eigentlich gar nichts mitgenommen und fühl mich veräppelt. Ärgere mich auch, daß ich mich wieder drauf eingelassen habe.«

Wie schwer es andererseits ist, authentische Berichte über die Nazi-Zeit heute auch nur anzuhören, erfuhr Ulrich in einem Seminar, in dem ein älteres Ehepaar ungeschminkte Erfahrungen preisgab. Beide hatten 1933 wie eine Offenbarung erlebt und höhere Ränge in den Jugendorganisationen der Nazis bekleidet. Ihre Erzählungen und ihr Sprachgebrauch bewirkten, daß in den jüngeren Seminarteilnehmern geballte Aggressionen hochkamen. »Der Seminarleiter mußte uns nachdrücklich auffordern: ›Hört euch das jetzt an, laßt sie erzählen‹; es kostete dann unheimliche Anstrengung, das auszuhalten, sich innerlich nicht zu verschließen. Für die Gemeindearbeit war es eine wichtige Erfahrung, denn normalerweise denke ich doch, ich muß das verurteilen.«

Warum beunruhigt den Sohn diese halbe Stunde, die den Vater von Auschwitz trennte? Ich vermute, weil sie Vater und Sohn in unmittelbare Nähe zum Vernichtungsgeschehen rückt. Die dreißig Minuten Bahn- oder Autofahrt stehen für die nahe Ferne, in der der Massenmord sich für die Deutschen vollzog, unter ihren Augen angebahnt, in Polen von Deutschen verübt, nach 1945 durch Verleugnung vom Bewußtsein ferngehalten.[21] Den Sohn macht diese unsichtbare Schranke »kirre«, den Vater vermutlich auch. Aber sie können nicht darüber sprechen. Die Schranke wird durchbrochen, das Grauen ist da, als Ulrich hört, daß seine Geburt mit der Entlassung des Verkäufers der Liturgie aus Auschwitz zusammenfällt. Sie wird wiederhergestellt im blackout. Ulrich hatte das Gefühl, als tauchte er plötzlich »zu den Lemuren« ab, »in die Vorhölle«. Versetzt Ulrich sich und den Vater nach Auschwitz? Hat der Vater in der Phantasie des Sohnes die Juden so im Stich gelassen, wie er es von sich selbst in der Auseinandersetzung mit der Mutter empfindet? Die Wucht der kollektiven Verbrechen, des kollektiven Schicksals und der privaten Geschicke vermischen sich, so daß das eine von dem anderen nicht getrennt werden kann.[22]

Geräuschvolle Verschwörung des Schweigens – Almut H.

Mit Beginn der Studentenbewegung Ende der sechziger Jahre brach der innere Zwiespalt sichtbar auf. Die Studenten gruben die braune Vergangenheit der Eltern aus. Aber die Unerbittlichkeit, mit der sie sich von den Eltern absetzten oder auf sie einschlugen, verriet, daß sie längst selbst in Gefahr waren, dem Sog einer neuen Massenbildung zu erliegen.[23] Es zeigten sich Verhaltensweisen, die die Züge der nicht erkannten Identifizierung mit den Eltern trugen. Ihren sichtbarsten Ausdruck fand die Wiederkehr des Verfolgers[24] im Terrorismus der siebziger Jahre. Ensslin und Baader steckten ein Kaufhaus in Frankfurt mit der Absicht in Brand, die westliche Welt vor einem erneuten Marsch in den Faschismus zu warnen; die RAF mordete, um das Scheitern vor allem des sozialistischen und kommunistischen Widerstandes im Nationalsozialismus sozusagen historisch umzukehren. In den siebziger Jahren zeigte sich dann, wieviel Hilflosigkeit, Depressivität, Unsicherheit und tiefe Selbstzweifel hinter den angestrengten Revolutionsparolen lagen. Die eigentümliche Spaltung verweist darauf, daß wir uns zwar auf der dem Bewußtsein zugänglichen Ebene den Eltern entzogen hatten, deren Einfluß aus früheren Entwicklungsphasen jedoch durchaus wirksam war.

Almut H. ist Jahrgang 1943. Bis etwa zu ihrem dreißigsten Lebensjahr verlief ihr Dasein in Bahnen, die ihre Eltern sich vorstellten und wünschten. Almut studierte Geschichte, heiratete, bekam ein Kind, arbeitete in einem Verlag. »Dann kam die antiautoritäre Bewegung, in die ich mich eingebunden hab; der Angriff auf die Kleinfamilie, politische Bildungsarbeit, Arbeit mit Randgruppen, Trennung von meinem Mann, Leben in einer Kommune, Kinderladen, Demonstrationen, wechselnde Männer, Kollektivreisen; ich veränderte mein Aussehen, meine Kleidung, alles ganz radikal.«

In dieser Zeit, zu Beginn der siebziger Jahre, begann sie mit dem Vater zu hadern. »Es war weniger Haß auf ihn als die tiefe, bittere Enttäuschung, daß er und meine Familie nichts aus der Geschichte gelernt hatten. Jahrelang waren meine Fragen an ihn sehr vorwurfsvoll, weil ich vermutete, er verschweigt mir etwas. Aber auch später, als ich aufhörte, so zu bohren, hat er nichts erzählt. Und wenn er mal etwas sagte, waren seine Antworten ausweichend oder unbefriedigend. Zum Beispiel hieß es: ›Bei uns auf dem Land war das anders, die Arbeitslosigkeit war nicht so groß‹, oder: ›Wir wußten nichts von den Deportationen der Juden, es gab hier in der Gegend kaum welche.‹ Das heißt, ich weiß nicht genau, welche Rolle mein Vater im Dritten Reich spielte. Er mußte nach '33 in die Partei eintreten; aber ich habe nie richtig erfahren können, worin seine Parteitätigkeit und die meines Großvaters bestand. Genauso geht es mir mit den Brüdern meines Vaters und den Schwestern meiner Mutter. Ich weiß nichts über ihre Vergangenheit. Einmal wurde erzählt, wie meine Eltern nach der ›Kristallnacht‹ in die nahe Großstadt fuhren und die zerstörten Läden der Juden sahen, Schaufensterpuppen und Kleidungsstücke, die auf den Straßen lagen. Auf meine Frage, was das für sie bedeutet habe und was sie daraufhin taten, antwortete mein Vater: ›Wir sind nach Hause gefahren.‹ Das fand ich furchtbar. Auf meine Frage ist geschwiegen worden, und das geht bis heute so.«

Das Gefühl, ihr Vater verschweige ihr etwas, über das nur er Bescheid weiß, ist für Almut unerträglich. »Mein Vater ist wichtig für mich, er hat mir viel gegeben, ich mag ihn, ich liebe ihn, ich lege auf seine Meinung großen Wert. Daher fällt es mir so schwer, einen Teil seiner Lebensgeschichte abzutrennen und damit hart ins Gericht gehen zu müssen. Er war 1945 Mitte dreißig, das waren also seine wichtigsten Jahre; das gleiche Lebensalter, in dem ich in der Studentenrevolte steckte. Ich würde gerne wissen, was er mit dem

Nationalsozialismus verbunden hat als aufsteigender, junger Unternehmer; die Firma florierte nach den schlechten Jahren in der Weimarer Republik wieder; er muß daraus doch eine Menge Selbstwert gezogen haben. Aber über all das können wir nicht reden, es geht einfach nicht. Da ist ein Zwiespalt, der weh tut, mit dem ich aber offenbar leben muß.« Ihre berufliche Beschäftigung mit Geschichte im Verlag, um 1970, kam Almut nur wie der Umgang mit toten Zahlen vor; auch die wissenschaftliche Auseinandersetzung mit Faschismustheorien und Nationalsozialismus machte sie selbst und die unmittelbare Vergangenheit nicht lebendiger. Weder war sie im Studium noch in ihrer ersten Berufstätigkeit auf deutsche Wissenschaftler gestoßen, die in der Lage waren, von ihrem persönlichen Erleben vor 1945 zu berichten. Dafür drohte die Studentenbewegung sie einzusaugen: »Einmal kam ich von einer Demonstration mit zerrissenen Kleidern, aufgewühlt durch all die Gewalttätigkeit. Ich hatte die ersten Tomaten und die erste Cola-Flasche geworfen. Es erregte mich zutiefst zu erfahren, wie aggressiv ich werden konnte und wie diese geballte Aggressivität der gesamten Gruppe mich hochpowern konnte. Ich erschrak damals vor mir selbst. Aber in meinem abgrundtiefen Haß über all diese Enttäuschungen dachte ich, wenn schon radikal, dann ganz radikal. Das hat mich sehr nahe an den Terrorismus gebracht.«

Almuts politische Träume endeten – wie das Leben im Kollektiv – in Katzenjammer. »Irgendwie scheiterte ich immer am gleichen Punkt, an etwas Versteinertem in mir selbst, deswegen fing ich eine Psychotherapie an. Ich glaube, die Therapie hat mich davor beschützt, so weit zu gehen wie die RAF. Der Therapeut war Ausländer, er hatte keine nationalsozialistische Vergangenheit, keinen Dreck am Stekken. Wahrscheinlich konnte ich nur deswegen annehmen, was er mir sagte. Und er nahm mich in meiner politischen Auseinandersetzung ernst. Er interpretierte sie nicht nur als Ausdruck ungelöster Autoritätsprobleme mit meinem Vater. Wäre es anders gewesen, ich hätte diese Behandlung abgebrochen.«

Almut begegnete deutschen und amerikanischen Juden, mit denen das Gespräch über die Vergangenheit möglich war. Sie begann selbst eine Ausbildung als Psychotherapeutin. Haß, Wut und bittere Enttäuschung über den Vater, sein vermutetes Versagen im Dritten Reich und sein Schweigen darüber milderten sich nur sehr allmählich. »Wie kann man leben, wenn man nicht weiß, was in der Vergangenheit war? Ich fühle mich um ein Stück Vergangenheit beraubt. Ich will dieses Stück Vergangenheit wiederhaben. Das spür ich in den letzten Jahren immer mehr. Ich will mich damit auseinandersetzen dürfen. Ob ich stolz sein kann auf meine Nation oder nicht, ist eine ganz andere Frage, aber wir sind doch wie enteignet, wir können nicht ›Heimat‹ sagen und nur mit Schaudern unsere Volkslieder singen. Die Franzosen feiern ihren 14. Juli, unser 17. Juni kann dafür ja wohl kein Ersatz sein. Und all das hätte ich im Gespräch mit dem Vater gerne wiedergefunden. Aber es geht und es ging nicht, er schweigt, alle schweigen. Und wenn ich aus dem Fenster schau, laufen noch unzählige Leute draußen herum, die wissen müßten, erzählen könnten, wie es war. Warum müssen wir uns das so mühsam erarbeiten! Es könnte doch viel einfacher sein! Wenn ich daran denke, erfaßt mich eine tiefe Wut, Wut und Zorn. Meine Großmutter konnte mir erzählen, wie sie gefreit worden ist, welches Kleid sie bei der Hochzeit trug, in welcher Kutsche sie fuhr, welche Rosen zu welchem Festtag auf dem Tisch standen. Sie erzählte davon, wie die Soldaten aufmarschierten und wie schmuck die waren; und auch wenn ich einwandte: ›Soldaten sind böse‹, dann blieb sie bei ihrer Geschichte, denn sie konnte stolz darauf sein, da war die Geschichte nicht tabu. Und so was vermiß ich bei meinen Eltern. Ich weiß von meinen Eltern nichts in dieser Anschaulichkeit. Und ihr Schweigen hat auch etwas Bedrohliches. Das ist wie ein Schatten hinter mir. Als müßte ich diesem Schatten Stimme, Gestalt, Geruch und Farbe geben.«

1985 wagte es Almut, sich der Bedrohung durch die Vergangenheit in einem Seminar mit den Mitteln des Psychodramas auszusetzen. Zu Beginn sollte jeder Teilnehmer versuchen, seine Eltern und Großeltern sowie ihre Rolle im Dritten Reich in Form eines Stammbaums zu zeichnen. »Ich war erschüttert, aus wie vielen weißen Flecken diese Stammbäume bestanden. Keiner wußte genau über die Vergangenheit seiner Verwandten Bescheid. Viel schlimmer aber war die Anzahl der toten Väter und Brüder, das Massengrab, das der Sohn eines Verfolgten, der mit in der Gruppe war, zu skizzieren versuchte, und wie dann das Grauen lebendig wurde, als stünden die Toten im Raum, während die, die noch leben, tot sind, indem sie schweigen. Wir haben das in diesem Seminar nicht einfach zugedeckt, aber wir hatten große Mühe, uns vor der Überflutung zu schützen. Für mich hat das lange nachgewirkt. Ich hatte danach eine Sitzung mit einem amerikanischen Juden, um die Eindrücke weiter zu verarbeiten, und ich empfand es wie eine Absurdität, daß ich mit ihm zusammen weinen konnte, aber nicht mit meinen deutschen Eltern. Ich fasse das nicht, dieses betonierte Schweigen bei uns. Ich glaube, wenn man die BRD und die DDR sprechen lassen könnte, beiden Stimme verliehe, dann gäbe es einen furchtbaren Aufschrei. Ich hatte danach dann ziemliche Mühe, mich wieder auf die Alltagsrealität einzupendeln.«

Almut war nach dem Seminar noch nicht klar, worin ihr eigener Teil aus der historischen Erbmasse besteht, wo sie selbst in dieser mörderischen Tradition steht. Ihr war jedoch aufgegangen, »daß ich die Tabuisierung der Geschichte durch meine Eltern geteilt habe, indem ich 1972 gleich zu Marx und Engels griff, zu Vietnam und zum Internationalismus, anstatt bei unserer Geschichte zu bleiben. Damit habe ich wie alle meine Kommilitonen das Verdrängungsgebot meiner Eltern befolgt, obwohl ich es doch durchbrechen wollte. Ich konnte gar nicht genauer nach der Vergangenheit meiner Eltern fragen, weil ich ja im Grunde von meinem Vater nicht noch weiter abrücken wollte, ihn also auch schonte, ihn für mich erhalten wollte. Ich hätte halt lieber einen Vater gehabt, der im politischen Widerstand war oder wenigstens nachher sich seiner Geschichte hätte stellen können.«

Ein Jahr später – die Bemühung um die Vergangenheit, um sich und die Eltern hat sie fortgeführt – sagt sie: »Eigentlich bin ich mit meinen Eltern genauso umgegangen wie sie mit mir. Ich hab mir die Vergangenheit in Seminaren erarbeitet, in meiner Psychoanalyse, durch die Lektüre des Nürnberger Ärzteprozesses, in dem ein Verwandter von uns zum Tod verurteilt worden war. Aber ich hab ihnen nie etwas davon mitgeteilt, was ich da erfahren und erarbeitet habe. Ich hab nur etwas von ihnen gefordert und mich dann, als sie das nicht einlösen konnten, heimlich abgewandt, selbständig gemacht; genauso wie sie mich heimlich belogen haben. Also da liegt ein geheimes Einverständnis, eine Angst, sich gegenseitig nicht durch die Geschichte zu verletzen; das haben wir wohl wechselseitig zementiert.«

Hand in Hand mit der Erkenntnis, wie sie es selbst bewerkstelligte, die Geschichte der Eltern nicht genauer erfahren zu müssen, stellte sich Verständnis für die Sprachlosigkeit ihrer Eltern ein. Almut kann sich jetzt vorstellen, wie schmerzhaft es für sie wäre, wenn jemand, noch dazu einer, der ihr nahe steht, ständig an ihren schwächsten Punkten herumbohrt. Sie nennt dieses Gefühl »Ehrfurcht vor den Wunden der Eltern«, »Respekt vor ihrer Vergangenheit«. Zur weiteren Lösung des Knotens trug eine Bemerkung des Vaters in einem Gespräch vor wenigen Monaten bei, mit der er sich für Almuts Begriffe »verraten« hat: »Er erzählte mir, er hätte 1945 geglaubt, er würde nach Sibirien kommen. Ich habe in diesen Worten sein Schuldgefühl erkannt. Diese Bemerkung bestätigte meinen jahrelangen Verdacht, er müsse mehr gemacht und gewußt haben, als er mir jemals erzählt hat. Ich wollte immer ein Bekenntnis seiner Schuld von ihm. Jetzt habe ich es. Ich glaube, jetzt kann ich auch Ruhe geben.«

Almut hat noch immer nicht das Gefühl, daß sie »hindurch« ist durch die unsichtbaren Mauern, die sie von ihrer Vergangenheit trennen. Zumindest aber kann sie zwischen sich und den Eltern eine Grenze neu ziehen: »Früher habe ich mich mitschuldig gefühlt; jetzt weiß ich, daß ich das alles nicht mitverbrochen habe. Aber ich kann mich nicht davonstehlen, und ich will nicht schweigen über das Verbrechen dieser Generation an den Juden. Das Dritte Reich ist die Geschichte meiner Eltern. Ich hab mich dafür so verantwortlich gefühlt, wie ich mir vorstellte, daß sie es sein müßten. Aber es war eine Verwechslung. Das Erbe der Eltern muß ich antreten, im Guten und im Schlechten, aber ich muß nicht alles wiedergutmachen.«

Wir Eichmannsöhne

Günther Anders fordert in seinem Buch ›Wir Eichmannsöhne‹ – in Form eines offenen Briefes an Eichmanns Sohn Klaus – uns alle auf: »Rück ab von Deinem Vater«.[25] Da Identifikationen Sicherheit geben, auch wenn sie unbewußt sind, vor allem aber die sublimen und tiefsitzenden Bindungen nur schwer zu lösen sind,[26] ist einer solchen Forderung nicht eben leicht nachzukommen. Auch ist der Ausdruck, den diese unerkannten Identifizierungen mit den in das Unrechtssystem des Nationalsozialismus verstrickten Eltern findet, sehr vielfältig. Er kann in den Denk- und Verhaltensmustern von Sieg und Niederlage bestehen, in denen es keinen Platz für Kompromiß und Ausgleich gibt, sondern nur das »Entweder er oder ich«.[27] Es kann das Verbot sein, Angst zu fühlen und jemals zu versagen.[28] Es kann in einem ewigen Kämpfenmüssen bestehen, in der Verachtung von Schwäche, dem Abscheu vor Leiden und Krankheit,[29] dem Abweisen und Unterdrücken aller zarteren Gefühle oder in ausbeuterischen Beziehungsmustern.[30] Einige Psychoanalytiker berichteten von Träumen und Zwangsphantasien ihrer Patienten, in denen diese den Vater oder das eigene Kind erschlagen.[31] In der Regel sind solche Identifikationen hinter vielen Abwehrbarrieren versteckt, zum Beispiel hinter einem überstarken moralischen Rigorismus in politischen und ethischen Fragen oder auch hinter Vorstellungen und Phantasien, selbst auf der Seite der Opfer zu sein.[32] Es erscheint mir wichtig, darauf hinzuweisen, daß man es nicht allein in der Hand hat, diese Schutzwehren willentlich abzulegen. Wer sich der Verstrickung der Eltern im Dritten Reich nähert, kann dies wie ein allmähliches Herangeführtwerden oder auch wie einen abrupten Zusammenbruch der alten Sehweise oder auch als eine Mischung aus beidem, ein Hin- und Hergerissenwerden, erleben. Ich vermute, daß die Schutzmechanismen der Kinder viel mit den Abwehrformen der Eltern zu tun haben, keineswegs ihnen immer gleichen, vielmehr korrespondierend sind. Worum es in jedem Fall geht: Formen zu finden, um das Gewahrwerden des Grauens integrieren zu können.

Nicht nur durch die mehr oder minder belasteten Väter, sondern auch durch die Mütter ist das Erbe des Dritten Reiches weitergegeben worden. Lutz Rosenkötter wies darauf hin, daß das Hitler-Regime die Mutter in perverser Weise als Gebärerin glorifiziert hatte; daß Frauen, die sich niedergetreten und ungeliebt gefühlt hatten, unter Hitler über den Appell an unbefriedigte Wünsche nach Anerkennung einen beträchtlichen Bedeutungszuwachs erlebt hatten. Wer für die nationalsozialistische Härteideologie ansprechbar gewesen war, hatte häufig auch eine archaische Verachtung für alles Schwache gehegt, war zum Leidenden unnachsichtig eingestellt bis hin zur Gefühllosigkeit und inneren Zustimmung zur Rassenverfolgung. Frauen, die zu einer solchen Einfühlungsverweigerung in der Lage waren, konnten sich häufig auch in ihre Kinder nicht einfühlen, sie nicht als sexuelle Wesen sehen; statt dessen durchtränkten sie sie mit illusionären Größenideen. Die von Rosenkötter, Eckstädt und Hardtmann mitgeteilten Fallgeschichten geben hierüber Aufschluß.[33]

Frauen von Tätern können andererseits lebenslang an den Taten ihrer Männer leiden. In dem Bemühen, ihre Männer zu stützen und zu schützen, werden sie selbst krank und depressiv, manche hat sich umgebracht. Da sie keine Möglichkeit zu haben scheinen, sich innerlich von ihren Männern abzugrenzen, deutet vieles darauf hin, daß sie einen Teil der Schuld ihrer Männer mitübernehmen. In welchem Maße diese Schuldübernahme auch im Leben der Kinder eine Rolle spielt, zeigt die folgende Geschichte.[34]

Das Blut der Herrenrasse – Heidrun L.

Heidrun L. ist das vierte von fünf Geschwistern, 1934 geboren. Ihr Vater war praktischer Arzt, Jahrgang 1891, die Mutter Krankenschwester, Jahrgang 1896. Die Familie bewohnte im Vorort einer Großstadt ein Haus mit vierzehn Zimmern; als einzige im Ort hatte sie ein Auto und Telefon. »Wir waren wer«, beschreibt Heidrun ihr Elternhaus. Mit den fünf Kindern, einer Haushälterin, der Praxishelferin, der fröhlichen, musikalischen Mutter hat Heidrun das Elternhaus ihrer ersten Kindheitsjahre hell und voller Leben in Erinnerung.

Die Eltern waren schon vor 1933 Parteigenossen. 1934 übernahm der Vater die Leitung eines Gau-Gesundheitsamtes, ab 1938 leitete er die Reichsärztekammer und die Kassenarztvereinigung seines »Gaues«. Er war für die Vertreibung der Juden aus dem Arztberuf zuständig und für die Zwangssterilisierung von Ostarbeitern; außerdem leitete er die praktischen Ärzte seines Gaus bei der Auswahl der Patienten für die Euthanasie an. Die Mutter war in den letzten Kriegsjahren Kreisfrauenschaftsleiterin. Heidrun beschreibt den Vater als strengen Ordnungsfanatiker: »Ordnung war viel. Wir lernten, Schränke aufzuräumen, Betten zu bauen. Wenn wir spazieren gingen, die Kinder vor den Eltern, dann hieß es immer: ›Rücken gerade, abrollen, Heidrun, abrollen!‹ Aber er hat als Arzt nicht gemerkt, daß mein eines Bein etwas kürzer ist und ich gar nicht richtig gehen konnte.« Bei Tisch durfte nicht gesprochen werden; vor dem Schlafengehen ging der Vater durch die Zimmer und kontrollierte, ob alle die Hände auf der Bettdecke hatten. »Er war ein trockener Brocken, lobte nie, immer nur Kritik.«

Zu Heidruns frühesten Kindheitserinnerungen gehörten Uniformen und der fanatische Haß des Vaters: »Zuerst waren da in Augenhöhe die glatten, schwarzen, glänzenden Stiefel meines Vaters, die Uniformen der älteren Geschwister; dann sah ich die Stiefel von oben und bald auch sein Gesicht und die riesigen Führerbilder an den Wänden; und dann die stechenden Augen und das haßverzerrte Gesicht meines Vaters, wenn die Rede auf die Juden kam. ›Das Weltjudentum, das uns kaputtmacht, muß ausgerottet werden; wir sind die einzigen, die das Recht haben, Deutschland zu führen und groß zu machen; wir sind die Herren, die anderen sind die Untermenschen.‹ Wir hatten zwei Zwangsarbeiterinnen, die waren für mich die Untermenschen; das Wort kannte ich nicht, aber sie mußten schlechte Menschen sein, weil sie noch nie gebadet hatten. Da stand ich drüber als Kind. Als sie das erste Mal baden sollten, hatten sie Angst, meine Mutter wollte sie ertränken. Sie aßen nicht mit uns am Tisch, das war verboten. Juden kannte ich nicht. Aber Kommunisten waren mir begegnet, die waren nicht ganz so schlecht wie die Juden, sie waren ja auch Arier. Später ging der Spruch: ›Du kannst mit einem Neger nach Hause kommen, aber nicht mit einem Juden.‹ Das war das Letzte.«

Heidrun erfuhr den Haß des Vaters an sich selbst, als sie mit vier Jahren in einem Anfall von Jähzorn die Glasscheibe der Praxistür zertrümmerte. »Das war mein letzter Jähzorn.

Den hat er mir jämmerlichst ausgetrieben. Nach dieser Prügelei habe ich im Bett gelegen. Ab da hat sich das Bild verändert. Er hatte diesen haßverzerrten Mund, als er mich schlug, noch schlimmer als bei seinen Judentiraden. Das war kein Vater mehr, der mich aufs Dreirad hob. Das war ein Sadist. Von da an habe ich sehr viel Angst vor ihm gehabt.« Nach der Geburt des Bruders 1938 begann Heidrun zu begreifen, wieviel wichtiger dem Vater der Sohn war als sie. Der Haß auf den Vater verschob sich auf diesen Bruder, der ihr die Zuneigung des Vaters nahm.

Positiv hat Heidrun am Vater seine Verläßlichkeit erlebt, »eine durchziehende Treue, ob zu Hitler oder zum Kind. Als alle anderen nach dem Krieg schnell ihre Kinder taufen ließen und reihenweise wieder in die Kirche marschierten, um sich reinzuwaschen, fand ich es großartig, daß meine Eltern nicht einfach umfielen. Ich hatte zwar damals noch nicht begriffen, woran sie festhielten, aber ich honorierte es, wie sie den ganzen Jammer aushielten.« Zwei Jahre vor dem Tod des Vaters 1957 sah Heidrun, wie er zum Abschied bei Verwandten verschämt lächelnd noch einmal den Arm zum Hitlergruß hob.

Während der Bombenangriffe stand Heidrun Todesangst aus. »Ich habe keine Erinnerung daran, daß die Eltern mich auffingen, trösteten, daß wir miteinander Angst hatten. Und obwohl ich heute weiß, daß sie nach der Entwarnung Kinder aus brennenden Häusern in der Nachbarschaft retteten, vermag ich bis jetzt nicht zu verstehen, daß sie ihre eigene Brut da sitzen ließen, um ›zu retten‹. Bis ich '44 auf die Napola kam, ging es nur darum, diese Angriffe zu überstehen. Ich war immer fertig angezogen, stand schon an der Wohnungstür, bevor die Sirene wieder schwieg. Damals fingen meine Schlafstörungen an. Weil ich stark kurzsichtig war, verstörte mich vor allem der entsetzliche Lärm, dieses Pfeifen und Schießen der Flak.«

1944 schickten die Eltern Heidrun auf eine »Napola«, eine SS-Reichsschule am Bodensee, aus der kurz zuvor behinderte Kinder evakuiert worden waren. Die Eltern wollten das Kind vor den Bomben schützen, gleichzeitig war es der Wunsch des Vaters, daß wenigstens eines seiner Kinder – der ältere Sohn hatte die Prüfung nicht bestanden – die Reichsschule besuchte. »Die Napola war toll. Die Lehrerinnen erschlossen uns eine Welt, es gab keinen Alarm, und dann dies

Gemeinschaftsgefühl, die großen Schlafsäle, zusammen essen, spielen, lernen. Das Ende war fürchterlich. Als ich von Hitlers Tod erfuhr, weinte ich – den Kopf auf den Tisch gelegt – stundenlang. Wenn Hitler tot ist, ist auch meine Zukunft weg, so empfand ich es. Dazu kam, keine Verbindung mehr nach Hause. Ich wußte nicht, ob dort noch jemand lebte.«

Nach der Kapitulation wurde Heidrun zusammen mit einer älteren Mitschülerin bei einem Bauernehepaar in der Nähe der Schule untergebracht. Das Paar hatte zwei Söhne im Krieg verloren und ließ – wie Heidrun später aufging – Haß und Wut an den Nazi-Kindern aus. Heidrun hat noch heute eine Narbe von den Schlägen. Verlaust, mit Kratz- und Kopfwunden kam Heidrun im Herbst 1945 bei der Mutter in einer Dachkammer an. Das elterliche Haus war zerbombt. Die Mutter bearbeitete Läuse und Kopfwunden mit unverdünntem Sagrotan. Heidrun erinnert sich an ihr stundenlanges Schreien.

Währenddessen wanderte der Vater mit einer älteren Tochter, die BDM-Führerin gewesen war, durch den Harz, um nicht verhaftet zu werden. Im Juli 1945 stellte er sich. Nach Spruchkammerverfahren und Strafprozeß saß er in einem Arbeitslager; 1950 erhielt er seine Approbation wieder und begann eine Praxis. Heidrun durfte zwar äußerlich nicht mehr zum Vater aufsehen, »von außen kam: Der ist ein Verbrecher, aber innerlich kam er nicht vom Sockel. Das waren ja wieder Verbrecher, das Weltjudentum, die ihm das antaten. Das war seine Haltung und die meiner Mutter, Festhalten an der Gesinnung, Bewahrung in jeglicher Form. Als er aus dem Lager wiederkam, war er ein gebrochener, alter Mann mit entsetzlichen Existenzängsten. Er war das Opfer für mich; ich haßte ihn nur, wenn er mir etwas verbot.«

Das Haus wurde wieder aufgebaut. Allmählich wurden die Familienmitglieder zu »Adenauer-Menschen«. Das neue Vaterbild verhieß »wieder so ein Stück heile Welt, auch wenn meine Eltern selten wählten.« Heidrun setzte gegen den Widerstand des Vaters – »Wenn du das tust, bist du meine Tochter nicht mehr‹ – ihre Konfirmation durch, lebte für Chor und Musik, für einen geliebten Musiklehrer und einen Pfarrer. Mädchenfreundschaften hatte sie nicht. Die Schulzeit fand sie furchtbar. »Die Lehrer waren so sadistisch wie vorher, das waren doch alles Nazis gewesen.« Wenn

Heidrun heute an die fünfziger Jahre denkt, an ihr Studium auf einer pädagogischen Akademie und ihre erste Berufstätigkeit, hat sie den Eindruck, diese Zeit in seelischer Starre verbracht, kein bewußtes Erleben gehabt, wie im Nebel oder unter Betäubung gelebt zu haben. Aber dieser Zustand war unsichtbar für ihre Umwelt; sie brachte genügend Kraft auf, um einigermaßen zu funktionieren. Heidrun selbst spürte das damals ebenfalls nicht, vielmehr glaubte sie, so wie sie lebten auch alle anderen. Ihr Schulversagen, überhaupt ihr Unglücklichsein schrieb sie stets anderen zu, erst ihren Lehrern, später den Kollegen, die sie »verkannten«. Für sich nährte sie die Illusion, eigentlich der »Glanzpunkt« und besser als alle anderen zu sein. Während der ersten Schwangerschaft 1962 zeigte sich, wie brüchig der Boden unter Heidruns Füßen war. »Alles kam zu kurz, der Unterricht, die Schwangerschaft, meine Ehe, ich konnte nicht schlafen und hab viel geweint, das alles nicht leisten zu können.« Heidrun hängte den Schuldienst an den Nagel und widmete sich ganz der Familie. Dennoch glaubt sie heute, daß ihre Beziehung zu den Kindern dürftig war. »Ich achtete darauf, daß die Organisation lief, aber wir hatten viel zu wenig Freude aneinander. Meine Tochter hatte recht, als sie mir einmal sagte: ›Du warst eine Versorgungsmutter.‹« Auch politisch kam wenig an Heidrun heran. Zum Beispiel erinnert sie sich nicht, die Berichterstattung über den Auschwitz- oder Eichmannprozeß näher wahrgenommen zu haben. »Ich hab gedacht, das macht mein Mann schon, der unterrichtete in der Achtundsechzigerzeit an der Uni, während ich für die gesunde Erziehung der Kinder sorge.«

1969 hatte die Schlaflosigkeit solche Ausmaße angenommen, daß Heidrun in eine Nervenklinik ging. Die Behandlung nur mit Tabletten kam ihr unsinnig vor, aber es dauerte noch weitere vier Jahre, bis sie sich entschloß, in einer Analyse den tieferen Gründen für ihren Schlafmangel nachzugehen. Die Behandlung half ihr nicht weiter, weil das Grauen der Vergangenheit vollkommen ausgespart blieb.

1979 unternahmen Heidrun und ihr Mann eine Reise in die Vergangenheit; sie besuchten die ehemalige SS-Schule am Bodensee, heute wieder Landeskrankenhaus. Heidrun war außerordentlich erleichtert, von Ernst Klee zu hören, daß die behinderten Kinder, die vor ihrem Einzug 1944 dort gelebt hatten und in deren Betten Heidrun geschlafen hatte, nicht getötet, sondern zu Familien in der Umgebung evakuiert worden waren. Heidrun dankt es dem Druck und dem Bohren ihres politisch bewußteren Mannes, sich endlich für ihre Vergangenheit interessiert zu haben. »Der hat gesagt: ›Was ist eigentlich gelaufen, fahr mal ins Elternhaus, hol dir mal die Akten, hol dir den Koffer mit den Unterlagen und den Tagebüchern deines Vaters.‹ In den Siebzigern hatte ich erstmals auch den Mut, mir die Filme im Fernsehen anzugucken, was ist eigentlich gewesen.«

Als Heidrun entdeckte, daß ihr jüngster Bruder den unehelichen Sohn seiner Frau mißhandelte, zeigte sie ihn wegen Kindesmißhandlung an und sorgte dafür, daß der Junge auf eine für ihn geeignete Schule kam. Sie empfindet selbst, »was das für ein Hammer war«, aber sie sagt: »Es geht kein Kind kaputt, wenn ich das verhindern kann. Es war die letzte Möglichkeit der Rettung. Der Junge mußte raus aus diesem Dreck. Er selbst weiß das nicht, aber mein Bruder hat erfahren, daß ihn eine Verwandte angezeigt hat. Das konnte nur ich sein, der Haß schwelte ja von Kindheit an zwischen uns. Aber es war nicht so, daß ich ihm eins auswischen wollte.«

1983 starb nach drei qualvollen Krankheitswochen Heidruns Sohn mit einundzwanzig Jahren an Leukämie. Als Heidrun erfuhr, an welcher Krankheit ihr Sohn litt, stellte sich für sie sofort die Verbindung zur Vergangenheit her: »Ich werde jetzt bestraft für diesen Vater, für diesen Wahnsinn mit dem kostbaren arischen Blut, für die Hybris, daß wir zur Herrenrasse gehören wollten. Das rächt sich, wie es in der Bibel steht, bis ins dritte und vierte Glied. Der Enkel der Täter stirbt an kaputtem, zerstörtem, degeneriertem Blut, nach Nächten des Schreiens, der Todesangst und des Flehens, leben zu dürfen. Ich hätte akzeptiert, wenn ich hätte gehen müssen. Aber er? Ein Jahr nach dem Abitur, mitten im Zivildienst. Ich hatte immer die Angst, meine Kinder könnten durch mich neurotisch werden; ich wollte sie mit Hilfe meines seelisch sehr gesunden Mannes durch mein Elend bringen. Es ist umgeschlagen in diese Leukämie.«

Heidrun war nach dem Tod des Jungen selbstmordgefährdet. Mann und Tochter halfen ihr weiterzumachen. Sie begann eine Ausbildung in klinischer Seelsorge, gründete gemeinsam mit ihrem Mann eine Selbsthilfegruppe für verwaiste Eltern. Die Verzweiflung, die aufgebrochen war, ist seitdem jedoch nie mehr vollständig verschwunden. »Oft denke ich, daß ich Schluß mache, weil ich nicht mehr kann durch diese Schlaflosigkeit und weil der Junge nicht mehr da ist. Es reicht irgendwie nicht, mir zu sagen, daß ich für meinen Mann und meine Tochter überlebe, ich muß doch auch für mich leben können. Und so weit bin ich noch nicht. Ich hab immer noch Tendenzen zu denken, was soll's, die kommen alleine zurecht.«

Trotzdem will sie nicht aufgeben, zumal sie feststellt, daß sie in dem Maße, wie sie die Trauer um den Sohn mit der Trauer um ihre Vergangenheit verbinden kann, eine neue, nie gekannte Lebendigkeit gewinnt. Als ihr Supervisor in der Ausbildung für klinische Seelsorge, ein evangelischer Theologe, kürzlich verlauten ließ, alle Arbeitsunwilligen müßten in ein Zwangsarbeitslager, war sie noch nicht in der Lage, ihm entgegenzutreten, sondern zerschlug statt dessen ein paar Teller in der Kirche. Aber sie begriff, wer und was ihr den Mund verschloß, und beginnt nun den inneren Knebel zu lösen. Zur Befreiung vom Vater gehört für Heidrun außerdem, daß sie sich ihres eigenen Sadismus bewußt wird. »Besonders Männer fühlten und fühlen sich durch mich überaus verletzt. Ich kann hart zuschlagen, wie blind, vernichtende Kritik äußern. Dies gestehe ich mir erst seit einigen Jahren ein. Ich versuche, mit meinem Mann darüber zu sprechen. Daß er nach den vielen Herabsetzungen noch bei mir ist, gleicht einem Wunder.«

Ob Heidrun den Koffer, den sie in einem Traum, der ihr Leben seit den Bombennächten durchzieht und den sie im Traum nie gepackt kriegt, irgendwann schließen kann, ist noch nicht raus. Aber sie weiß, »der Versuch, wenigstens etwas mehr seelische Gesundheit zu erreichen, kann nur über die Vergegenwärtigung der Vergangenheit führen. Vergessen ist Tod.«

Viele Autoren haben ihre Jugend in Hitler-Deutschland beschrieben, häufig unter dem Aspekt politischer Verführung, mißbrauchter Gläubigkeit, dem Schock des Zusammenbruchs 1945 und allmählicher Umorientierung im Politischen.[35] Immer wieder habe ich mich darüber gewundert, daß sich in diesen Büchern keine Überlegungen dazu finden, daß das Hitler-Reich in den jungen Erwachsenen psychische Muster in tieferen Schichten der Persönlichkeit hinterlassen haben könnte, in denen sich die Nazi-Mentalität fortsetzte, allerdings gereinigt von ihrem politischen Anstrich, zum Beispiel nicht als Herrenmenschentum, wohl aber in verborgenen Größenphantasien oder in der Verachtung des Schwachen. Diese Kinder und Jugendlichen sind ja nicht nur – wie die Nachkriegskinder – von Eltern erzogen worden, die dem Nationalsozialismus in der einen oder anderen Form verfallen waren, sondern sie sind den menschenverachtenden, mörderischen Einflüssen des Regimes selbst noch ausgesetzt gewesen, das heißt, sie haben einen Großteil ihrer Sozialisierung in dieser Zeit erlebt. Wie wenig Bewußtsein die Zwischengeneration für die Bedeutung dieses Umstandes hat, zeigt die Berufung Helmut Kohls auf »die Gnade der späten Geburt«, selbst wenn er dankenswerterweise nachträglich erklärte, hierin »eine Aufgabe« zu sehen. Als Fünfzehnjähriger, der er 1945 war, hatte er kaum Gelegenheit mehr, in Verbrechen des Regimes verstrickt zu werden; insofern ist Dank an das Schicksal angebracht. Ansonsten verraten seine Worte aber die sicher verbreitete Vorstellung, das Regime sei spurlos an ihm vorübergezogen.[36] Vielleicht kann aber auch erst die nächste Generation, die an der Beseitigung der äußeren Verwüstungen nicht mehr beteiligt war, die bereits ins Wirtschaftswunder hineinwuchs, es sich leisten, das Ausmaß der inneren Verwüstungen ins Auge zu fassen. Denn auch das Morden während des Krieges hat – wie der Völkermord, der hinter seinem Schirm verübt wurde – tiefe Spuren in der Psyche der Kriegs- und Nachkriegsgenerationen hinterlassen.[37] In der Geschichte von Christa D. geht es um Schuld, die aufgrund des Kriegsgeschehens von der vorausgehenden Generation entlehnt wurde.

Er gräbt sein Grab – Christa D.

Christa D., Jahrgang 1952, ist Lehrerin. Ihre Eltern heirateten 1946. Der Vater war Arbeiter, Flüchtling aus Ostpreußen; die Mutter stammt aus einer Kleinbauernfamilie im Schwäbischen. Ihr erster Verlobter wurde 1941 in Frankreich vermißt. Ihr erster Mann fiel im Juli 1943 in Sizilien. In den letzten Kriegstagen starb die Tochter, die aus dieser Verbindung hervorgegangen war, an Diphterie, weil kein Arzt mehr erreicht werden konnte. Die 1946 mit dem zweiten Mann geschlossene Ehe war schlecht, aber sie hielt.

Christa hat zwei Schwestern, 1946 und 1954 geboren. Die Eltern arbeiteten sich in der Nachkriegszeit hoch, worauf Christa stolz ist. Alle drei Schwestern machten die Mittlere Reife; Christa und ihre ältere Schwester holten das Abitur nach und studierten. Für ihre Lehramtsabschlußprüfung einigte sich Christa mit ihrem Professor auf eine Arbeit über Kriegsbriefe. »Ich wußte, daß es die Briefe ihres 1943 gefallenen Mannes gibt. Meine Mutter bewahrte sie auf dem Boden in einem Schrank auf. Als Kindern war uns verboten daranzugehen. Als meine große Schwester es trotzdem einmal tat, reagierte meine Mutter sehr böse darauf.« Als Christa die Mutter für ihre Examensarbeit nach den Briefen fragte, drückte sie ihrer Tochter die rund hundertvierzig Karten und Briefe in die Hand. »Ich hatte das Gefühl, meine Mutter hat das jetzt abgeschlossen, es berührt sie nicht mehr. Früher hat sie meinem Vater immer ihren ersten Mann vorgehalten mit so Bemerkungen, bei dem hätte sie es gut gehabt oder da wäre sie glücklich gewesen. Mein Vater hat ihr dann verboten, von ihrem ersten Mann zu sprechen. Er hat auch das einzige Bild, das sie noch von ihm besaß, verschwinden lassen. Uns Kinder hat sie mit der 1945 gestorbenen Tochter gequält; wie klug und toll die gewesen sei, ein richtiges Genie, als hätte sie mit ihren zwei oder drei Jahren schon lesen oder schreiben gekonnt.«

Während Christa die Briefe zu lesen und zu interpretieren versuchte, überkamen sie regelmäßig die Tränen. »Ich hab die ganze Zeit geheult; ich saß über den Briefen und konnte mich nicht mehr beruhigen. Mein Mann und ich verstanden überhaupt nicht, was mit mir los war. Ich konnte die Briefe nicht zu Ende lesen, zum Beispiel seinen letzten Brief. Da schreibt er von dem Loch, das er sich in seiner Stellung gräbt. Das war mir sofort klar, er gräbt sein Grab. Oder in früheren Briefen schreibt er oft: ›Ich sende Dir die letzten Grüße von mir‹, merkt plötzlich, was er da sagt, und setzt dann in Klammern dahinter ›von Konstanz‹ oder wo er grad war. Ich merkte deutlich, der Mann geht in den Tod. Oder so eine seltsame Fehlleistung, er schreibt: ›Ich fahr nach Kriegenland‹, als er nach Griechenland verschifft werden sollte. Es gab viele solcher Stellen, wo ich fassungslos war, was in dem Mann vorgegangen sein muß. Und immer wieder diese Hoffnung, er kommt zurück und kann seine Familie in die Arme schließen.« Weil das Weinen sich gar nicht legen wollte, bat Christa ihren Professor um ein anderes Thema. Er ermutigte sie jedoch, es weiter zu versuchen, und gab ihr zwei Aufsätze, die ihr weiterhalfen. »In dem einen Aufsatz schildert die Autorin,[38] wie sie dazu kam, Kriegsbriefe zu sammeln; sie entdeckte als alte Frau die Briefe ihrer Mutter an ihren Vater, der im Ersten Weltkrieg geblieben war, und begriff jetzt erst, was das für die Mutter und sie als Kind eigentlich bedeutet hatte. Dieser Aufsatz war das erste Erkennungszeichen für mich, ich ahnte, da läuft etwas ganz parallel zu mir.«

Um das Schicksal der Mutter und ihres ersten Mannes zu rekonstruieren, setzte Christa sich mit der Mutter zu Gesprächen zusammen. »Da entdeckte ich, sie hat damit ja noch gar nicht abgeschlossen. Sie begann zu weinen und war berührt bis ins Innerste. Sie hat es selbst gesagt: ›Man denkt's nicht, vierzig Jahre ist es her und trotzdem, als wär es gestern passiert.‹« Nach dem Bericht der Mutter hatte diese mit ihrem ersten Mann etwa ein halbes Jahr zusammengelebt; als ein Kind unterwegs war, hatte er auf Heirat gedrängt, obwohl er wußte, daß er damit seine u.k.-Stellung[39] gefährdete. Tatsächlich wurde er zwei Monate nach der Eheschließung eingezogen, fünf Monate später war er tot. Die Familie des Mannes sorgte dafür, daß Christas Mutter den Hof verlassen mußte. »Für mich war überaus erstaunlich, daß sie nur sieben Monate mit ihm verheiratet war. Aus ihren Erzählungen, die ich als Kind hörte, hatte ich immer den Eindruck, sie sei jahrelang mit ihm zusammen gewesen. Erst jetzt, mit meinen dreiunddreißig Jahren, hab ich überhaupt nachvollziehen können, daß die ja nicht länger als ein Jahr in einer Beziehung gelebt haben.«

Christa empfand die Gespräche mit der Mutter als nicht besonders angenehm. »Das war für mich 'ne ziemlich neue Situation. Ich konnte mit den Gefühlen meiner Mutter überhaupt nicht umgehen. Sonst ist sie eine ausgesprochen kalte Frau und für andere nicht empfänglich. Empfindungen anderer bekommt sie nicht mit. Ich hab die Abgrenzung zu ihr so gezogen, daß sie bestimmte Bereiche in mir nicht betreten darf, einfach um mich zu schützen. Ich öffnete meine Schlagbäume nicht mehr für sie, auch dann nicht, als ich sah, wie schlimm dieser Tod des ersten Mannes immer noch für sie war. Hinterher hat mir meine kleine Schwester erzählt, wie sie als Kind mit ihr auf dem Friedhof war, wo die Gräber ihrer Tochter, ihres Vaters, ihres Bruders sind und in einem Denkmal der Name ihres Mannes eingemeißelt ist; da hätte sie von unserer Mutter alles haben können. Da wäre sie friedlich, ruhig und weich gewesen, da konnt man an sie als Person rankommen, sonst nicht. Ich glaube heut, daß meine Mutter durch alle diese Todesfälle so belastet war, daß sie 1945 in ihrer Persönlichkeit zum Teil auch gestorben ist. Sie konnte sich nicht mehr weiterentwickeln, sie ist 1945 stehengeblieben. Aber das hab ich erst jetzt durch die Examensarbeit entdeckt.«

Der zweite Aufsatz, den Christa von ihrem Professor erhalten hatte,[40] führte sie an den Grund ihrer Tränen. »Ich bin an der einen Stelle, in der es um die Schuldgefühle der Überlebenden geht, hängengeblieben. Das machte mir schlagartig klar, warum ich so heul. Mir ging nicht so sehr das Schicksal des ersten Mannes meiner Mutter nahe, sondern ich hab mich für seinen Tod verantwortlich gefühlt. Ich hab mir offenbar als Kind gesagt: Die Ehe meiner Eltern war nicht gut, und als Kind fühlt man sich ja immer mitverantwortlich für solche Schwierigkeiten. Dazu meine Mutter, die immer sagte, ihr erster Mann und diese Tochter wären so wunderbar gewesen. Aber nun war ich mal das Kind des nächsten Mannes, ich hab ja nix dran ändern können, und ich wär's nicht gewesen, hätte dieser erste Mann überlebt; dann wäre ich nicht diejenige gewesen, die ich jetzt bin, oder nicht als die auf die Welt gekommen, als die ich geboren bin. Und das war dann mein Rückschluß: Ich bin auf die Welt gekommen, weil der tot ist; also warum starb der, damit ich auf die Welt kommen kann. Da war mir die Sache klar. Ich bin zu meinem Mann gegangen und hab's ihm erklärt; und als ich's ausgesprochen hab, ab da war das Weinen weg.«

Danach las Christa auch die Briefe mit anderen Augen. »Dann konnte ich in ihm nicht nur das Opfer sehen, den einfachen Soldaten im Schützengraben, sondern da kam auch heftiger Zorn über ihn. Die Briefe zeigen, wie er immer sich aus allem rausgehalten hat. Er trägt doch seine Haut zu Markte! Aber er stellt den Krieg für Hitler und das Nazi-Reich nicht ein einziges Mal in Frage! Und dann dieses ständige Sich-Vollstopfen, der schreibt ja ständig, was er ißt! Essen verschließt den Mund, das weiß ich aus anderen Kriegsbriefen. Oder diese ständige Angst, er könnte nach Rußland kommen. ›Was bin ich froh‹, schreibt er, ›daß ich es mit Engländern und Amerikanern zu tun hab, die genauso zivilisiert sind wir wir.‹ Und wenn ich denk, was Zivilisation für diese Deutschen damals hieß, dann werd ich bös.«

Durch die Arbeit an den Briefen veränderte sich das Verhältnis zur Mutter: »Als ich dann wußte, warum ich weinte, war der Weg zu meiner Mutter nicht mehr so verstopft. Ich dachte, oh Gott, was mach ich da, ich konnte sie eher annehmen, so wie sie ist. Da hat mich ihr Weinen nachträglich auch berührt; als ich kapierte, wie wichtig dieser Mann auch für mein Leben war, da hab ich sie auch besser verstanden und dachte, wie wär es mir ergangen, wenn ich das alles hinter mir hätte. Im Ganzen fand ich diese sehr schmerzliche Erfahrung hilfreich, sie hat mich weitergebracht.«

Der reitende Bote – Volker S.

Ähnlich wie in den Familien der Verfolgten ist auch in den Familien der Verfolger eine große Angst vor der altersgemäßen Aggression der Kinder spürbar. Als Erwachsene haben sie es oft schwer, im Umgang mit ihren Aggressionen das richtige Maß zu finden. Zuweilen verbieten sie ihren eigenen Kindern in doktrinärer Weise jede Art Kriegsspielzeug, oder sie zwingen ihnen frühzeitig ihre friedenspolitischen Ideen auf. Unter anderem vererben sich dann auf diese Weise unerkannt und mit dem guten Willen, »es besser machen zu wollen«, die alten Muster. Tilmann Moser hat das in seiner Analyse von Christoph Meckels Vater-Roman eindrucksvoll beschrieben.[41] Sein Aufsatz macht deutlich, daß die Schwierigkeit der Nachkriegsgeneration, sich von den Eltern zu lösen, unter anderem auch darin besteht, daß das Dritte Reich wie »eine riesige Projektionswand«[42] wirkt, auf der die »normalen« Entwicklungsprobleme der Kinder sich mit den Monstrositäten der Vergangenheit vermengen und ins Riesenhafte vergrößern.

Um sich aus dem Verhau ineinandergekeilter Geschichtstrümmer und Persönlichkeitsfragmente herauszuwinden, müssen zumindest die überhöhten kindlichen Forderungen aufgegeben werden, nur gute, standhafte, unbescholtene, unbefleckte Eltern gehabt zu haben. Um nicht auch für den Rest des eigenen Lebens mit ihrer Kriegsmoral herumzulaufen, müssen wohl auch der tiefsitzende Haß und die verleugneten Nazi-Anteile der Eltern bewußt werden. Mein Eindruck ist, daß die unheilvolle Abfolge von Schuldzuschreibung und projektiver Verzerrung, die die Generationen trennt und aneinanderkettet, wenigstens ansatzweise außer Kraft gesetzt werden kann: nämlich dann, wenn wir uns, ohne das Bewußtsein für die Leiden der Opfer zu verlieren, dem Schmerz über das Versagen der Eltern, ihrer Schwäche und Armseligkeit, soweit wir es vermögen, liebevoll aussetzen, indem wir uns in ihnen entdecken und auf diese Weise sie – »jene« – in der Verstrickung mit ihrer Zeit allmählich realistisch sehen lernen. Erfahrungsgemäß verwandelt sich bei diesem Prozeß auch das Verhältnis zu den Überlebenden des Holocaust. Aus den Kindern der namenlosen Opfer werden ebenfalls »Leute«. Die Vergangenheit ist im Verhältnis zu ihnen keineswegs draußen, sondern sehr präsent. Die Problematik besteht auch im Verhältnis der Kinder der Täter und der Opfer darin, die Wahrheit der jeweils eigenen Vergangenheit und die des anderen gegenseitig auszuhalten.

Ich berichte zum Schluß noch die Geschichte von Volker S.; möglich, daß in ihr etwas enthalten ist, das wegweisend sein könnte. Nicht nur wegen der kulturellen Verwandtschaft mit dem Judentum, die es möglicherweise wiederzuentdecken und zu erarbeiten gilt. Angesichts des Ausmaßes der Zerstörung und meiner Zugehörigkeit zu den Tätern fühle ich mich äußerst befangen, etwas dazu zu sagen. Aber ich denke, es geht in einem sehr weit gefaßten Sinn um die menschliche Beziehung zum »Feind«, zum »ganz anderen«; es handelt sich um eine Bedingung unseres Überlebens, wenn Deutsche und Westeuropäer darauf überhaupt noch Einfluß haben.[43]

Volker S. ist Psychologe, Jahrgang 1948. Seine Frau und er – sie sind nicht verheiratet – haben zwei Kinder. Volkers Großvater war ein Mann von deutschem Schrot und Korn; ein Freikorpstyp, an dem Ernst Jünger seine Freude gehabt hätte. 1912 Spitzbergen-Expedition, im Ersten Weltkrieg einer der ersten Militärflieger, 1920 am Kapp-Putsch beteiligt, danach Seekartenexperte im Marineministerium, 1936 Antarktis-Expedition, im Zweiten Weltkrieg Kapitän eines Blockadebrechers. 1933 trat er in die NSDAP ein. Um seine Verbeamtung nicht zu gefährden, ließ er sich 1934 nach zwanzigjähriger Ehe scheiden. Seine Frau entstammte einer großbürgerlichen, jüdischen Intellektuellenfamilie, deutsche Bürger, Patrioten, Protestanten. Nach den Rassegesetzen war Volkers Großmutter »nichts als eine Jüdin«. Ihre Kinder, das heißt Volkers Vater und seine Tante, durften noch das Abitur machen, als Kinder einer Jüdin jedoch nicht studieren. Als »Halbjude« wurde Volkers Vater 1940 aus der Wehrmacht entlassen, was ihn ähnlich traf wie der Ausschluß vom Studium. Volkers Mutter, die sich etwa 1943 mit seinem Vater verlobte, hatte wegen der Wahl dieses Mannes keinen leichten Stand bei ihren Eltern. Sie ließ von ihm jedoch auch dann nicht ab, als er 1943/44 wegen »zersetzender Äußerungen« und »Feindsenderhörens« zu mehreren Jahren Zuchthaus verurteilt wurde. Volker sagt: »Sie hat sich nicht beirren lassen, ich find das 'ne tolle Leistung.« Volkers Tante wurde ebenfalls verhaftet und zu Arbeitslager verurteilt. Während der Großvater seinen Einfluß geltend machte, um seine Tochter aus dem Lager rauszuholen, soll er Hilfe für seinen Sohn mit den Worten verweigert haben: »Wenn er sich gegen die deutsche Volksgemeinschaft vergangen hat, muß er dafür büßen.« Volkers Vater wurde erst mit Kriegsende aus Moabit befreit.

Auch um seine Frau kümmerte sich Volkers Großvater nach der Scheidung nicht mehr. Anfang der vierziger Jahre tauchte sie unter, wanderte von Versteck zu Versteck bei stillen Nazi-Gegnern im Schwäbischen, bis sie Anfang 1945 doch noch verhaftet wurde. Wegen ihres Geburtsortes in Frankreich für eine französische Zwangsarbeiterin gehalten, entging sie der Deportation und kam in ein Internierungslager, wo sie die Befreiung erlebte. Ihre Schwester, eine damals bekannte Malerin, kam im KZ um. Volker: »Meine Großmutter war eine gläubige Christin, eine sehr leidensfähige, auch starke Frau. Aber an Auswanderung haben sie und ihre Schwestern nie gedacht. Das ist die typische Tragik der deutschen Juden, daß sie eine Ausrottungspolitik nicht für möglich hielten.«

Trotz des fehlenden Studiums erarbeitete sich Volkers Vater in der Nachkriegszeit eine respektable Position. Zum Großvater brachen er, die engere und weitere Familie den Kontakt ab. Volker: »Die zweite Frau meines Großvaters, die er Ende der dreißiger Jahre heiratete, war verhaßt in unserer Familie. Auch die Tochter, die sie noch bekommen haben, war tabu. Es gab sie nicht bei uns. Und so wurde mein Großvater auch behandelt. Nur zu offiziellsten Anlässen sind sie zusammengetroffen, zum Beispiel bei der Beerdigung meiner Mutter oder der Verleihung des Bundesverdienstkreuzes an meinen Großvater 1963.« Nach dem Tod seiner Mutter 1959 lebten Volker und seine Schwester einige Jahre bei Großmutter und Tante. »1963 hab ich ihn zum zweiten Mal bewußt erlebt. Er besuchte mit seiner zweiten Frau seine frühere Frau, seine Tochter und seine Enkelkinder. Unglaublich! Er kommt ins Haus, und die sehen sich da! Sie trinken Kaffee miteinander! Und meine Großmutter macht wirklich den Eindruck, als ob sie vergeben hätte. Also sie wirkt so auf mich; gut, ich war zwölf Jahre alt. Aber trotzdem, da sieht man diesen hilflos lächelnden alten Mann mit seinem dicken, orthopädischen Schuh, er hat sich bei einer Expedition die Zehen abgefroren; dazu die gebieterische zweite Frau, von der alle in der Familie sagen, sie hat die Hosen an – so wurde der Haß halt rationalisiert, auf sie umgelenkt. Ich hab seine Hilflosigkeit gesehen, dieses Sich-nicht-auseinandersetzen-Können, mit nichts. Und meine Großmutter, die einfach viel reifer ist durch alles, was sie mitgemacht hat. Er hat auch viel mitgemacht, aber er hat ja immer seine Heldenphantasien behalten, sich auch immer in dem Rahmen halten können. Und sie daneben, ein unwahrscheinlich gütiger Mensch, auch hart, diese Seite hat ihr sicher das Leben gerettet. Ich hab das auch zu spüren bekommen in unserem Clinch um Hausaufgaben und Schule. Aber auch in den größten Auseinandersetzungen hat sie immer noch Zurückhaltung und Güte bewahrt, die für mich auch echt waren. Ich denk heute, sie hatte diesem schwachen Mann vergeben und ein gut Teil Bitterkeit neben sich gestellt; eine Schwester im KZ ermordet, die andere Selbstmord. Und sie hat das alles wohl auch künstlerisch verarbeitet, sie hatte auch Kunst studiert und malte jede freie Minute.«

Heute regt der Großvater Volker nicht mehr so auf wie früher. Aber der Versuch, ihn zu verstehen, mißlingt noch. »Ich kann mir sein Verhalten im Dritten Reich intellektuell erklären, vielleicht, also mit den Mitteln der Psychologie. Wenn ich den radikalen Standpunkt einnehme, daß er einen bestimmten Teil seines Lebens und die dazugehörigen Personen und seine Verflechtung mit ihnen total abgespalten und verleugnet hat, dann hatten sie in seinem bewußten Leben keinen Platz mehr. Und er hat das kompensieren müssen; durch immer neue Heldentaten mußte er die Verleugnung ständig stützen. Ich weiß ja, daß wir alle spalten und verleugnen, das ist ja eine Form menschlichen Erlebens und Verarbeitens. Aber emotional es wirklich nachvollziehen, das kann ich nicht. Selbst wenn sich im Lauf des langen Ehelebens viel gegenseitiger Haß angesammelt hat, versteh ich nicht, daß da keine übergeordnete ethische Perspektive in ihm war, die ihm das Perverse der nationalsozialistischen Ausgrenzung fühlbar machte. Daß das lange gemeinsame Leben mit meiner Großmutter für ihn so gar keine Rolle gespielt hat, daß er sie und seinen Sohn so ganz und gar auslieferte, das kann ich nicht verstehen.«

1964 zog Volker wieder zum Vater, der inzwischen zum zweiten Mal geheiratet hatte. Die Auseinandersetzungen des Heranwachsenden mit dem Vater waren für beide schwer zu ertragen. Sie verliefen in einem bizarren Zickzack von Identifikation und Rebellion. Volker warf dem Vater vor, sich mit dem Großvater nicht genügend auseinanderzusetzen. »Ich konnte ihm seine scheinbar nüchterne Position gegenüber seinem Vater nie lassen, also daß er so sagte: ›Er hat uns verlassen, aber das ist jetzt vorbei. Ich wollte mit ihm nichts mehr zu tun haben.‹ Auf einer tieferen Ebene habe ich seine Verletztheit ja immer gespürt, und das ging beides nie zusammen. Und daß ich in diesen tieferen Gefühlen keinen Austausch mit ihm haben konnte, das ist schmerzhaft gewesen und ist es noch, aber nun weiß ich, ich muß es wohl so lassen.«

Im Studium bekriegte Volker ständig einen bewunderten und verehrten Hochschullehrer in der Hoffnung, »der möge doch merken, daß hinter dieser Opposition auch soviel Sehnsucht nach Zuwendung und Verstandenwerden steckte. Obwohl ich ihn bekämpfte, wünschte ich mir, er möge mich ›entdecken‹ und mich zu seinem Assistenten machen.« Auch in politischen Zusammenhängen hielt Volker es nur in der Oppositionsrolle und auf der Seite der Minderheit aus. Wurde diese zur linken Mehrheit wie in seiner Studienzeit, distanzierte er sich wieder. Trotz schwerster Zerwürfnisse zwischen Vater und Sohn mündete der Zwist immer wieder in Annäherung, gegenwärtig sogar in freundliches Verständnis füreinander. Die Familiengeschichte spielte dabei stets eine bestimmende Rolle. »Unser letzter Eklat entstand, weil ich mit dem Gedanken spielte, ich könnte meinen Namen aufgeben und den meiner Frau annehmen. Mein Vater war bei dem bloßen Gedanken so verletzt und dabei so zurückgenommen, wie ich es noch nie erlebt hatte. Er sagte: ›Wenn du unseren Namen ablegst, bist du nicht mehr mein Sohn.‹ Mir war klar, daß ich unter solchen Bedingungen nicht entscheiden kann, ob Heirat und Namenswechsel, ja oder nein. Meine Frau hat das betrübt, aber wir haben dann den status quo so gelassen, wie er war. Danach gab es ein Gespräch mit meinem Vater, in dem er sagte: ›Ich hab das Gefühl, du bist zwar nicht gegen mich, aber du willst den Namen deiner Familie nicht tragen.‹ Da war etwas dran. Wenn ich wählen könnte, würde ich wie meine Großmutter heißen wollen. Darauf mein Vater: ›Das kann ich verstehen.‹ Das gab mir dann wieder eine Möglichkeit auf ihn zu.«

Ansonsten war und ist Volker in der Familie der »reitende Bote«, der für Ausgleich und Kontakt sorgt. Denn außer bei den »Vätern« erträgt er Gegnerschaft im persönlichen Kontakt nicht besonders gut. Daher macht er sich auch Gedanken um den verfemten Teil der Familie: »Heut steh ich irgendwie vor der Frage, was mach ich mit dem abgespaltenen Teil der Familie, mit dem Großvater, auch wenn er selbst schon tot ist. Vielleicht müßte ich einmal die Tochter ausgraben und hinfahren.«

Um seine verwickelte Familiengeschichte zu veranschaulichen, hat Volker zu Beginn unseres Gesprächs ein Diagramm der Familienbeziehungen aufgezeichnet. Während er um den »bösen« Zweig einen Kreis zieht, fällt uns plötzlich auf, wie groß der »gute« Teil im Verhältnis dazu ist; wie viele Menschen da waren, mit denen Volker sich positiv identifizieren konnte; die Großmutter, die Tanten, der Vater, seine Mutter. Denn anders als in den Familien der survivors, in denen oft nur ein einziges Mitglied einer weitverzweigten Verwandtschaft die Verfolgung überstand, überlebten in Volkers Familie mehrere, zudem weniger gezeichnet als die Überlebenden der Konzentrationslager.

Und anders als in den Familien der Täter und Mitläufer geht bei Volker die Spaltung nur durch die Familie, nicht durch jeden einzelnen Angehörigen der vorausgehenden Generationen.

Erstaunt stellt Volker fest, während wir das Diagramm betrachten, im Kreis einer großen, »guten Mehrheit« aufgewachsen zu sein. »So hab ich das noch nie gesehen«, meint er nachdenklich; »vielleicht macht das trotz aller schwierigen Verstrickungen ja doch einen erheblichen Teil meiner psychischen Stabilität aus.«

Wer nach allem, was ich hier berichtet habe, glaubt, das seien doch ganz besondere, ausgesuchte Lebensläufe, täuscht sich. Ich brauchte nach Schicksalen wie diesen nicht mit der Lupe zu suchen. Es gibt unzählige davon. Fast jeder meiner Gesprächspartner wies mich auf Bekannte, Verwandte, Freunde hin, von denen er wußte, daß sie sich mit denselben Problemen abplagten. Ich war gar nicht in der Lage, der Fülle der Spuren zu folgen. Und immer war nach einer anfänglichen Vergewisserung, wer da kommt, die Bereitschaft zu sprechen groß; ebenso Erleichterung und Befreiung, einem Außenstehenden alles erzählen zu können. Zuerst war ich darüber verwundert. Dann begriff ich, daß es gar nicht anders sein kann, nur reichte bisher meine Vorstellungskraft oder mein psychisches Vermögen nicht, die Dimension der Problematik zuzulassen. Dabei liegt ihr Ausmaß auf der Hand, es ist offensichtlich. Man braucht sich anhand von Raul Hilbergs Buch ›Die Vernichtung der europäischen Juden‹ nur einmal zu vergegenwärtigen, daß ausgedehnte Teile des gesamten Staatsapparates und der Gesellschaft des Dritten Reiches mit irgendeiner Teilfunktion in die Vernichtungsmaschinerie eingegliedert waren. Dann bekommt man sehr schnell eine Idee davon, wie viele Menschen an der Vernichtung beteiligt waren; von der inneren Verwüstung, die das Dritte Reich in der Gesamtgesellschaft, einschließlich des Auslandes, hervorgebracht hat, ganz zu schweigen.

Ich glaube deswegen, daß es, um das braune Erbe loszuwerden, nicht reicht, darauf zu warten, daß die Täter allmählich »aussterben«. Es reicht genausowenig, nur zu sagen: »So etwas wie im Dritten Reich darf es nie wieder geben«, oder: »Damit habe ich doch nichts mehr zu tun.« Wir haben damit zu tun. Und auch die allfällige Erregung über Verleugnung und Verdrängung hilft uns nicht weiter. Sie erhält die Spaltungen in »die Bösen« und »die Guten« nur weiter aufrecht, wehrt das Hinsehen, das Erkennen, das Erschrecken darüber immer noch ab, wieviel von damals in uns und in unserer Gesellschaft fortlebt. Im Kontakt mit Verfolgten aus dem Ausland merke ich ab und zu etwas von dieser spezifischen emotionalen Stumpfheit oder Dumpfheit, in der wir leben.

Hillel Klein sagte mir einmal, immer wenn er in die Bundesrepublik komme, spüre er hinter all unserer Wohlgeordnetheit eine große, nicht ausgesprochene Trauer. In solchen Momenten wird es mir ansatzweise bewußt, was es heißt, in der Gesellschaft der Täter aufgewachsen zu sein.

Günther Anders schrieb 1964 in ›Wir Eichmannsöhne‹, das Dritte Reich sei möglicherweise nur eine primitive Vorübung gewesen, verglichen mit dem globalen Vernichtungszusammenhang, der sich seit 1945 entwickelt hat. Er hat recht, zumal »der Massenschlaf des Gewissens damit (beginnt), daß die Bürger glauben, ihr Staat sei das Gegenteil des totalen Staates«.[44] Wenn ich daran denke, kommt mir mein Bemühen um die Vergangenheit manchmal völlig verhältnislos vor. Ich grabe in den Trümmern der letzten Katastrophe, während die nächste schon droht. Aber ermöglicht nicht dieses Graben überhaupt erst, ein menschliches Maß für verantwortliches Handeln in der Gegenwart zu finden, ja ein Mensch zu werden?

»Das seelische Rüstzeug« oder »Damit es unwahr werde«

Zehn Jahre ist es nun her, daß in einer persönlichen Lebenskrise, die ich wie eine Wiederholung des Zusammenbruchs von 1945 erlebte, auch die unsichtbare Mauer, die mich von der jüngsten Geschichte trennte, in sich zusammenfiel. Damals schrieb ich meiner Mutter nach einer langen Phase verängstigten, zornigen Schweigens einen Brief, in dem ich ihr vorwarf, kein Recht zum Leben bekommen zu haben. Der Brief, der zurückkam, erwiderte diesen Haß nicht. Aber er enthielt ein Bild und Bemerkungen, die ich als Vorwurf auffaßte. Auf dem Illustriertenfoto war im Vordergrund ein beinamputierter Kriegsversehrter an Krücken, im Hintergrund eine Ruinenlandschaft zu sehen; Unterschrift: »Hamburg 1945«. Im Brief hieß es dazu: »Hamburg ist seit dreißig Jahren wiederaufgebaut; aber in Dir sieht es immer noch aus wie damals.«

Später brachte ich mit diesem Bild den Bericht meiner Mutter über die letzten Julitage 1943 in Hamburg in Verbindung; wie sie nach den ersten Bombenangriffen der Engländer hochschwanger in die Klinik in der Johnsallee ging; vorbei an den Ausgebombten, die mit einer geretteten Stehlampe in Schlafanzügen und angebrannten Decken auf der Straße saßen; wie eine Schwester die Kliniktür nur einen Spaltbreit aufmachte und sagte: »Wir haben einen Treffer gehabt, kein Wasser, kein Elektrisch, Sie können hier nicht entbinden«; Tür zu; wie mein Vater, selbst mit dickem Kopfverband, seine Frau, das erste Kind und das Ungeborene aus dem brennenden Hamburg hinausfuhren nach Perleberg in die Mark Brandenburg, wo ich Anfang August auf die Welt kam.

Als ich den Brief erhielt, begriff ich durchaus, daß für sie Überleben und Wiederaufbau, wovon ich ja auch lebte, vorrangig gewesen waren. Daß ich mit den bohrenden Fragen: ›Wie konnte das geschehen‹, und der inneren Zerstörung allein blieb, habe ich bis heute nur mühsam verwunden. Später hat sie mir immer wieder zu verstehen gegeben: »Wozu gräbst du in der Vergangenheit, was machst du es dir so schwer. Laß das doch ruhen.« Inzwischen denke ich, ich grabe – mit ihrem stillen Einverständnis – für sie mit.

Nicht nur die »Dabeigewesenen« fragten, wozu ich das

mache. Es waren auch immer wieder Leute, die ich schätze, weil sie sich mit enormem Engagement in der großen und kleinen Politik betätigen, unter anderem um Lehren aus der Vergangenheit zu ziehen. Aber sie verstanden meine Verstrickung und Verbissenheit nicht, zumal uns doch mittlerweile viel größere und andere Gefahren drohen. Sie fanden und finden, ich sollte meine Kraft lieber für eine bessere Zukunft einsetzen.

Auch Margit N. hat zum Schluß unseres Gesprächs gefragt: »Wozu machen wir das? Was ist das Ziel, wozu führt das alles, wo liegt die Verbindung zu heute und morgen?«

Wenn ich versuche, mir Rechenschaft darüber abzulegen, warum ich in den Trümmern von gestern grabe, während die kommenden Menschheitskatastrophen längst drohen, fördere ich ein Bündel persönlicher Motive zutage:

– Es geht darum, Rache und Haß unterzubringen. Indem ich wie ein Blut- oder Spürhund, wie ein Detektiv oder Staatsanwalt die Spuren nach rückwärts verfolge zu den Tatsachen, die Schuld begründen, zu den Schicksalen und Verhaltensweisen, aus denen Verführung, Verblendung, später Scham, Verletztheit und Schweigen entstanden, verbindet sich das Rachemotiv mit der Wahrheitssuche. Indem ich Antworten auf die Fragen »Wie war es«, »Wie waren sie«, »Wie konnte es kommen« finde, neutralisieren sich Rache und Haß. An ihre Stelle tritt einerseits größeres historisches Verständnis, gleichzeitig rücken die Angst vor der perfiden Verführungskraft des Systems und das Grauen vor seinen Verbrechen näher.

Beim Blättern im ›Schwarzen Korps‹ stieß ich zum Beispiel auf Artikel, die die Euthanasie vorbereiteten. Da ist ein verschlagen blickender »Unheilbarer« mit seinem persönlichen Wärter abgebildet; angeblich war er seit 1914 nach Mord und Vergewaltigung in der Anstalt, kostete den Staat jährlich soundsoviel Reichsmark. Ich entdecke die Perfidie dieser Bilder. Der »Unheilbare« ist sympathisch und abstoßend zugleich. Durch die kantigen Züge hat sein Gesicht eine gewisse Ähnlichkeit mit dem Bild des nationalsozialistischen Kämpfers. Gleichzeitig wirkt der Mann unberechenbar, als könne er im nächsten Moment zuschlagen, Eigenschaften, die die Nazis selbst verkörperten, die sie aber den zu Vernichtenden zuschrieben. Artikel und Abbildungen erregen Grausen und Mitleid. Den angeblich »Kranken« und den ebenso angeblich »normalen« Leser von diesem Elend zu erlösen erscheint wie eine humane Tat. Die Tötung als »humaner Akt«, die der Artikel nicht offen fordert, aber suggeriert, löst Gefühle aus, die Mitleid und Trauer sehr ähnlich, aber nicht mit ihnen identisch sind, weil beiden ganz deutlich Unbarmherzigkeit beigemischt ist. Der Betrachter fühlt: »Es wäre heilsam für alle, wenn es diesen Menschen nicht mehr gäbe, weil es ihn, den Leser und die Menschheit erlöst.« Man muß sich diese perfide Suggestion zu Gemüte führen, ihrer Veführung wenigstens ein wenig erliegen, um zu ahnen, wie der Prozeß verlief, durch den die Verschiebung der moralischen Grenzen, das Wegsehen von den Entrechteten und zu Vernichtenden, der Hemmungsabbau, Gleichgültigkeit, vollkommene Gefühlskälte und Verantwortungslosigkeit gegenüber den Geschundenen bis hin zur Vernichtung von Menschen als Ungeziefer möglich wurden. Der Versuch des verstehenden Nachvollziehens führt an die Grenze, an der Gut und Böse sich in wirklich dämonischer Weise zu verdrehen beginnen. Ich *muß* das wissen, um mich schützen zu können, indem ich ein Gefühl für die Grenze entwickle; indem ich das Dämonische, seine Unlauterkeit, seine Verführungskraft und Bedrohlichkeit in der Grenzüberschreitung zuvor in mir selbst ausgemacht habe. Was für mich so verwirrend und schwierig daran ist, das ist die Tatsache, daß die Reinheit in sich erstarrt und unmenschlich wird, wenn sie die Lust des Verbotenen, der Sünde, nicht in sich hineinnimmt.

– Es geht außerdem darum, die Liebe zu den Eltern, wie belastet sie immer waren, möglich zu machen. Indem ich in ihre Geschichte eintauche, begegnet mir etwas, das ich ihnen nie zubilligen konnte. Ich sehe sie als Liebende, als Verlobte; ein Foto des Paares auf dem Berliner Sportfeld, das sich begeistert und in gegenseitiger Bewunderung anlacht. In den Abbildungen der blonden Frauen und drallen Kinder im ›Schwarzen Korps‹, auf denen die nationalsozialistische Familie verherrlicht wird, entdecke ich meine Kindheit; die Atmosphäre meiner Kinderbücher, etwa ›Försters Pucki‹, und den Vater in der »schmucken Uniform«. Darüber hinaus führt die uneingelöste Sehnsucht nach einer Liebe, die nicht todbringend ist. Durch das Mitleid für das Scheitern der Eltern in der Distanzierung

von der verlogenen Familienidylle entsteht ansatzweise auch Dankbarkeit, denn ohne ihre Liebe gäbe es mich nicht.
– Es geht um narzißtische Phantasien von Größe und Kampf, um meine Eitelkeit im Schreiben in der »unerbittlichen« Auseinandersetzung, worin ich Vater und Mutter als Kämpfer und Durchhaltende fortführe. Mein Vater hat mir nach seiner persönlichen und der allgemeinen Katastrophe nichts hinterlassen als sein Kämpfer- und Heldentum; also wuchere ich mit diesem Pfund. Dieser Zug ist am wenigsten neutralisiert. Als wäre ich mit »gepacktem Affen« auf einem nicht endenwollenden »Reichsgepäckmarsch«.
– Es gibt neben diesen privaten Motiven eine »mittlere Motivebene« für die Auseinandersetzung mit der Vergangenheit, die in dem Buch von Margarete und Alexander Mitscherlich beschrieben ist. Die Geschichte ragt in unsere Gegenwart hinein; sie prägt nicht nur mich, sondern psychische Muster und Verhaltensweisen von Zeitgenossen und später Geborenen; sie prägt vor allem das Binnenklima der Bundesrepublik.[45] Wir leben in der Gesellschaft der Täter, in ihrem Dunstkreis, im Leichengeruch, ohne es zu bemerken, denn »der Furz hat keine Nase«.[46] In welcher Weise zum Beispiel die Liebesfähigkeit, damit auch das Sexualverhalten vieler Menschen von der Barbarisierung des Dritten Reiches und der sich nach 1945 mit ihr verzahnenden Leistungsmentalität geprägt ist, das heißt von sadistischen Mustern, die vor 1933 ohnehin bestanden, aber durch diese zwölf Jahre eine unerhörte Zuschärfung bekamen, habe ich hier ausgespart. Ich bin jedoch ziemlich überzeugt, daß uns allen »die Augen übergehen« würden, wenn wir beginnen, unsere Aufmerksamkeit auf diesen Aspekt zu richten.
– Außerdem gibt es die »große« Motivebene. 1986 bin ich um Ostern am Zaun in Wackersdorf entlanggelaufen; habe mich von den dicken Kabeln, die die doppelt mannshohen Metallzäune zusammenhielten, beeindrucken lassen; von den nackten gelben Sandstreifen diesseits und jenseits des Zaunes; von den Grüppchen schwarz gekleideter Militanter, die nach geeigneten Stellen für einen Durchbruch ausspähten; von dem Haß und der Ohnmacht der Spaziergänger aus den Dörfern und Städten der Umgebung, von den Berichten der christlichen Friedensgruppe unter dem riesigen, geschnitzten Christusbild am Franziskus-Marterl; von dem drohenden Näherrücken der Weißbehelmten und Schilder-

bewehrten zwischen den verstreut stehenden Kiefern, als ich mich plötzlich zwischen ihren Reihen befand. Am meisten beeindruckte mich der Trommler, der zwischen den Baumstämmen herumgeisterte, ein hagerer Mensch in einem blauen Anorak, unter dem Arm einen gelb angestrichenen Marmeladeneimer mit dem Anti-Atom-Zeichen, auf den er in einem tänzerischen Rhythmus einschlug. In meinem reichhaltigen Repertoire aus Liedern der Jugendbewegung oder der Nazi-Zeit, woher immer, kommt die Trommel häufig vor. Sie begleitet den Bückeburger Jäger und den Fahnenträger der schweren Reiterei, den Tod in Flandern oder den Sturm der Bauern auf das Herrenhaus. Gebannt lief ich dem Trommler eine Weile hinterher, bis uns die Formation der Behelmten nicht mehr in Phalanx, sondern im Gänsemarsch am Zaun einholte. Als der letzte an mir vorbeimarschierte, murmelte er zwischen den Zähnen: »Scheißspiel«; es war ganz deutlich, daß ich ihn verstehen sollte. Ich traute meinen Ohren nicht. Weiter vorn stieß ich auf ein Diskussionsknäuel beiderseits des Zaunes. Die Bürger aufgebracht, wutentbrannt, die Grün-Weißen hinter dem Zaun in scheinbarer Ruhe. Die brutale Absperrung durch den meterhohen Raubtierdraht, die Massierung der Polizeifahrzeuge, die Teilung der Bürger, der Irrwitz der Wiederaufbereitung – »Plutonium bring Omi um« –, die jungen Leute beiderseits des Zaunes in ihrer Kriegsverkleidung, ich mußte ans Dritte Reich denken. Es gab eine Verbindung, einen Anschluß.

Jaspers hatte sagen können, daß das Hitler-Regime ein Verbrecherstaat war, weil es den Völkermord betrieb. Er hatte eine klare Trennung zwischen der Bundesrepublik und dem Dritten Reich gezogen, wie es unserem Selbstverständnis heute entspricht.[47] Als ich die jungen Polizisten, die Bundesgrenzschutzleute und die Autonomen »im Einsatz« sah, fragte ich mich, wie sie eigentlich die Grenze ziehen sollen, die wir von unseren Eltern immer verlangt haben; diese Entscheidung für die Weimarer Republik oder wenigstens ab einem bestimmten Punkt in der Diktatur nicht weiter mitzumachen. Möglich, daß die Parallele zu simpel ist. Aber die Gewissensfrage, das zentrale moralische Problem des einzelnen im Dritten Reich, hat sich – so mein Eindruck am Zaun – aus der Vergangenheit in die Gegenwart vorgeschoben.

Nach Jaspers setzte der Verwaltungsmassenmord einen neuen Staatstypus voraus: den Verbrecherstaat.[48] Die westlichen Staaten sind keine Verbrecherstaaten. Die Dimension des Bösen, die das Dritte Reich zum Verbrecherstaat machte, der Genozid, hat sich jedoch in unsere Staatensysteme tief hineingefressen. Jaspers beharrte noch auf der von Hannah Arendt eingeführten Unterscheidung zwischen Verbrechen gegen die Menschlichkeit – extreme Untaten, die als Kriegsverbrechen begangen werden, wozu er die Vernichtung Dresdens, die Flächenbombardements der Alliierten und Hiroshima (!) zählte – und dem Verbrechen gegen die Menschheit, das aus dem Anspruch begangen wird, darüber zu entscheiden, welche Menschengruppen und Völker auf der Erde leben dürfen oder nicht. Das Verbrechen gegen die Menschheit, die Rassenausrottung durch die Nationalsozialisten, bedroht nach Jaspers »das Dasein der Menschheit überhaupt«, weil es sich gegen das »Prinzip, das im Menschsein als solchem, in der Anerkennung des Menschen als solchem liegt«, vergeht.[49] Aber Vernichtungskapazität und Angriffsrichtung der Nuklearwaffen in Ost und West machen diese Unterscheidung hinfällig. Das Interesse der Menschheit, ihr Dasein überhaupt sind durch die Existenz dieser Ausrottungsmittel betroffen.

Dementsprechend hat Günther Anders bereits 1964 das »Eichmann-Problem« als heutiges herausgestellt, weil »Millionen von uns mit Selbstverständlichkeit dazu angestellt werden, die mögliche Liquidierung von Bevölkerungen, vielleicht sogar der ganzen Menschheit, mitvorzubereiten, diese im ›Ernstfall‹ auch mitdurchzuführen«; weil »Millionen diese ›Jobs‹ auch mit derselben Selbstverständlichkeit akzeptieren und erledigen, mit der sie ihnen angeboten oder zugeteilt werden. Die heutige Situation ähnelt der damaligen also aufs furchtbarste.« Wir sind ähnlich wie Eichmann »emotionale Analphabeten«; wie er unfähig, uns das Ausmaß des Grauens, das wir im Begriff sind anzurichten, vorzustellen; wie er ohne seelisches Rüstzeug, das Ungeheuerliche unseres Tuns wahrzunehmen.[50] Hier liegt die Verbindung zwischen gestern und heute.

Der im Zuge und im Schutz des Krieges begangene Völkermord ragt in Form der psychischen Spätschäden der Überlebenden und ihrer Kinder, der psychischen Probleme der zweiten Generation der Täter in unsere Gegenwart hinein. Meines Erachtens sind diese Probleme in der einen oder anderen Form die Probleme eines jeden heute. Der Völkermord und die ihn begleitende »totale Kulturentledigung« lasten, weil sie möglich waren, auf den Zukunftserwartungen aller.[51] Es scheint mir auch vollkommen zutreffend, wenn der Holocaust als »zum kulturellen Erbe« unserer Zeit gehörend gesehen wird – und zwar unabhängig davon, ob es in der Elterngeneration eine direkte Berührung mit dem Nationalsozialismus gegeben hat oder nicht –, weil er inzwischen »ein unbewußtes organisierendes Prinzip in dem Sinne (ist), daß nachfolgende Generationen psychische Repräsentanzen des Holocaust ausbilden«.[52]

Das alles greift jedoch immer noch zu kurz. Günther Anders hat die Linie weitergezogen: »Denn was heißt denn ›*auch wir*‹? Oder gar ›*auch wir noch*‹? Sind wir denn die spärlichen und letzten, von den gestrigen Monstrositäten noch nicht ganz desinfizierten Nachzügler des Maschinenzeitalters? Nein, umgekehrt. Wenn es gestern das Monströse gegeben hat, so nicht deshalb, weil es das gestern *noch*, sondern umgekehrt, weil es das gestern *schon* gegeben hat; also weil *die Gestrigen die Vorläufer unserer heutigen und morgen monströsen Welt* gewesen sind... Morgen schon könnte der Sturm von neuem aufspringen. Und übermorgen könnte es schon wieder soweit sein, daß wir, wenn es der Maschine opportun scheint, als Bedienungsmannschaften oder als Opfer für ihre Liquidierungszwecke von neuem eingesetzt werden. Als Opfer freilich in jedem Falle.«[53]

Dieser Zusammenhang bildet also das »große« Motiv, auf das meine Beschäftigung mit der Vergangenheit allmählich hinausläuft. Die Frage ist, woher nehmen wir das »seelische Rüstzeug«, und wie sieht es aus, um die Wirklichkeit von gestern zu begreifen und ihrer möglichen Realisierung heute begegnen zu können?

Im September 1986 versammelten sich Familientherapeuten aus dem In- und Ausland an der Universität Gießen zu einer Tagung, auf der als eines der Tagungsthemen – unter dem Motto »Erinnern hilft vorbeugen« – Familienkonflikte auf dem Hintergrund der deutschen Vergangenheit behandelt wurden. Nach Vorträgen und Arbeit in kleinen Gruppen fanden sich die über hundert Teilnehmer dieses Tagungsschwerpunktes zu einem Abschlußplenum zusammen. In dem, was dort gesagt wurde und was ich als Teilnehmerin des Gruppenprozesses von hundert (!) Leuten erlebte, fand ich erste Antworten auf die Frage nach dem seelischen Rüstzeug.[54]

Die erste Äußerung, die mir im Gedächtnis blieb, war eine Rückmeldung über das Geschehen in einer der vorausgegangenen Kleingruppen: »Wir beklagen das Schweigen und die Sprachlosigkeit, die zwischen den Generationen herrschen, wenn es um die Vergangenheit der Eltern geht. Aber als die Leiterin meiner Gruppe uns bat, uns vorzustellen, die Eltern wären jetzt anwesend und bereit zu antworten, da wußten wir nicht, welche Fragen wir eigentlich stellen sollten.«

Eine andere Plenumsteilnehmerin schilderte, was sie nach der Sitzung in der Kleingruppe erlebte: »Heute morgen sah ich mich in einer Schaufensterscheibe doppelt gespiegelt. Ich spürte: Jemand schaut mich an. Ein fremdes Augenpaar folgt mir. Gestern habe ich in der Gruppe meinen Großvater verraten. Er zählte sich zur Bekennenden Kirche, aber ich weiß, daß er gleichzeitig auch Täter war. Indem ich davon sprach, habe ich ein Tabu verletzt. Bei mir zu Hause hingen Ahnenbilder an den Wänden. Die Augen der Vorfahren blickten auf mich als Kind stechend herab. Auf Verrat steht Strafe...« Im Dritten Reich stand sogar die Todesstrafe darauf.

Das Schweigen zwischen den Generationen, die Unfähigkeit, die Eltern zu befragen, oder auch das aggressive, anklagende Fragen, das wiederum die Eltern zum Schweigen bringt, führte das Plenum auf das Problem des Konformitätsdrucks, auf die damit verbundene Angst aufzufallen, auf Denkverbote, auf das Verhaftetsein in Zeitgeist und Trends, auf die Anpassung an Vorgedachtes. Die Parallele zu den Eltern im Rausch der Massensuggestion des Dritten Reiches wurde versuchsweise gezogen. Stärker war der Eindruck, in der Verleugnung der Vergangenheit mit ihnen in heimlicher Loyalität, in Komplizenschaft zu stehen; eine Art Schutzhaft, Sicherungsverwahrung, um sich dem Ergriffenwerden durch die ganze Wahrheit über ihre Vergangenheit zu entziehen.

Auch weiterhin nahmen die Sprechenden sich im Sprechen über die Eltern selbst in den Blick. Der Vorwurf an die vorige Generation: »Ihr hättet 1933 voraussehen müssen, was da auf euch zukommt«, drehte sich um eine Frage an die Versammelten: »Was sehen wir heute nicht, was tun wir nicht, was müßten wir sehen, und was müßten wir tun? Wir fühlen uns durch die Nuklearwaffen bedroht – und weiter?

Was folgt daraus? Was muß getan werden, außer daß man dagegen ist und dagegen demonstriert?« Was bedeutet es, nicht mehr Kind zu sein, Verantwortung zu übernehmen? Eine Teilnehmerin wies darauf hin, daß sie selbst bereits Bedingungen für die jetzige Situation gesetzt habe: »Ich war in den fünfziger Jahren überzeugt von den Segnungen der zivilen Kernkraftnutzung« – Bloch und andere Geistesgrößen, die Gewerkschaften, die SPD waren ja auch dafür – »ich habe damals nicht auf den SPD-Abgeordneten Karl Bechert gehört, einen der ersten und wenigen, die vor der zivilen Kernkraft warnten.«

»Fragen an die Eltern stellen«, so ein anderer Teilnehmer, »heißt das nicht auch, daß ich Verantwortung für den Antwortenden übernehmen können muß? Denn wer weiß denn, was da kommt?«, – »Was hätte ich getan«, fragte sich ein Zweiter, »wenn mein Vater mir unter Tränen gestanden hätte, er habe einen Juden erschlagen?« – »Und wenn es tausend gewesen wären?«, setzte ich in Gedanken hinzu – »... sein Schweigen stabilisiert also auch mich.« Ein Dritter: »Als mein Vater und meine Mutter davon sprechen konnten, daß sie in bestimmter Weise versagt hatten, verschwand plötzlich meine anklagende Haltung.«

Horst Eberhard Richter dazu: »Unsere kindliche Forderung besteht darin, erst müssen die Eltern sich befreien und zu sprechen beginnen, dann erst kann auch ich damit anfangen. Aber wir dürfen nicht mehr darauf warten, daß ein anderer beginnt, wir müssen selbst beginnen.«

Weitere Berichte aus den Kleingruppen: »Uns hat befreiende Aggressivität gefehlt. Wir hatten einen ›gütigen Vater‹ als Gruppenleiter. Da waren wir artig und wollten alles richtig machen.« Können gütige Väter auch unmündig machen? Demgegenüber kam aus einer anderen Gruppe: »Wir distanzierten uns in verschiedenen Schritten von den Gruppeneltern; wir waren zeitweise führerlos und verwirrt. Dahindurch fanden wir in der Gruppe Orientierung, Verständigung unter den gleichen, den Geschwistern.«

Das Plenum bezog diese Berichte auf das Verhältnis der Eltern zum »Führer« und auf unser Verhältnis zu den »Führern« heute; wir suchten nach Unterschieden beziehungsweise Übereinstimmungen zwischen damals und heute; im Dritten Reich hieß es: »Wenn das der Führer wüßte«, wenn von Massenmord und Verbrechen gemunkelt wurde. »Ich glaube nicht«, sagte ein Teilnehmer, »daß Reagan ein schlechter Mensch ist, aber wahrscheinlich kommt es darauf heute überhaupt nicht an. Das Vernichtungspotential steckt doch in den ›Systemen‹, es ist systemisch. Daher ist die Kinderbriefaktion lieb und begrüßenswert, aber sie verkennt vermutlich die Lage vollkommen.«[55] Dazu Horst Eberhard Richter: »Unsere Destruktivität und Aggressivität sind in die technischen Vernichtungspotentiale übergegangen und stehen uns als etwas Fremdes gegenüber. Unter Hitler mußten die Massen noch fanatisiert, zum staatlich verordneten Morden stimuliert werden. Heute reicht der Beschluß eines kleinen militärischen Stabes und ein Druck auf den Knopf.«

Aus der Unterscheidung zwischen gestern und heute ergab sich eine prekäre Übereinstimmung: »Wir lassen unsere Kinder in den Briefen um ihr Leben bitten, weil wir außerstande sind, sie zu schützen. Wir sind heute schon in der Lage, in die unsere Eltern sich gebracht haben. Unsere Kinder fragen schon oder werden uns fragen: ›Warum habt ihr das nicht verhindert?!‹«

Was tun? Die großgewordenen Kinder wissen nicht, wie sie angesichts der Bedrohung verantwortlich handeln können. Sie sind gegen den Krieg, für das Leben, natürlich, aber sie sind ratlos.

Ein Plenumsmitglied erläuterte, welche Konsequenzen er aus der Situation zieht: »Die Informations-, Artikulations- und Handlungsmöglichkeiten sind viel größer als im Dritten Reich. Wir leben nicht unter einem Terrorregime. Aber die Chance, etwas zu verhindern, ist fast so gering wie damals, siehe das Scheitern der Friedensbewegung. Ich engagiere mich politisch und in der Friedensbewegung, aber gleichzeitig bin ich pessimistisch. Ich tue es trotzdem, um mich nicht wie die Juden abführen zu lassen, um wenigstens mit dem Gefühl zu sterben, mich gewehrt zu haben.«

Vehement kam die Gegenposition: »Ich halte das für eine antisemitische Identifikation. Sie enthält den Vorwurf an die Juden, sich nicht genauso verhalten zu haben wie die Verfolger, wie die Schlächter, nämlich zurückzuschlagen, zu töten.« Eine weitere Reaktion: »Die Position, zu sterben mit dem Gefühl, sich gewehrt zu haben, ist Ausdruck derselben heroischen Lust oder Pflicht zu Tod und Untergang, mit der unsere Väter sich für das ›Vaterland opferten‹.« Das

Plenum kam in enorme Bewegung. Spannung und Aggressivität waren kaum auszuhalten.

Richter dazu: »Es nützt nichts, der Erfahrung der Ohnmacht mit vermehrter Aktivität, durch mehr Machen begegnen zu wollen.« Thea Bauriedl: »In Wackersdorf werfen die Autonomen Steine und laufen dann weg. Ein kurzer Ausbruch von Aggressivität, danach Flucht. Sie richten nichts aus, aber sie stellen sich auch der Gefahr nicht wirklich. Um uns dem Grauen zu stellen, müssen wir ihm mit unserer ganzen Person begegnen. Atomare Bedrohung und Kernspaltung wirken auch spaltend auf die Menschen, psychotisch. Der Arzt, der dem Psychotiker Psychopharmaka verschreibt, wählt eine technokratische Lösung. Hält er aber die Angst vor der Fragmentierung, vor der Verwirrtheit und Zersplitterung aus – wir erleben das anscheinend Chaotische, die Angst vor dem Auseinanderfallen ja auch während dieses Prozesses hier –, kann sich die Angst in Vertrauen und Zuversicht verwandeln, in Arzt und Patient. Es ist nutzlos, auf die atomare Gewalt mit Macht oder Gegenmacht zu antworten, sie übertrumpfen zu wollen. Aber die Erhöhung der eigenen inneren Risikobereitschaft, das heißt der Fähigkeit, mehr Angst, mehr Unsicherheit, mehr Verwirrung auszuhalten, dem Grauen zu begegnen, ihm nicht auszuweichen, das bedeutet für mich, ›Verantwortung zu übernehmen‹.«[56]

Das Gewaltpotential, so verstand ich Thea Bauriedl, brauche nicht abgespalten zu werden, wenn es in menschlichen Beziehungen gebunden werden könne.

Zum Schluß war ich außerordentlich bewegt und erstaunt, daß ich genau das und dazu in einer so großen Gruppe gerade erlebt hatte. Streckenweise war ich erschreckt und völlig verwirrt von der Disparatheit der eingebrachten Gesichtspunkte und Aspekte. Dann wieder ärgerte ich mich, wenn sich die Diskussion in Rationalisierungen zu verplätschern schien. Kurz darauf enthüllte sich dann, daß hinter den Rationalisierungen das äußerst angst- und aggressionsbesetzte Thema der Todesdrohung durch die Nuklearwaffen und das Grauen der Vergangenheit verborgen lagen. Mir wurde himmelangst. In der Pause hörte ich, daß es anderen Teilnehmern ähnlich erging.

Karl Jaspers erläuterte seinen Zuhörern 1945/46 zu Beginn seiner Vorlesung über die Schuldfrage einige Prinzipien, an die er sich bei seinen Erörterungen halten wolle, um nach der Vernebelung der Begriffe und des Denkens während des Regimes zu Erkenntnis, womöglich zu Wahrheit zu kommen.[57] Manches von dem, was er damals sagte, habe ich während des oben beschriebenen Gruppenprozesses wiedergefunden. Es lohnt sich, Jaspers Anleitung, um »in der Kommunikation zueinander (zu) finden«, nachzulesen. »Der Entschluß, als Ohnmächtiger leben zu wollen, ist ein Akt von lebensbegründendem Ernst. Aus ihm folgt eine Verwandlung, die alle Wertschätzungen modifiziert.«[58]

Jaspers Worte beziehen sich auf 1945. Ich meine, sie haben sich heute dahingehend konkretisiert, daß wir nicht nur als Besiegte gezwungen sind, als Ohnmächtige leben zu wollen, sondern dies um unseres zukünftigen Lebens willen wollen müssen. Wir sind zur Feindesliebe gezwungen, »damit es unwahr werde«.[59]

Anhang

Dokumente und Aufsätze

Die Schreckenszeit in Riga Januar bis Mai 1919
Mitgeteilt von Harald von Westernhagen

In den letzten Wochen vor Weihnachten durchzogen die letzten deutschen Truppen Riga mit Marschrichtung Westen. Nur eine kleine Nachhut blieb in der Stadt. Den letzten abziehenden Soldaten folgten bald die ersten Flüchtlinge vom platten Lande und aus den kleinen Städten. Auf hochbepackten Schlitten kamen sie, um in der großen Stadt Schutz und Unterkunft zu suchen. Es waren in der Hauptsache deutschstämmige Bürger, vor allem die Gutsbesitzer mit ihren Familien. Viele von ihnen fuhren mit dem letzten Frachtschiff in dessen leeren, offenen Laderäumen nach Deutschland. – Dieser Flüchtlingsstrom bot einen trostlosen Anblick. Und genauso trostlos wurde auch das Weihnachtsfest 1918. So breitete sich dann in den letzten Tagen des alten Jahres eine Grabesstille über der Stadt aus. Dann verließ auch die kleine deutsche Nachhut die Stadt, nachdem sie erst noch die Speicher am Hafen, in denen große Mengen Proviant lagerten, in Brand gesetzt hatten. – Nun begann die Bevölkerung, die brennenden Magazine zu plündern. Auch Vater, mit einem Rodelschlitten ausgerüstet, beteiligte sich an diesem gefährlichen Unternehmen. Schließlich kam er dann auch mit einem Sack Roggenmehl glücklich wieder zurück. Dieser Sack Mehl hat uns dann viele Wochen lang vor dem Verhungern gerettet. – Unser Hausmeister hatte sich auch an diesem Raubzug beteiligt. Er war allerdings mehr auf Alkoholisches aus. Es glückte ihm dann auch, eine Korbflasche mit Alkohol zu ergattern. In der Hitze des Plünderns zerschnitt er sich aber eine Hand erheblich, die ihm Vater notdürftig verbinden mußte, weil er sonst verblutet wäre. – In den Nachmittagsstunden des 3. Januar 1919 tauchten dann die ersten Roten in den Straßen auf. Sie saßen gröhlend auf kleinen Panjeschlitten, die Schnapsflasche in der Hand, die sie schon irgendwo gestohlen hatten. Nach der stürmischen Eroberung herrschte wieder Totenstille. Niemand wagte sich mehr ohne einen triftigen Grund auf die Straße. Allen Menschen saß die Angst im Nacken, denn jetzt begannen die Verhaftungen. Alle Wohlhabenden, Bürger, Adelige, ehemaligen zaristischen Offiziere wanderten einer nach dem anderen ins Gefängnis. Oft wurden auch ihre vierzehn-, fünfzehnjährigen Kinder gleich mitgenommen. Der Willkür waren keine Grenzen gesetzt. – Ehemalige lettische Dienstmädchen, die sich in der Vergangenheit von ihrer Herrschaft schlecht behandelt glaubten, schwärzten diese bei den roten Machthabern an. Und die so Denunzierten verschwanden dann auch bald im Gefängnis. Auch fast alle Pastoren wurden inhaftiert, auf die es die Roten besonders abgesehen hatten. Am liebsten holten sie die Pastoren während des Gottesdienstes direkt von der Kanzel ab. Irgendwelche Gerichtsverfahren oder sonstige amtlich aussehende Verfahren bei den Verhaftungen gab es natürlich nicht. – Keine Frau wagte sich mehr mit einem Hut als Kopfbedeckung auf die Straße. Sie wäre gleich als eine Bourgeoise erkannt worden. Alle gingen sie wie die Babuschkas mit einem Tuch um den Kopf gebunden herum. Auch sonst wurden die Erwachsenen auf der Straße häufig angehalten und kontrolliert. Mein Vater wagte sich deshalb kaum noch auf die Straße, weil er einmal angehalten wurde und nicht die richtigen Papiere bei sich hatte. – Die gefürchteten täglichen Haussuchungen fanden meistens in den Nachtstunden statt. Uns haben die Banditen dreimal heimgesucht. An das eine Mal kann ich mich noch sehr gut erinnern. Ich hatte eine schwere Lungenentzündung und lag zu Bett. Da klingelte es eines Abends an der Wohnungstür, und ein Trupp mit Gewehren bewaffneter männlicher und weiblicher Roter kommt in die Wohnung. Ihr erster Weg führte zum Buffet im Eßzimmer. Dort ziehen sie alle Schubfächer heraus und schütten alle silbernen Bestecke in ein Tischtuch.

Sie wußten also bereits, wo das zum Mitnehmens Werte zu finden war. Wegen des niedrigen Preises für Silber waren alle baltischen Haushalte sehr üppig mit silbernen Bestecken versehen. Danach marschierten sie durch die ganze Wohnung bis ins Schlafzimmer der Eltern. Dort befand sich an der Wand über den Ehebetten eine segnende Christusfigur. Und sie machte auf die roten Weiber tatsächlich einen gewissen Eindruck. Daraufhin verließ uns dieser ungebetene und unangenehme Besuch. Derartigen Räubereien war man hilflos ausgeliefert. (Aus dem Tagebuch ergibt sich, daß die Plünderer bei einem ihrer Besuche Max' Frau eine Flasche Säure über die Hände gegossen haben.) – Das Gebäude unserer Schule diente schon bald irgendwelchen militärischen Zwecken. Deshalb wurde der Unterricht in einem Privathaus abgehalten. Morgens trabten wir hungrig in die Schule. Mittags kamen wir hungrig nach Hause. Und abends gingen wir hungrig zu Bett. – Im Laufe der Zeit wurden auch private Wohnungen von den Roten für ihre Zwecke in Anspruch genommen. Dem Inhaber einer Wohnung wurde ohne Vorankündigung erklärt, er habe seine Wohnung innerhalb von wenigen Stunden zu verlassen. Außer ein paar Kleidungsstücken durfte nichts mitgenommen werden. – Auf diese Weise waren wir bald die einzigen Zivilpersonen in dem großen Haus, in dem wir wohnten. Zuerst wurde in den beiden Wohnungen im Erdgeschoß ein Lazarett eingerichtet. Bald darauf wurde in einer anderen Wohnung eine Ausbildungsstätte für junge Kommunisten etabliert. Über uns waren fünfzig Rekruten untergebracht, die nächtelang mit einem Maschinengewehr auf Lafette durch die ganze Wohnung fuhren und Schießübungen durch die Zimmertüren abhielten. Neben uns hatte sich ein Stab niedergelassen. Wahrlich keine angenehmen und ungefährlichen Hausgenossen. – Von den Insassen des Lazaretts starb alle paar Tage einer, wahrscheinlich an Typhus. Die Toten wurden dann einfach auf den Hof in den Holzschuppen gelegt. Bei der russischen Kälte gefroren die Leichen dann auch bald stocksteif. Hatte sich ein genügend großer Haufen angesammelt, so wurden die Leichen abgefahren. – Ganz anders wurde aber vorgegangen, als einmal ein Funktionär starb. Sein Leichnam wurde in einem Sarg auf einem reichlich mit rotem Stoff drapierten Leichenwagen, dem Tausende von Genossen folgen mußten, feierlich durch die ganze Stadt zum Friedhof gebracht. So wurde schon im Frühstadium des Kommunismus die gepredigte Gleichheit mißachtet. – Ein Bruder von Großvater, Großonkel Otto, hat auch vier Monate im Gefängnis sitzen müssen. Sein einziger Makel war, daß auch er ein Bourgeois war, da er einen gutgehenden Handel mit Drogen und Chemikalien betrieb. – In der Schule hatten wir alle uns Kopfläuse aufgesackt. Es gab aber weder Seife noch sonstige Reinigungsmittel, schon gar keinen Lausessig. So blieb nur der Lausekamm (Staubkamm) übrig, um das Ungeziefer zu beseitigen. Das nützte aber nicht viel. Deshalb mußten wir weiter mit den Läusen leben. – Auch Brennholz war unbezahlbar, wenn es überhaupt angeboten wurde. So wurde dann zuerst das Küchenbuffet verbrannt, um wenigstens den Küchenherd heizen zu können. Ihm folgten dann bald Tische und Stühle nach. Schließlich wurde dann noch das hölzerne Treppengeländer abgerissen und verbrannt. Alle Fenster in der neun Zimmer großen Wohnung waren mit zentimeterdicken Eisblumen befroren, denn zum Heizen der Öfen war schon gar kein Holz vorhanden. So vegetierte man mehr dahin, als wirklich zu leben. – Die einzige Nahrungsquelle war während dieser Zeit die öffentliche Suppenküche. Dort gab es täglich für wenige Kopeken eine dünne Wassersuppe, in der außer einigen Graupen und ein paar Kartoffeln nichts enthalten war. Sie war aber während vieler Tage unsere einzige Mahlzeit. Meistens ging Mutter die Suppe holen. Hatte sie aber einmal keine Zeit, so habe ich dann stundenlang in der Schlange in der Suppenküche gestanden. – Mit der wärmeren Jahreszeit wurde dann auch das Leben wieder etwas erträglicher. Man brauchte wenigstens nicht mehr so entsetzlich zu frieren. Ab und zu tauchten auch schon Gerüchte auf, daß die Stadt bald von den »Weißen« befreit würde. Sie erwiesen sich aber dann schon bald als falsch, als reine Wunschträume. – ... Und dann brach der denkwürdige 22. Mai 1919 heran. Es war ein sonniger und warmer Frühlingstag, an dem wir wie immer zur Schule gingen. Es mag wohl so gegen zehn Uhr gewesen sein, da wurde uns gesagt, wir alle sollen nur schnell nach Hause gehen, denn später kämen wir vielleicht gar nicht mehr dorthin. Woher der Lehrer eine Kenntnis der bevorstehenden Ereignisse hatten, wußten wir natürlich nicht. Jedenfalls trabten wir schnellstens nach Hause. – Aber schon auf dem Heimweg sahen wir, was seinen Anfang nahm. Die Roten begannen die Stadt fluchtartig zu verlassen. Ein Panjewagen nach dem anderen, hoch beladen mit gestohlenen Kleidern und Teppichen, fuhr an uns vorbei nach Petersburg in Richtung Osten. Oben drauf thronten die Roten mit ihren Weibern. Oft fiel ein Bündel von den überladenen Gefährten, das dann einfach auf der Straße liegengelassen wurde. Gegen Abend verebbte dann dieser fluchtartige Abzug, und in den Straßen wurde es totenstill. Niemand wußte, was sich in den nächsten Stunden ereignen würde. – Da, plötzlich, es muß so um sechs Uhr abends gewesen sein, tauchte an der gegenüberliegenden Straßenecke eine feldgraue Gestalt mit Stahlhelm auf. Ich den Feldgrauen sehe, zur Tür hinaus, ohne daß mich jemand daran hindern konnte, und auf die Straße. Die nun kommenden Ereignisse durfte ich mir nicht entgehen lassen. Daß ich blindlings in Straßenkämpfe hineinlaufen und mein Leben in Gefahr bringen könnte, daran dachte ich keinen Augenblick. Kinder kennen eben keine Angst. – Am Ende der Elisabethstraße, in der wir wohnten, in Richtung zum Bahnhof war heftiges Geschieße zu hören. Dorthin begab ich mich nun. Mitten auf der Straße, die nach Osten führte, waren Feldgeschütze abgeprotzt und schossen ununterbrochen. Das war das richtige für mich, denn ich stand ganz in der Nähe. Ein nicht endenwollender Zug Feldgrauer marschierte durch die Stadt an ihren östlichen Rand. Dort befanden sich nämlich die Gefängnisse, deren Insassen es zu retten galt. Die meisten Gefangenen konnten auch befreit werden. Für eine große Anzahl von Pastoren, die die Roten besonders haßten, kamen die Retter zu spät. In den letzten Minuten wurden mehr als zwanzig von ihnen auf den Hof getrieben, vor Maschinengewehre gestellt und bis zur Unkenntlichkeit zerfetzt. Während der viereinhalbmonatigen Herrschaft der Bolschewiken in Riga wurden von ihnen dreitausendsechshundertvierundfünfzig Menschen ermordet. Das gleiche Schicksal erlitten auch alle von ihnen gefangenen »weißen« Soldaten. Und nur als Vergeltung auf diese Morde haben dann auch die »weißen« Truppen damit begonnen, ihre Gefangenen zu erschießen. – . . . Mittlerweile stand die ganze Esplanade voll mit Panjewagen des Trains. Ihre Pferde kauten ruhig aus ihren Futtersäcken, wobei dann auch Hafer auf die Erde fiel. Die verstreuten Körner wurden eifrig gesammelt, denn sie konnten vielleicht zu einer Suppe dienen. – Bei meiner späten Heimkehr war Vater aber ziemlich erbost über das eigenmächtige Verschwinden seines Sprößlings, denn er war immer sehr besorgt um das Ergehen seiner Kinder. (Laut Tagebuch von Max war auch Heinz an diesem Tag in die Stadt gelaufen.) – In einer Seitenstraße machte ich eine schauerliche Entdeckung. Dort lag die Leiche einer Frau. Die Kommunistin wollte eine Eierhandgranate in ein vorbeifahrendes Militärauto werfen. Sie hielt die abgezogene Granate wurfbereit in der Hand. Die Soldaten im Auto bemerkten dies rechtzeitig und erschossen die Frau. In dem Moment explodierte die Granate und riß ihr die Schädeldecke ab. Sie hatte einen schwarzen Lackhut getragen. Und nun lag die Schädeldecke samt Gehirn fein säuberlich im schwarzen Lackhut auf der Straße, und durch den leeren Kopf konnte man bis in den Hals sehen. Seitdem ich dies gesehen habe, sind schwarze Lackhüte für mich ein Greuel. Auch heute noch. – Nach der Besetzung der Stadt wurde Haus für Haus durchsucht, denn vielen Roten war eine rechtzeitige Flucht nicht mehr gelungen. Entweder waren sie bei ihren Freundinnen untergeschlüpft oder hatten sich auf Dachböden und in leeren Kellern versteckt. Wurde so ein Roter mit einem erdbraunen russischen Militärmantel bekleidet entdeckt, so wurde mit ihm kurzer Prozeß gemacht. Er wurde in den nächsten Hof gebracht und dort erschossen. Tagelang lagen dann die Leichen auf den Straßen und Höfen herum. – Wie ich diese Zeit als elfjähriger Junge erlebt habe, wird vielleicht von Vaters Aufzeichnungen abweichen. Sehr gut kann ich mich noch an diese Schreckenszeit erinnern, wenn sie auch schon siebenundsechzig Jahre zurückliegt.

Der Januskopf
Ergebnisse einer Grabung von Dörte von Westernhagen

Irgendwann habe ich beide nebeneinander an die Wand gehängt in einem Rahmen. Manchmal fragt ein Besucher, ob das die Eltern seien. Einer meinte, sie sähen nach Drittem Reich aus. Vielleicht wußte er, daß mich ihr Leben in jener Zeit beschäftigt hat, und wollte etwas Verbindliches sagen. Mir gefallen die Gesichter. Sie lacht oder lächelt ein wenig verwischt, kindlich, wach die Augen, das Haar locker, zur Seite geweht. Er ist im Profil aufgenommen, unterdrückt ein Lächeln, zwei markante Falten vom Kinn bis zum Jochbein, die Haare nach hinten gekämmt, lockig. Er wirkt männlich, ja. Auf den Bildern sind beide etwa dreißig. Ich habe meinen Frieden mit ihnen gemacht. Vermutlich liebe ich sie.

Sagen kann ich es ihnen nicht. Ihm nicht, weil er tot ist. März 1945 in Veszprem in Ungarn. Auf dem Weg zur Geburtstagsfeier Sepp Dietrichs von einem sowjetischen Tieffliger erwischt. Warum dann nicht wenigstens ihr? Weil es uns beide überfordern würde. Statt dessen haben wir Zeichen. Sie sagen: Wir sind verbunden. Aber wir lernen auch noch. 1943 geboren, habe ich den Vater nicht mehr gekannt, und bis weit über dreißig war ich der Meinung, er habe in meinem Leben keine Rolle gespielt. Die letzten Zeichen, die es von ihm und dem untergegangenen Hitlerreich in unserem Haushalt noch gab, verschwanden im Laufe der fünfziger Jahre. Die Taste mit den SS-Runen über der Acht in der feldgrauen Schreibmaschine wurde ausgewechselt. Die Kassette mit den Orden im Schreibtisch der Mutter verlor an Reiz, nachdem wir – neugierig und befangen – den winzigen Panzer aus Blei, der auch darin lag, hin und wieder hatten anfassen dürfen. Der Klaviervorleger aus den Resten eines bunt bestickten russischen Fellmantels wanderte in den Abfall. Auch das Bild, ein Porträtfoto, Uniformmütze, Totenkopf und SS-Runen dran, das mit dem Glas nach unten hingelegt wurde, wenn Besuch kam, verschwand irgendwann von seinem Platz auf dem Schrank.

Als ich zur Oberschule kam, sagte mir die Mutter, was und wie ich den Beruf des Vaters angeben sollte. Es war wie eine kleine Übung für sie und für mich; als müßte sie sich selbst gut zureden, daß es so war: Oberstleutnant, gefallen. 1955, ein Jahr später, die letzte Erinnerung, merkwürdig scharf, ein wenig brennend noch heute. Flüchtlingskinder verschickt in ein Kinderheim. Passanten nachmittags an der roten Backsteinmauer, wo wir in der Sonne hocken. Teilnehmende Fragen, wer und woher. Stolz und provokativ posaune ich es aus: »Mein Vater war bei der SS«. Das ätzende Gefühl, etwas Unsägliches gesagt zu haben, stellt sich sofort ein.

Mir ist diese Episode erst, nachdem ich mich auf die Suche nach ihm gemacht habe, wieder eingefallen. Früher, als Kind und weit bis ins Erwachsenenalter, war die Stelle, wo Gefühle für ihn hätten sitzen können, taub. Wenn Mütter von Schulfreundinnen das Los meiner Mutter bedauerten, ohne Mann drei Kinder aufziehen zu müssen, nahm ich das immer etwas erstaunt zur Kenntnis. Ich selbst empfand solches Bedauern über sein Nichtvorhandensein nicht, geschweige denn Trauer über seinen Tod. Es gab ihn eben nicht. Was war daran zu deuten?

Möglich, daß diese scheinbare Unbeteiligtheit mein Leben lang hätte andauern können. Aber niemand kann sich aussuchen, ob, wie und wann er sich mit den großen Figuren seiner Kindheit herumschlagen muß. Geschieht es spät, ist der Preis meist hoch. Trotzdem bin ich froh, auf den Vater gestoßen zu sein. Ich fürchte, es hätte noch mehr von meinem Leben gekostet, ihn auch noch als Erwachsene verfehlt zu haben.

Anfangs, das heißt nach dem Zusammenbruch – ich meine den meiner Lebenspläne oder -lügen, wie man will, all der Bilder und Selbstdeutungen, die ich für mich und um mich herum errichtet hatte –, habe ich ihn noch nicht gesucht. Es war verdeckt hinter vielen Schichten, die zuerst abgetragen werden mußten. Es ging mir mit ihm ähnlich wie mit der Zeit, in der er gelebt hatte. In der Schule hatte ich gelernt, alles, was mit dem Dritten Reich zusammenhing, zu verachten, und glaubte, damit nicht das geringste zu tun zu haben. Es war, als läge eine Mauer zwischen 1945 und mir. Später dann war ich zeitweise fast besessen davon, ihn und seine Zeit auszugraben, die Ablagerungen von fast fünfunddreißig Jahren beiseite zu schaffen, um herauszufinden: Wer war er, was hatte er getan, was gewußt?

Die erste Schicht, in der gearbeitet werden mußte, war meine gescheiterte Ehe; die zweite das Verhältnis zur Mutter. Erst hinter oder unter beidem tauchte er auf. Aber es gab Verbindungen durch beides hindurch; von heute aus betrachtet, sind sie sowas wie Grabungslinien. Die Kämpfe mit der Mutter begannen etwa im vierzehnten Lebensjahr. Vorher »war alles harmonisch«. Ich war die Große, die anderthalb Jahre jüngere Schwester die Kleine, »Dickchen« der ebensoviel Jahre ältere Bruder. Obwohl die Pausbacken seiner ersten Kinderjahre längst verschwunden waren, nannte sie ihn noch so. Meine Schwester und ich empfanden manchmal, daß er eine Sonderrolle einnahm, weil er ungestraft aus der Reihe tanzen konnte. Bei gemeinsamen Unternehmungen etwa ärgerte es die Mutter zwar sehr, wenn er hinter uns hertrottete und sich nicht gerade hielt. Aber trotz intensiver Vorhaltungen brachte sie ihn nicht zu dem gewünschten strammen Verhalten. Statt ernsthaft böse zu werden, lachte sie irgendwann und resignierte bis zum nächsten Versuch. Alles deutete darauf hin, daß sie gern einen etwas schneidigeren Sohn gehabt hätte, ihn dann aber doch so, wie er war – clownig und charmant –, akzeptierte. Wir Mädchen standen stärker unter ihrer Fuchtel, vor allem ich, da die Schwester zarter und kränklich war.

Ich war gut in der Schule und – so wie früher die Mutter – ausgesprochen sportlich. »Führend im Spiel« stand im Kopf des Volksschulzeugnisses. Die Mutter war stolz auf solche Bemerkungen. Auch die von älteren Vettern abgelegten Lederhosen, die ich etwa mit zehn Jahren zu tragen begann, honorierte sie mit einer Art bübischen Vergnügens. Es muß in den frühen Fünfzigern gewesen sein, daß sie mich hin und wieder mit ins Kino nahm, zum Beispiel in ›Einer kam durch‹ mit Hardy Krüger, Jagd auf den deutschen Ausbrecher aus dem Kriegsgefangenenlager, kann es Kanada gewesen sein? Jedenfalls bangte ich um diesen wunderbaren Deutschen und liebte ihn, verschämt und im Bewußtsein der Vergeblichkeit. An heilsam korrigierende Gespräche über Filme dieser Art erinnere ich mich nicht. Vielmehr kommt es mir so vor, als hätten wir jedesmal aufs neue und beide mit demselben Gefühl, von irgendeinem möglichen, aber für uns nicht oder nicht mehr erreichbaren Glück ausgeschlossen zu sein, den Heimweg in die Realität angetreten.

Worum sich die mit der Pubertät einsetzenden Kämpfe drehten, weiß ich nicht mehr. Aber ich erinnere mich gut, daß – selbst wenn ich meinen Willen durchsetzte – das Gefühl blieb, verloren zu haben. Beides zusammen, Selbständigkeit und Akzeptiertwerden, das heißt einen gewissen Respekt für meine Entscheidungen, konnte ich nie erringen. Bei Meinungsverschiedenheiten etwa beim Kleiderkauf – weil wir es nicht reichlich hatten, mußte alles haltbar, vielfältig verwendbar, modisch und zeitlos zugleich sein – wurde es mir wohl freigestellt, letztlich selbst zu wählen. Aber in den Worten: »Du sollst es ja tragen«, glaubte ich immer, nur das Bemühen um Großzügigkeit, keine wirkliche Zustimmung zu spüren, sogar Ablehnung und irgendwie Hoffnungslosigkeit.

Zwischen uns war ein kunstvolles double-bind entstanden. Wir konnten einander nichts recht machen. Die beidseitige tiefe Unsicherheit in allem, was mit Gefühlen zu tun hatte, übertönten beide auf dieselbe Weise: tapfer, laut und lustig.

Nicht wegen Raummangels oder der gefährdeten Versetzung, wie unsere offizielle Begründung hieß, ging ich mit siebzehn für die beiden letzten Klassen bis zum Abitur in ein Internat an der Ostsee; sondern um einander loszuwerden, um atmen zu können außerhalb der Verklammerung, um uns zu schützen vor den Schmerzen dieser negativen Gegenseitigkeit. Denn natürlich sah jede ausschließlich in der anderen den Peiniger.

Auf Distanz war es dann leicht, die strebsame, heitere, frische Tochter an den Tag zu legen. Das blieb auch so während der Studienjahre, die ich ab dem zweiten Semester in auswärtigen Universitätsstädten verbrachte. Als ich nach Jahren die Briefe nach Hause aus dieser Zeit wiederlas, war ich verblüfft: Mit welchem Geschick war in ihnen alles ausgespart, was mich wirklich betraf. Sie enthielten lediglich einen Vorzeigerest, zugeschnitten auf das schon lange unbewußt erkannte Bedürfnis der Mutter, es möge mir gutgehen, ich solle »weiterkommen«. Damals wiegten wir beide uns in der Vorstellung, ich sei viel unabhängiger als andere Mädchen meines Alters. In Wahrheit handelte es sich um eine trotzig zur Schau getragene Scheinautonomie. Denn trotz der einsamen Fahrrad- und Trampfahrten durch Deutschland und Europa, die ich ab fünfzehn allein oder mit einer Freundin unternahm, trotz des auswärtigen Studienaufenthalts war ich innerlich hoffnungslos an sie gebunden geblieben, erfüllt von Sehnsucht nach Bestätigung und Anerkennung, die nichts mit Leistung und Wohlverhalten zu tun hatten.

Das falsche Selbst, das sich entwickelt hatte, war auch für die Wahl des Studienfaches bestimmend gewesen. Von Germanistik und Geschichte war ich sehr bald auf Rechtswissenschaft umgestiegen. Alles Musische, bis zum Abitur eifrig gepflegt, blieb zugunsten des Kognitiven auf der Strecke. Emotional verband ich mich mit der Juristerei nichts, außer daß es ein Männerfach war. Über Jahre bezog ich Stabilität und Selbstwertgefühl daraus, mich als Frau in einer Männerdomäne zu bewegen. Auf die Frage: »Ist das für eine Frau nicht ein bißchen trocken«, genoß ich es immer wieder, sagen zu können: »Das sind doch nur Vorurteile.« Das Unwahre, Scheinhafte, tief Gespaltene meines Lebens offenbarte sich in den Beziehungen zum anderen Geschlecht am deutlichsten. Hier nahm ich die Defizite und Schattenseiten wenigstens wahr, ohne allerdings in der Lage zu sein, sie mit der strahlenden Fassade zu einer bescheideneren, aber lebensfähigen Einheit zu verbinden. Männliche Sexualität trat mir als pure Brutalität entgegen. Von meiner eigenen nahm ich nichts wahr. Trotzdem ließ ich mich immer wieder auf flüchtige Erlebnisse ein. Eigentlich muß man sagen, ich fügte sie mir zu, um mich glauben zu machen, wie fortschrittlich ich sei, wie ganz anders als die Mutter, und um mich über die vermeintliche oder tatsächliche Wertschätzung der Männer zu stabilisieren.

Auf der anderen Seite standen schon sehr früh hoffnungslose, stets nur in mir existierende Verliebtheiten in idealisierte Jungenbilder, die – wovon ich natürlich nichts wußte – stets alle Züge des unerreichbaren Vaters trugen.

Schließlich, mit neunundzwanzig Jahren, heiratete ich ein solches Traumbild, einen sechs Jahre jüngeren Studenten. Er war schweigsam und in sich gekehrt und betrieb mit wachsendem Erfolg eine gefährliche Kampfsportart. Gleichzeitig mit der Aufnahme dieser Beziehung – ich war inzwischen in die Nähe der Mutter zurückgekehrt und arbeitete an einer Dissertation – entwickelte sich das Gefühl einer tödlichen Umklammerung durch sie. Irgendwann wandte ich mich endgültig in Haß und Verachtung von ihr ab und vermied jeden Kontakt. Ich ahnte nicht, daß mein Mann sich eines Tages ebenso ausweglos umklammert fühlen würde und, um sein Leben zu retten respektive zu gewinnen, mich würde verlassen und zur bösen, verfolgenden Über-Mutter stempeln müssen.

Als die Kollusion nach vier Jahren kippte, war eingetreten, wovor mich diese Ehe bewahren sollte: »Du sollst mich nicht verlassen, weil ich schon verlassen bin.« Die Schmerzen dieses Zusammenbruchs, all dessen, wovon ich glaubte, es hätte mich bisher ausgemacht, waren beträchtlich. Aber sie waren wenigstens da, endlich spürbar. In der unsichtbaren Mauer in mir war endlich ein Loch, ein Zugang zu allem, was dahinter verborgen lag, vor allem zu der schrecklichen Wahrheit: Du bist nichts. Es war wie ein Wiedererkennen, als hätte ich es oder ein anderer in mir schon immer gewußt.

Tief verborgen – so vermute ich – muß eine ähnliche Wahrheit in der Mutter gelegen haben. In einem Gespräch nach diesen Ereignissen fragte ich sie nach ihren Gefühlen unmittelbar nach dem Tod ihres Mannes. Unter Tränen sagte sie einen Satz, den ich noch nicht gehört hatte: »Und dann war er ganz verschwunden.« Zum ersten Mal sah ich sie über den Tod ihres Mannes weinen. Zum ersten Mal schwang auch ein Hauch von Kritik an ihm mit. Sie meinte die Tatsache, daß er schon vor Kriegsbeginn oft fortgewesen war, sich 1941 freiwillig zur Front gemeldet und es danach nur noch seltene Begegnungen gegeben hatte. Der Satz verriet außerdem, was bisher sorgfältig unter der stehenden Redensart »So war das damals eben« verborgen gelegen hatte: Er hat sie ja verlassen, sitzengelassen mit drei kleinen Kindern, um in den Krieg zu ziehen. Damals war mir noch nicht klar, daß dieser Mann in ihrem Leben wahrscheinlich ebenfalls nicht nur Partner war, sondern Defizite decken helfen sollte, die ein Maß an Bestätigung und Geborgenheit erforderten, die über das, was eine Ehe in diesem Punkt »normalerweise« bieten kann, hinausgingen. Das Verhältnis zu ihren Eltern liefert hierfür viele Anhaltspunkte. Damals ebenfalls noch nicht verstanden hatte ich die Bedeutung, die dieser Mann, obwohl anderthalb Jahre nach meiner Geburt gestorben, für mein Leben bekommen hatte. Heute glaube ich, daß in gewissem Maße die Rolle, die der Vater für die Mutter spielen sollte, von ihr nicht dem Sohn, sondern der ältesten Tochter übertragen worden ist, das heißt, ich habe unbewußt versucht, ihr den Mann zu ersetzen.

Unter anderem wünschte sie sich Führung und Halt. Es sollte jemand da sein, der sie in ihrer eigenen Unsicherheit leitete. Kürzlich berichtete sie von einem häufig wiederkehrenden Traum, in dem sie sich als kleines Mädchen in einer großen Stadt verirrt. Wie gut erinnere ich mich an ihren häufigen Ausruf: »Ich habe eben gar kein Orientierungsvermögen!«, ob es beim Pilzesammeln im Wald war, wo wir Kinder sie dann stolz, aber auch mit einer gewissen Selbstverständlichkeit nach Hause führten, bei Wanderungen oder beim Autofahren. Einmal sind wir – sie am Steuer – fünfmal um die Binnenalster in Hamburg gefahren, um »Orientierung« zu üben. Auch wünschte sie sich, daß einer sie mit in die Welt hinausnähme. Wie sehr genoß ich es während eines Berlin-Semesters, sie in Ost-Berlin herumzuführen. Ein lang gehegter Wunsch von mir war auch, ihr Rom zu zeigen. Meine Schwester hat davon später etwas wahrgemacht. Vor allem aber die Mutter selbst hat sich, als wir aus dem Haus waren, mit Gruppenreisen aufgemacht, um die Welt zu sehen. Ähnlich verhielt es sich mit Wissen und Bildung. Ich mag vielleicht siebzehn gewesen sein, als sie sich beklagte, daß wir von unserer Oberschulbildung so gar nichts an sie weitergeben würden. Ganz sicher ist ein Teil der zermürbenden, unendlich destruktiven und schmerzlichen Konflikte auf den Widerspruch zurückzuführen, der in solchen »heimlich« an ein Kind gestellten Erwartungen liegt. Einerseits bemüht es sich, sie zu erfüllen; andererseits kommt es ständig mit der kindlichen Rolle in Konflikt. Überforderung, Unsicherheiten und verzweifelte Verwirrung müssen fast notwendig daraus entstehen.

Noch beängstigender wird die Sache im Bereich der Geschlechtsrollen. Da die Mutter nicht wieder geheiratet hat und kaum Freunde besaß, war es ohnehin schon schwierig, die weibliche Rolle überhaupt kennenzulernen. Hinzu kamen die starke Identifizierung mit dem gegengeschlechtlichen Elternteil, der aber als Mann und Person ebenfalls nicht vorhanden war, und die Entwertung der Mutter. Was sollte daraus anderes resultieren als totale Mystifizierung und Unfertigkeit der Möglichkeit, befriedigende zwischenmenschliche und zwischengeschlechtliche Beziehungen aufzunehmen?

Vielleicht ist es eine Überschätzung des eigenen Schicksals, vielleicht auch nur die Übernahme der familientherapeutischen Perspektive, wenn ich glaube, in der dritten Generation, also meiner, hätten sich die Dinge zugespitzt, so daß es zu dramatischen Ein- und Ausbrüchen kam. Vielleicht sind es auch nur die Zeitumstände, unter denen wir leben, die es uns gestatten, unsere inneren Dramen auszuleben, während sie sich früher genauso abspielten, nur unsichtbarer, überdeckt von dem starken Druck, den der Kampf ums materielle Überleben ausübte.

Während der Grabungsarbeiten zur Wiederentdeckung der Kindheit und zur Rekonstruktion eines eigenen Selbst hatte der verschwundene Vater nur eine Rolle am Rande gespielt. Zwar hatten mich die kognitiven und intellektuellen Fähigkeiten während der Krise über Wasser gehalten; in dem Maße aber, in dem die alten, verschüttet geglaubten musischen Fähigkeiten sich wieder regten, wurde mir mein Dasein als Juristin zunehmend zum Gefängnis; bis die Grabungsleiterin eines

Tages die Frage aufwarf, ob die Ablehnung der Bürokratie, in die ich als Beamtin eingegliedert war, die Leere und Öde, die ich bei meiner Tätigkeit empfand, etwas mit dem Vater zu tun haben könnten. Allmählich zeigte sich, daß auch dies eine der vielen folgenreichen Täuschungen war: zu glauben, mit dem Nationalsozialismus und mit dem Vater fertig zu sein.

So wie das Jahr 1945 für die nachmalige Bundesrepublik keineswegs nur ein Neuanfang war, weil in Wirtschaft und Verwaltung, bei der Polizei und in hohen und höchsten Richterämtern alte Parteigenossen, SS-Führer und durch Sondergerichtsbarkeit schwer belastete Richter saßen, unerkannt und verschwiegen, saß in mir ein widersprüchliches Bild des Vaters; ebenfalls unerkannt und verschwiegen und – so wie die lebenden Fossilien – unendlich einflußreich. Jetzt ging es nicht nur um eine von der Mutter weitergegebene Aufgabe. Hier wirkte er selbst fort. Eines Tages trat ein älterer Vorgesetzter auf mich zu und sagte: »Ich habe Ihren Vater gekannt.« Ich war wie vom Donner gerührt und hatte das Gefühl, als werde mir wie einem Verbrecher eine lange geheim gehaltene Tat auf den Kopf zugesagt. Gleichzeitig schossen mir die Tränen in die Augen. Es war unschwer festzustellen, daß er sich selbst als Opfer betrachtete, obwohl er im Dritten Reich einflußreiche Positionen bekleidet hatte. Von der säkularen Schuld gegenüber den Juden wollte er nichts wissen, statt dessen rechnete er das Bombardement der deutschen Städte durch die Engländer und Amerikaner gegen den Völkermord auf. Ich verabscheute derartige Ansichten, aber wir kamen trotzdem zu weiteren Gesprächen zusammen. Zum ersten Mal stand jemand zu dem, was er im Hitlerreich getan hatte, gab Rede und Antwort, hüllte sich nicht nur in das bekannte, verbissene Schweigen. Es entwickelte sich ein menschliches Verhältnis. Ich brauchte ihn nicht zu hassen oder zu verachten. Zeitweise war es wie ein Glück. Ich glaubte zu ahnen, wie es ist, wenn ein Kind einen Vater hat, als Tochter eines Vaters geachtet, einbezogen und ernstgenommen wird. Die Leerstelle füllte sich mit Gefühl. Weil sich unsere Ansichten zu sehr unterschieden, blieb ich letztlich mit dem alten Wunsch doch wieder allein, es möge mich einer bei der Hand nehmen, mit mir ins Deutsche Museum gehen und mir die Welt erklären, einer, an den man sich in Fragen der Moral, des Gut und Böse unter den Menschen und in der Politik halten konnte.

Aber die Hochachtung, mit der dieser Vorgesetzte von meinem Vater sprach, rief mir etwas ins Gedächtnis: Es war derselbe Ton, in dem Anfang der fünfziger Jahre, als noch Kriegskameraden meine Mutter besuchten, vom Vater gesprochen wurde. Es ließ sich nicht länger abweisen: Sie sprachen von ihm wie von einem Helden. Ich begann Kontakt zu Kriegsteilnehmern, die ihn gekannt hatten, aufzunehmen. Aber es war immer dasselbe, auch wenn sie von sich aus das Wort vermieden: Er war ja ein Held. Jedenfalls machten sie ihn dazu. Opfermut, Einsatzbereitschaft bis zu einer schweren Kopfverletzung, immer ohne Stahlhelm im Geschützfeuer, das sagenumwobene Verhältnis von

Mannschaften und Offizieren bei der Waffen-SS, er als Führer eines Tigerkorps, der besten Panzerwaffe Hitlers. »Charakternote Eins« gaben sie ihm ganz im alten Sprachgebrauch. Die Wärme und Begeisterung, mit der sie von ihm sprachen, ließ nur einen Schluß zu. Sie hatten ihre 1945 untergegangenen Hoffnungen und Ideale auf den Toten übertragen, sie nie wirklich begraben. Die Erzählungen meiner Mutter waren ähnlich. Wenn wir Kinder Unordnung hinterließen, wurde er hervorgeholt: Nie hat er eine Teppichfranse verschoben. In jeder Not hat er sie beschützt. Die Hochschwangere aus dem brennenden Hamburg herausgeholt, anständig, sportlich und treu sei er gewesen, ein unterhaltsamer Erzähler. Auch wenn das Porträtfoto vom Schrank verschwand, sie hat an diesem Bild festgehalten.

Ein Familienmythos war entstanden, und so ein Mythos führt sein Eigenleben. Er hat Bestand und ist durch nichts zu widerlegen, solange er nicht als solcher erkannt wird. Der lebende Vater wäre relativierbar gewesen. Man hätte ihn beim Rasieren erlebt, Schlange stehend, zornig, erfolglos. Er wäre ein Mensch mit Schwächen gewesen. Der Tote aber wandelte sich nicht mehr. Er blieb das, was über ihn kolportiert wurde, strahlend, siegreich und unerreichbar. Mein Versuch, dem unbewußten Mythos Leben zu geben, mußte scheitern, weil es Helden nur als Tote, Märtyrer oder Heilige gibt, aber nicht als normale Leute, die mal Schlange stehen oder einen Schnupfen haben. Für den negativen Aspekt des Vaters mußten die Lebenden ebenfalls herhalten. Ich übertrug ihn auf die Beamten, die Abteilungsleiter, auf Polizei, Bundeswehr, den gesamten bürokratischen Apparat, den Staat. Daß der Vater überzeugter Nationalsozialist gewesen war, 1929 in die Partei eingetreten, ausgebildet auf einer Junkerschule des Führers, 1936 bis 1941 im Auslandsdienst des Sicherheitsdienstes gearbeitet hatte, habe ich erst durch Nachforschungen in den letzten Jahren erfahren. Aber daß er überzeugter Hitleranhänger und in irgendeiner Weise Täter gewesen sein muß, hat schon das Kind gewußt. Noch heute höre ich eine Tante sagen: »Es ist besser so.« Sie meinte seinen Tod und fügte hinzu: »Wenn er überlebt hätte, hätten ihn die Russen an die Wand gestellt oder die Amerikaner ihn als Kriegsverbrecher verurteilt.« Das war keine Übertreibung. Sein Bruder – in russischer Gefangenschaft mit ihm verwechselt – ist dem Tod nur knapp entronnen. Die Amerikaner ihrerseits hätten den Vater im Malmedy-Prozeß, in dem es um die Erschießung von siebzig gefangenen US-Soldaten durch die Leibstandarte im Dezember 1944 ging, angeklagt und zum Tod verurteilt.

Die Folgen? Heute erst, im Rückblick auf die Schul- und Studienjahre stelle ich fest, eigentlich ohne lebendige Vorbilder aufgewachsen zu sein. Es scheint so, als ob es die bewunderten Lehrer und Professoren, deren Nähe man suchte oder deren Schüler man hätte werden können, damals nicht gab. Einerseits gab es sie wirklich nicht, weil die, die dagegen waren und Vorbilder hätten sein können, in den KZs umgebracht worden waren, emigriert waren oder nach der Restauration keine Rolle mehr gespielt hatten. Andererseits war ich nicht in der Lage, Vorbilder zu finden, denn die Stelle in mir war ja längst besetzt.

Die Entwicklung gedanklicher Leitbilder blieb ähnlich blaß; was ich im rechtswissenschaftlichen Studium über Demokratie und Rechtsstaat hörte, ließ mich ohne Wärme und Leidenschaft, entwikkelte sich von einer rein intellektuellen Haltung nicht zu eigenen, auch gefühlsmäßig verankerten Überzeugungen. Das bedeutet, daß ich leicht korrumpierbar war und, um dies zu verdecken, besonders auf die radikale Pauke hauen mußte.

Die Brüchigkeit, eigentlich Beliebigkeit dieser Idealbildung war gekoppelt mit einem diffusen Mißtrauen gegen alle Älteren, vor allem gegen den CDU-Staat und seine Politiker. Obwohl ich die Gründe nicht einmal ahnte, empfand ich die »Treue zur Heimat« der Vertriebenenverbände und das Mitleid mit den »Brüdern und Schwestern in der Zone« als verlogen und unecht. Es war eben spürbar, daß das alles auch dazu diente, die Erinnerung daran zu übertünchen und zu übertönen, daß der Verlust der Heimat und die Teilung Deutschlands selbst verschuldet waren. Niemand, so schien es mir, war glaubwürdig. Alle legten nur Lippenbekenntnisse zur neuen Staatsform ab.

Das widersprüchliche Bild des Vaters, Held und Verbrecher zugleich, hatten einen »Loyalitätskonflikt zwischen dem öffentlichen Eintreten für demokratische Ideale und der Teilnahme an der unaufrichtigen elterlichen Selbstrechtfertigung« (Lutz Rosenkötter, 1981) entstehen lassen. Indem ich Beamtin geworden war, hatte ich mich mitten ins Zentrum des Problems manövriert. Einerseits mußte ich mich nach außen anpassen, vielfach auch Loyalität bekunden; andererseits steckte ich voller Ressentiments gegen meine beamtete Umwelt, auch gegen mein eigenes Dasein als Beamtin. Die Menschen dort kamen mir rückgratlos und überangepaßt vor, ich selbst wurstelte in einer ökologischen Nische des Apparates herum und sah zu, nicht in große Konflikte zu kommen. Ich lebte wie in Feindesland, immer in Angst, sie könnten mich hinter der Fassade entdecken.

Typisch für diese Konstellation scheint mir zu sein, daß ich manchmal größte Mühe hatte, zu dem zu stehen, was ich als richtig erkannt zu haben glaubte. Ich führte für die Behörde gegen eine Anzahl angesehener Landwirte der Umgegend einen Prozeß um ein Naturschutzgebiet. Während des Plädoyers des gegnerischen Anwalts hatte ich das unbeschreiblich beängstigende Gefühl, aufgesogen, praktisch zu nichts zu werden. Dabei hatte ich die Sache sehr gründlich vorbereitet und brauchte aufgrund der Rechtslage keine Zweifel zu haben, daß die Gegenseite den Prozeß verlieren würde, was auch geschah.

Ich war mit diesen Erfahrungen nicht allein. So wie ich fühlten sich große Teile meiner Generation maßstabslos und verachteten Bürokratie und Staatswesen stellvertretend für die Väter. Für manchen führte der Weg aus dieser Konstellation in den Terror, für andere in Depression und innere Leere, für wieder andere in Hochschulkarrieren mit schlechtem Gewissen.

In dem Maße aber, in dem ich entdeckte, welches Erbe der Hitlerzeit in mir fortlebte, gewannen die Menschen um mich herum und ich mit ihnen menschlichere Züge, wurden aus abstrakten Feinden, aus den Statthaltern des Bösen, normale Leute, die natürlich selbst – jeder auf seine Weise – in dem Schuld- und Verdrängungszusammenhang steckten. Schließlich konnte ich die Verwaltung, die Juristerei, das alte Gefängnis – merkwürdigerweise lag mein letztes Dienstzimmer tatsächlich in einem ehemaligen Gefängnisbau – verlassen. Warum sollte es nicht möglich sein, ein Leben außerhalb des als korrumpierend empfundenen staatlichen Apparats zu versuchen?

Die Frage, warum dreißig Jahre vergehen mußten, bis die Kinder das Tabu, das über dem Leben der Eltern in der Nazi-Zeit lag, zu brechen begannen, führt in die Jahre unmittelbar nach 1945. Margarete und Alexander Mitscherlich haben schon 1968 in ›Die Unfähigkeit zu trauern‹ beschrieben, daß der Untergang des Hitlerreichs für die Elterngeneration den Verlust des kollektiven Ich-Ideals bedeutete. Sie haben auch beschrieben, wie die Eltern ihre gefühlsmäßige Beteiligung am Aufstieg Hitlers ungeschehen machten und sich in den Wiederaufbau stürzten. Für die Kinder bedeutete dies: Das Verschweigen dieser Zeit und der eigenen Rolle darin gehörte bald genauso zu den gewünschten »guten Manieren wie die Verleugnung der Sexualität um die Jahrhundertwende« (Alice Miller, 1979). Wenn die Kinder die lebenserhaltende Zuwendung der Eltern nicht gefährden, die tief verunsicherten Väter und die überforderten, oft alleinstehenden Mütter nicht noch mehr strapazieren wollten, mußten sie zum Schweigen der Eltern ebenfalls schweigen.

Mit der Studentenbewegung scheint sich das Bild zu wandeln. Die Studenten gruben Mitte der sechziger Jahre die braune Vergangenheit ihrer Universitäten und Hochschullehrer aus. In der Folgezeit führten sie der älteren Generation am Beispiel des Vietnam-Krieges vor Augen, daß es mit der westdeutschen Demokratie nicht zum besten stand. Zum Dialog kam es jedoch nicht. Auch jetzt, nach Ausbruch des Hasses, der Vorwürfe und Anklagen, blieben die Jungen allein. Die Abwehr der Alten wurde nur noch gereizter. Der Zorn der Kinder verbrauchte sich im Kampf gegen die Institution, die unbewußte Identifizierung mit den Eltern wurde jedoch nicht gelöst. Wir erkannten nicht, daß die Väter längst in uns weiterlebten, auf eine versteckte, schwer zu durchschauende Weise.

So wie ich sind viele meiner Generation lange Zeit nicht auf die Idee gekommen, das zeitgeschichtliche Wissen, das wir aufgehäuft haben, auf das Leben der Eltern anzuwenden; zum Beispiel zu fragen, wie die Plakate und Aufrufe »Kauft nicht beim Juden« aufgenommen wurden, welche Erinnerungen an die »Reichskristallnacht« da waren, wie man zum »Führer« eingestellt war. Wir brauchten gewissermaßen die globale Verdächtigung der Eltern als Nazis und Feinde, um von der eigenen Identifizierung abzulenken. Deswegen gab es zwischen dem Wissen um das Geschehen im Dritten Reich und der Biographie der Eltern diese Zäsur: Sie ersparte die Auseinandersetzung. Wir konnten glauben, alles schon zu wissen. Anstatt den Dialog mit ihnen aufzunehmen und auch ihnen dadurch wieder den Weg zu ihrem vergangenen Leben zu öffnen, verdächtigten wir sie global. »Wir Kinder des Faschismus hatten uns zu der Zeit unserer Eltern selbst gemacht. Als unterste Vollzugsglieder des faschistischen Großen und Ganzen versuchten wir, sie durch Verantwortung, Mittäterschaft und persönliches Versagen zu beleben« (Beck u. a., 1980).

Erst im Scheitern der siebziger Jahre, als der Marsch durch die Institutionen zwar angetreten, man in der Feindschaft zu ihnen aber auch auf sich, das private Chaos und die eigene, ganz private Unmenschlichkeit gestoßen war, begann die Erkenntnis zu dämmern: Wir sind Kinder dieser Eltern, die durch Wegsehen, dadurch, daß sie es vermeiden, ihren Anteil an den Greueln des Dritten Reiches zu akzeptieren, dieses überstanden. Ob wir wollen oder nicht, wir sind mit ihnen identifiziert, und sei es auch nur in der Negation, im wütenden Einschlagen auf sie. »Schuldübernahme«, das ist offenbar nicht nur eine juristische Konstruktion des Zivilrechts.

Es kostete einige Überwindung, das Gespräch mit älteren Familienangehörigen, besonders mit der Mutter, wieder aufzunehmen. Die Gesprächsmuster von Aggression und Anklage bei mir, Abwehr und Unwille, sich zu erinnern, auf der anderen Seite, waren über lange Jahre eingeübt.

Trotzdem gelang es, den Lebensweg der Eltern vor 1945 in etwa zu rekonstruieren, und hier und da tauchten auch unverhofft bislang niemals erwähnte Details auf, die wie Schlaglichter die Verwobenheit dieser Lebensgeschichten in die großen Linien der damaligen Zeitläufe beleuchten. Eins der alten Fotos zeigte meinen Vater in Zivil: hoch zu Roß im Grunewald. Meine Mutter erinnerte sich, daß dies eins der Rassepferde war, die die SS beim Einmarsch in Österreich beim Baron Rothschild in Wien »requiriert« hatte. Daß das ein Unrecht war, darüber konnten wir noch nicht sprechen. Es gab verschiedene solcher Bruchstücke, die aus dem Nebel der Vergangenheit auftauchten; ein Kinderlaufgitter mit Hakenkreuzwimpeln geschmückt; ein Bild vom Mai 1938, die Leibstandarte marschiert am Quirinalspalast in Rom vor dem Duce vorbei, meine Mutter erwartet sie am gemieteten Fensterplatz. Bei weitergehenden Fragen taten sich die alten Gräben schnell wieder auf. Insbesondere Fragen nach der »Reichskristallnacht« und dem Schicksal jüdischer Mitbürger brachten den Dialog zum Erliegen.

Diese Phase der Elternbefragung belebte zwar Bruchstücke der Zeit vor 1945; es wäre jedoch übertrieben zu sagen, daß sie den Zugang zu ihr als gelebte Geschichte wirklich geöffnet hätte. Denn vor allem über die gefühlsmäßige Beteiligung der Älteren an den Aufbruch- und Aufschwungjahren unmittelbar nach 1933, über ihre Faszination durch Hitler ist so gut wie nie etwas zu hören.

Ähnlich erging es mir mit dem Vater. Trotz der intensiven Nachforschungen in Archiven und bei Überlebenden, trotz des vielen Materials, das ich zusammengetragen habe, ist es mir nicht oder noch nicht gelungen, Klarheit in sein Bild zu bringen. Taten, die als Kriegsverbrechen oder Verbrechen gegen die Menschlichkeit geahndet worden wären, ließen sich nicht nachweisen und sind – nach allem, was ich weiß – nicht sehr wahrscheinlich. Sie sind aber auch nicht völlig ausgeschlossen. Der Sicherheitsdienst war Zuträger für die Gestapo. Wer in der Berliner SD-Zentrale saß – und daß über fünf Jahre – arbeitete mitten im Machtzentrum der nationalsozialistischen Gewaltherrschaft. Wie viele Menschen hat er der Gestapo ans Messer geliefert? Oder hat er nur Karteikarten sortiert? Macht das überhaupt einen Unterschied? Ich bin ratlos; wie eine Verbindung mit dem Foto an der Wand herstellen?

Entschuldigungen gibt es nicht. Es war nicht oder nicht nur die Arbeitslosigkeit, die ihn 1933 zum Eintritt in die SS trieb. Er war ja schon vier Jahre vorher, mit siebzehn Jahren, Mitglied des NSDAP geworden. Und um auf Hitlers Junkerschule Bad Tölz zu kommen, mußte man glühender Nazi, nicht nur Mitläufer sein.

Als militärischer Führer ist er eher vorstellbar. Daß er 1941 freiwillig vom SD zur Front ging, entlastet ihn ein wenig. Natürlich, so vermute ich, wollte er vor allem bei dem großen Abenteuer »Krieg« nicht fehlen, Ausreißer von Zuhause, Matrose und Seefahrer, der er schon als Jugendlicher war. Glaubhaft auch, daß ihn Korruption und Intrigen im SD abstießen. Offenbar wich er vom Typ des schneidig-kalten SS-Mannes ab. Die Kriegskameraden berichteten übereinstimmend, daß er kein Leuteschinder war; nicht gebrüllt hat; für das Wohl der Mannschaften sorgte, so gut es ging; ein menschlich-kumpeliges Verhältnis zu ihnen hatte. Mit dem ollen Rollkragenpullover aus den Seemannstagen unter der Uniformjacke sehe ich ihn vor mir. Wie die negative Seite sich in dieses Bild einpaßt, weiß ich nicht. Es bleiben zwei Gesichter. Weniger Schwierigkeiten zum einfühlenden Verstehen und zur historisch zutreffenden Einordnung bot das Schicksal der Mutter in der Nachkriegszeit. Es ist noch nicht lange her, da entdeckte ich in alten Papieren den Antrag auf Zuweisung einer Wohnung von 1950. In ihm mußte die Frage beantwortet werden, warum sie nicht in die Wohnung in Mecklenburg, aus der sie im April 1945 geflohen war, zurückgekehrt sei. Beim Lesen der Begründung erschloß sich mir plötzlich die Geschichte dieser Flucht. Ich hatte sie zwar wieder und wieder gehört, aber nie etwas von der Ausweglosigkeit und Verzweiflung begriffen, die sie damals erfüllt haben müssen: Drei Kinder, der Mann gefallen, die Nachricht von seinem Tod zwei Wochen vor der Geburt des Dritten erhalten und kurz danach auf der Flucht. Tiefflieger über dem Treck nach Schleswig-Holstein. »Die Frau mit dem Steckkissen« – die gerade geborene Schwester lag darin – »soll zurückbleiben, das weiße Kissen verrät uns«, riefen die Soldaten von dem Armeelastwagen herab, als der Angriff vorbei war und die Flüchtlinge aus dem Wald und den Gräben wieder auf die Ladefläche zur Weiterfahrt steigen wollten. Langsam begriff ich, daß es nicht weiterführt, das Leid der Elterngeneration dadurch fortzuwischen, daß wir es vergleichen, messen und aufwiegen gegen das, welches sie Millionen Juden, Polen, Russen, ganz Europa zugefügt hat. Die Schuldgefühle dafür, daß ich trotz allem auf der Welt bin und ausgerechnet diesen, ihrem eigenen Anteil so unzugänglichen Menschen Studium und Ausbildung verdanke, werden ja durch die Anklagen und das Aufrechnen nicht gemildert.

Wenn der Haß sich allmählich in Verstehen verwandelt, können beide Seiten sich ihre Not verständlich machen. Normalerweise ist für das Gespräch zwischen den Generationen Voraussetzung, daß die Eltern Rechenschaft von sich fordern lassen. Da für viele meiner Generation gerade das nicht zu bekommen war, haben wir den Eltern den Prozeß gemacht. Erst der Versuch, die Geschichten, die die Eltern selbst hätten erzählen müssen, wiederzufinden, hat aus Anklägern und Angeklagten Zuhörer und Erzähler gemacht. Es ist unsere einzige Chance, auch wenn das Ressentiment gegen die, die noch heute ihren Anteil von damals krampfhaft abwehren, zeitweise so lebendig ist, als hätte es keinen Tag der Verarbeitung gegeben. Aber: »Das Ressentiment«, sagt Jean Améry, »blockiert den Ausgang in die eigentliche menschliche Dimension, die Zukunft.«

(Familiendynamik 7/1982, S. 316ff.)

Ein Sonntag auf See im Mystral
Von einem Cuxhavener Seemann

An Bord, 23. Oktober 1933. Um 11 Uhr mußte ich Ruder ablösen. 11.20 Uhr wehte es derart, daß das Schiff dem Ruder nicht mehr gehorchte. Quer in der See treibend, waren wir ein Spielball der Wellen. Ich sagte dem »Zweiten«, daß das Schiff nicht mehr steuere. Der »Alte« wurde geholt und rief in die Maschine 'runter, daß die Maschine laufen sollte, was sie hergibt. Nun ging der Höllentanz los. Nun, wir haben die Partie Hazard, die wir mit dem »Blanken Hans« angesetzt hatten, gewonnen. Oder besser gesagt: Der Herr hat uns beschützt. Wie aber wird es das nächste Mal?

Die Maschine lief also auf Teufel komm 'raus. Das Schiff war leer, wurde hochgeschleudert von einer See und fiel krachend mit dem platten Boden auf die nächste anrollende See. Einmal richteten wir den Steven gen Himmel, und dann wieder schnurrte und ballerte die Schraube hoch über uns in der Luft. Mühsam brachten wir das Schiff mit dem Kopf auf die See. Am Ruder durfte man den Mund nicht aufmachen; dann blieb einem die Luft stehen, so hart wehte es. Das einzig Gute war, daß wir mit dem leeren Schiff kein Wasser an Deck bekamen. Aber jedesmal, wenn die See unter dem Boden rammte, schlackerten und wackelten die Masten, als solle alles von oben kommen. Um 12 Uhr riß uns die Antenne. Kurz darauf wurde ich abgelöst und ging nach vorne zum Essen. Gerade war ich vorn im Logis, da krachte es unter dem Boden, daß alles im Logis durcheinanderfiel. Die Spiegel fielen von der Wand, Tassen, Teller, Kaffeedose, alles sauste im Logis umher.

Dann kam der »Dritte« nach vorn und sagte: »Wenn alle gegessen haben, nach achtern kommen und Luke 3 und 4 klar machen zum Fluten!« – Oha, also so weit waren wir schon! – Es wurde immer schlimmer. Das Schiff arbeitete wahnsinnig. Stieg hoch, krachte zurück, zitterte und wühlte. Der 1. Maschinist hatte sagen lassen, daß die Maschine das nicht mehr lange verträgt. Oha, oha! Ich dachte manchmal auch: »Hier kommen wir wohl nicht mehr heraus.« So etwas habe ich noch nicht erlebt. Wer das nie mitgemacht hat, der macht sich keinen Begriff davon. –

Als wir gegessen hatten – viel habe ich nicht runtergebracht – zogen wir Arbeitszeug an und gingen achteraus zum Arbeiten. Es war fürchterlich da unten in den Laderäumen. Ich dachte jedesmal, wenn das Schiff so wahnsinnig stieß: »Beim nächsten Mal bricht er durch, das kann er nicht lange aushalten.« Erst hatte ich Angst, nachher war es mir so ziemlich egal, und dann dachte ich: »Laß ihn man absaufen, es wird schon ein Schiff in der Nähe sein, das uns aufnehmen kann.« Ob es möglich gewesen wäre, von Bord zu kommen, bezweifle ich allerdings.

Wir arbeiteten wie besessen. Alle Offiziere waren dabei. Der Schweiß lief unter der Mütze heraus, und das Hemd klebte auf dem Rücken. Die Schraube donnerte, das Schiff krachte und bebte. Ein Höllenlärm! Nur brüllend konnte man sich da unten verständigen. Wir schufteten. »Herr hilf uns!« dachte ich bei mir und werkte weiter. Um 3 Uhr waren wir fertig. Die Räume waren klar zum Fluten. Die Freiwache konnte weggehen. Verstaubt, die Haare schweißverklebt im Gesicht, standen wir an Deck und sahen uns an. Keiner sprach es aus, aber auf jedem Gesicht konnte man lesen: »Kommen wir durch?« Ausgesprochen wird so etwas nicht, das drückt die Stimmung zu sehr. Stumm drehten wir uns um und gingen nach vorne, wuschen uns und setzten uns hin zum Kaffeetrinken. Da wurden schon wieder Witze gemacht, wurde gelacht. Der Moses war mit dem Hinterteil in die Margarine gesaust und hatte alles, was an Porzellangeschirr vorhanden war, kaputt geschlagen. Man mußte fortgesetzt aufpassen, daß man nicht von der Bank geschleudert wurde und sich mit der Mug nicht die Zähne ausschlug, wenn der olle Zarochel auf die See knallte.

Wir stiegen in die Koje. Achtern lief das Wasser in die Räume. Das Schiff kam dadurch achtern tiefer, Schraube und Ruder faßten wieder besser, das Schiff steuerte wieder, obgleich es draußen genauso wühlte und tobte wie vordem. Eineinhalb Stunden habe ich wunderbar fest geschlafen. Dann mußte ich wieder auf die Wache. Brüllend empfing mich an Deck der Mystral; er tobte unvermindert. Aber ein Leuchtfeuer war in Sicht, ganz weit am Horizont. Eine Hoffnung! Das heißt, die Angst war mir schon längst vergangen. Ich war eben Seemann und hatte meine Pflicht zu tun. Die Angst war eigentlich nur die ersten zwei Stunden da. Schließlich hängt man am Leben, und versaufen möchte man nicht gerne. Im Kampf auf dem Schlachtfeld fallen ist ein ander Ding, aber so langsam abbuddeln, nein, ich danke! – Es wurde schlimmer und schlimmer, die ganze Luft war ein infernalisches Geheul. Aber das Schiff parierte dem Ruder. – Seemannssonntag! – Unsere Passagiere, ein Ungar nebst Frau, eine Türkin und ihr Sohn, hatten mit dem Leben abgeschlossen. Man kann es verstehen.

Langsam, unendlich langsam kamen wir dem Landfeuer näher. Der Wind heulte unvermindert, aber die See wurde weniger. Es stellte sich heraus, daß es »Planié«, das Aussteuerungsfeuer von Marseille, war. Um 24 Uhr wurden wir wieder abgelöst. Gingen zur Koje. Um 4 Uhr mußten wir wieder heraus. – Es wehte wahnwitzig. Man konnte kaum über Deck kommen. Wir waren nun hart unter Land, und es lief keine See mehr. Wir dampften an der Küste hoch, bis an eine Landecke, drehten dann um, um nicht aus dem Schutz des Landes in die blödsinnige See zu kommen, und fegten platt vor dem Winde wieder an der Küste herunter. Als es vollständig hell geworden war, suchten wir einen Ankerplatz und legten uns da hin. Gegen Mittag hielten die Anker nicht mehr. Gischt fegte über Deck, und das Schiff trieb ab. Anker auf also und weg! – Es sah aus, als wollte die Welt untergehen. Tief lag der Himmel, dicke schwefelgelbe Wolken jagten über uns. Wir sausten vor dem Winde auf Marseille zu. Verkrochen uns zwischen die Inseln vor der Stadt. Anker weg! – So, einen wunderbaren Platz erwischten wir. Hier konnte uns Rasmus wohl kaum etwas anhaben. – Gestern hat es den ganzen Nachmittag gewittert. Aber wie! Es wurde beinahe nachtdunkel. Schade, daß »Castell d'If« (Graf von Monte Christo) so weit weg ist, sonst würde ich es mal knipsen.

Ich habe Gott gedankt, daß er uns hierher geführt hat und wir jetzt nicht draußen im Golf rumschwabbeln. Wir hätten das Wetter wohl kaum überstanden. Es hat sich noch ein kleiner Schwede bei uns eingefunden, und hier liegen wir gut. In einigen Wochen können wir wieder daheim sein.

(Cuxhavener Zeitung, 3. November 1933)

Nächtliches Erlebnis an der Haitiküste

In dieser Geschichte verliebt sich niemand, es wird nicht geschossen, und es stürzt sich auch niemand aus einem oder keinem Grunde in ein tiefes Wasser. Wohl aber ist die Geschichte wahr. Sie ereignete sich auf einem kleinen Frachtdampfer der HAPAG, der auf Ladung wartend vor einem Küstenstädtchen Haitis vor Anker lag. Es war im tropischen Hochsommer 1932.

Hein, der Matrose, wachte plötzlich auf. Es war stockfinster. Mund und Kehle waren trocken, Schweiß rann vom Gesicht über Hals und Brust, rann kitzelnd von Oberschenkeln und Beinen und versickerte im Bezug des Strohsackes. Triefnaß war die Badehose, das Universalbekleidungsstück der Mannschaft in den Tropen, wenn sie Freizeit hatte. Dicke, feucht-nasse, verbrauchte Luft hing wie Brei im Logis. Es roch nach Schweiß, Tabak und Tran; keuchend ging der Atem der sieben schlafenden Kameraden; unruhig warfen sie sich, so daß das Drahtgeflecht unterm Strohsack krachte.

Am Moskitonetz über der Koje summten blutgierige Angreifer, sichtlich erbost, daß die engen Maschen des Schleiers ihnen den Sturm auf ihr Opfer verwehrten. Die Ankerkette ruckte in der Klüse, leises Plätschern des Wassers an der Bordwand drang durch die geöffneten Bullaugen, die viel zu klein waren, um genügend Frischluft für acht schlafende Menschen hereinzulassen, dafür aber bei schlechtem Wetter nicht dichthielten, so daß man sein unterstes Fach im Schrank ausräumen mußte, um seine Sachen vor der salzigen Flut zu retten. An Einschlafen war nicht mehr zu denken. Hein hob das Moskitonetz, stieg leise aus der Koje, um die anderen nicht zu wecken.

In der Messe (Speiseraum), rechts neben der Tür, die an Deck führte, war der Lichtschalter. Auch im Dunkeln war Hein jeder Handgriff geläufig, denn wenn man zwei Jahre auf einem Schiff ist, kennt man sich im Schlaf aus. Mit dem mitgebrachten Handtuch rieb er sich trocken und setzte sich mit hochgezogenen Knien auf die rechte Holzbank an der Back (Tisch). Mit geübten Fingern drehte er sich eine Zigarette, blätterte in einer zerlesenen Bilderzeitschrift, die auf dem Wandbord gelegen hatte, und rauchte vor sich hin. Doch all die Badeengel und Schönheitsköniginnen mit ihrem gefrorenen Lächeln kannte er schon Monate.

Er sah auf, musterte die schwieligen Fäuste, wurde unruhig, sah nach links, nach rechts, drehte sich um: niemand. Er hatte auch niemanden kommen hören. Trotzdem verließ ihn diese seltsame Unruhe nicht. Er stand auf, wollte an Deck gehen, um mit dem Wachmann ein wenig zu klönen.

Plötzlich, einen Schritt vor der Tür, stockte sein Fuß, den er schon gehoben hatte, um über die hohe Schwelle zu treten. Sein Blick war auf eine riesige, silbergraue, seidige Spinne mit ekelhaften langen, haarigen Beinen gefallen, die ihn mit zwei goldblanken Stielaugen feindselig anzustarren schien. Wie der Cerberus vor dem Höllenausgang saß sie über dem Lichtschalter. Die unten dünneren, mit feinen Härchen besetzten Vorderbeine stützen sich auf das Schaltergehäuse.

Langsam, Schritt um Schritt, wich der große, sonnenverbrannte Kerl zurück, unverwandt auf das scheußliche Insekt starrend. Langsam trat er durch die Verbindungstür zum Logis, schloß sie und atmete frei auf. Durch den anderen Ausgang, durch das dunkle Logis tappend, gewann er das Deck. Hohl klang der Aufschlag der Klinken (Holzpantoffeln) auf dem Eisendeck im leeren Laderaum wider. Der Wachmann Tünnes, ein Kölner, lehnte mittschiffs an der Reeling beim Fallreep, sah auf und rief gedämpft: »Na, schon ausgeschlafen, alter Klabautermann; dann komm man näher und vertreib mir ein wenig die Zeit!« Tünnes sprach, außer wenn er Witze aus seiner Heimat erzählte, immer Hochdeutsch. Beide lehnten an der Reeling und sahen den durch den Lichtkreis der Fallreepsbeleuchtung schießenden Haien zu.

Hein schämte sich eigentlich, trotzdem begann er, sein Abenteuer mit dem Drachen zu erzählen, lachte gedämpft, um seine Angst, die ihm nun selbst schon lächerlich erschien, zu vertuschen. Tünnes meinte, es wäre gar kein Grund zum Lachen. Die Biester sollen so giftig sein, daß ein einziger Biß unbedingt tödlich sei. Die Eingeborenen nennen diese Spinnensorte »mordio« und haben eine Mordsangst vor den Viechern. »Die werden wir totschlagen, damit sie nicht in das Logis und die Kojen kommen kann.«

Beide tappten durch das dunkle Logis. Hein hatte sich Hose und Kittel über den nackten Körper gezogen, Ärmel und Hosenbeine sorgfältig zugebunden, in der rechten Hand als Waffe eine zusammengefaltete Zeitung. Vorsichtig, die Zeitung zum Schlage erhoben, näherte er sich dem Feind. Tünnes lehnte als Reserve in der Logistür und verfolgte gespannt jede Bewegung. Klatschend knallte der Schlag gegen die Wand, der Feind war schneller, sprang, hing Hein am Kittel, wurde abgeschüttelt, Tünnes warf krachend die Tür zu, so daß es durchs ganze leere Schiff nachhallte, Hein hüpfte hoch, Spinnerich fegte langbeinig an einem Bein der Back hinauf, sauste über die Tischplatte und wurde durch einen knallenden Zeitungsschlag von seinem Schicksal ereilt, daß es zerknackte.

Hein war unter seiner Sonnenbräune einen Schein blasser geworden. Tünnes kam vorsichtig durch die Tür, Hein schob den noch mit den Beinen zuckenden Spinnerich vorsichtig mit einer Bananenschale auf die auseinandergefaltete Zeitung. Interessiert betrachteten beide ihre Beute und ließen sie als stummen Zeugen ihres Erlebnisses auf der Back liegen, damit sie die Kameraden nicht des Nachtwandelns und Gespenstersehens bezichtigen konnten.

(1932)

Barbarische Phantasien

Die Psychoanalytikerin Barbara Vogt berichtet von den Schwierigkeiten, die in der Behandlung der Nachkommen von Nazi-Tätern durch deren barbarische Phantasien, Ausdruck von Identifikationen mit ihren Nazi-Vätern, auftreten können:

»In den siebziger Jahren kam ein Patient zu mir, der unter anderem Angst hatte, verrückt zu werden und seinen Vater zu erschlagen. Er war nicht psychotisch, was durch mehrere Gespräche in einer auswärtigen Ambulanz und eine eingehende Testdiagnostik festgestellt worden war. Er war sehr kunstsinnig und auch emotional zugewandt. Trotzdem hatte ich zunächst fast eine Aversion, mich diesem Patienten zuzuwenden. Die Gründe hierfür waren mir damals noch nicht klar, und das war auch gut so.

Vor der ersten Unterbrechung der Behandlung durch einen längeren Urlaub – es war der letzte Tag vor seiner Abfahrt – erkrankte der Patient an einem ›akuten Bauch‹. Er kam in die Chirurgie und bestand darauf, operiert zu werden. Die Ärzte konnten jedoch keinen organischen Befund feststellen. Sie standen vor einem Rätsel. Am nächsten Tag fuhr der Patient beschwerdefrei in den Urlaub.

Als er mit der Bahn über die Grenze ›gen Osten‹ fuhr, ergriff ihn eine Panik. Er hatte die Phantasie, er könnte aus dem Zug gezerrt, mit anderen zusammen irgendwo zusammengepfercht und erschossen werden. Der Patient hatte mir bis dahin nie genau gesagt, was mit seinem Vater los war. Er ahnte nur, daß dieser während des Krieges im Osten eingesetzt war. Als ich selbst mit dem Nachtzug in den Urlaub fuhr, fielen mir die drei Millionen deportierten Juden ein, die von der Deutschen Reichsbahn unter menschenunwürdigen Bedingungen in die Vernichtungslager transportiert worden waren. Ich wurde den Gedanken nicht los, daß diese Phantasien etwas mit dem Patienten zu tun haben mußten.

Nach dem Urlaub war es dem Patienten dann möglich, mit seinem Vater zu sprechen. Er erfuhr, daß er ein ausgebildeter Parteigenosse gewesen war, der mit Gewalt aus der Ukraine und anderen Ländern Zwangsarbeiter zusammenzutreiben hatte, die nach Deutschland verschleppt wurden, um dort in der Rüstung zu arbeiten.

Durch diesen Patienten habe ich gespürt, wie schwierig es für mich als deutsche Nachkriegsanalytikerin ist, die Nachkommen von Nazi-Vätern zu behandeln. Denn zunächst wollte ich ja diesen Patienten eigentlich nicht an mich herankommen lassen – im Sinne einer Einfühlungsverweigerung –, und dann dauerte es geraume Zeit, bis ich innerlich in der Lage und bereit war, mich auf seine schrecklichen Phantasien, die an den realen Horror der Nazi-Zeit anknüpften, einzulassen. Obwohl meine leiblichen Eltern unzweideutig gegen Hitler eingestellt waren, mußte und muß ich sehr an mir und meiner eigenen Geschichte als Deutsche arbeiten, um mich in meiner Gegenübertragung meinen ablehnenden Gefühlen und Ängsten zu konfrontieren. Sie traten immer dann besonders stark auf, wenn der Patient von seinen Phantasien berichtete, daß gewisse ihn störende Menschen, Passanten, Mitarbeiter oder auch Ausländer beseitigt, eigentlich vergast werden müßten.

Dieser Patient hat mir geholfen, später auch andere Kinder von Tätern, auch solche, deren Väter in Konzentrationslagern tätig waren, zu behandeln. In der Arbeit mit ihm und durch die Lektüre von Günther Anders' ›Wir Eichmannsöhne‹ ist mir klargeworden, daß wir nicht nur

eine Geschichte mit unseren eigenen Eltern haben, sondern eine deutsche Geschichte. Das verlangt von uns als Therapeuten, so lebendig und aufnahmebereit zu sein, daß die Patienten uns all diese grauenhaften Geschichten, die sie in sich erleben, erzählen können, so daß sie sich freier fühlen, mit ihren Aggressionen besser umgehen, sich von den Anteilen der Nazi-Väter trennen und dann innere Sicherheit und eigene Identität gewinnen können.«
(Die Zeit, Nr. 14 vom 28. März 1986)

Anmerkungen

1. Teil: Vor- und »Früh«-Geschichte

[1] In: die horen. Zeitschrift für Literatur, Grafik und Kritik 27/1982, S. 192 ff.
[2] Vgl. Anhang, S. 193.
[3] Améry 1977, S. 124.
[4] 32 fotokopierte Blätter für die Zeit vom Dezember 1929 bis Februar 1945.
[5] Jäckel 1981, S. 29; auch für Hitler war dies der unerwartete Sturz aus der Siegesgewißheit, zu der nach dem Sieg über Rußland doch anscheinend so viel Grund bestanden hatte, in den Abgrund der Kapitulation.
[6] Vgl. die Schilderung der Ereignisse aus der Sicht meines Onkels im Anhang, S. 189.
[7] Die Greuel, die die Freikorps an Letten verübten, konnten sich neben denen der Roten Armee durchaus sehen lassen; vgl. Waite 1952, S. 118 f.
[8] Den Versailler Vertrag, Reparationsleistungen.
[9] Scheiterte an der Reparationsfrage.
[10] Dawes-Plan und Konferenz von Locarno.
[11] Regelung der Reparationsfrage.
[12] Gemeint ist ein jüdischer Zahnarzt, der sich mit modernen Apparaten und Instrumenten 1923 in Berlinchen niederließ.
[13] Gay 1986, S. 116; Loewenstein 1967, S. 58 ff.; Hillgruber 1972, S. 135.
[14] Vgl. Grunberger 1982, S. 255 ff., 262 f.
[15] Vgl. Sartre 1979, S. 132 zum »unbefleckten Verbrecher« und zu dessen Flucht vor der Verantwortung.
[16] Zu entsprechenden Vorstellungen bei Hitler, wonach in Rußland mit der bolschewistischen Revolution die Juden an die Macht gekommen seien, vgl. Hillgruber 1972, S. 136; Jäckel 1981, S. 33.
[17] Schneider 1981, S. 83 ff.
[18] Kettenacker 1981, S. 98 ff.
[19] Vgl. auch Keilson 1984, S. 90 ff. und passim.
[20] Vgl. Wegner 1982, S. 35.
[21] Siehe auch Heinz' Brief Nr. 6 vom 25. 11. 1941.
[22] Vgl. Der »Führerstaat« 1981, S. 10; Kettenacker 1981, S. 101 f.
[23] Kettenacker 1981, S. 101: »Die Identifikation der ›Geführten‹ mit dem ›Führer‹ entzieht sich weitgehend der quellenmäßigen und quantitativen Analyse.«
[24] Mommsen 1981, S. 69 f.
[25] Vgl. Walser 1964, S. 307.
[26] Vgl. A. und M. Mitscherlich 1980, S. 13 ff.; Stierlin 1975, S. 161.
[27] Loewenstein 1967, S. 151 ff.
[28] Vgl. Anhang, S. 189.
[29] Brief Nr. 23 vom 15. 7. 1943.
[30] Den zweitältesten Sohn erwähne ich hier nicht weiter, weil er mit siebenundzwanzig Jahren starb. Der jüngste Sohn, 1902 geboren, übernahm die musischen Neigungen des Vaters, indem er neben der Lehre in einer Maschinenfabrik eine Schauspielschule besuchte. Er wurde 1939 eingezogen und kam erst 1955 aus russischer Kriegsgefangenschaft zurück.
[31] Was in seinen Schulbüchern gestanden hat, kann man sich anhand der Textsammlung von Gert Loschütz zusammenreimen.

[32] Die Linie von Aufbruch und Abenteuer läßt sich bis zur Auswanderung von Max' Mutter zurückverfolgen; Max selbst siedelte sich im Ausland an; auch spielte er während der zwanziger Jahre mit dem Gedanken, nach Mittelamerika auszuwandern.

[33] Vgl. Anhang S. 205, 207.

[34] Jünger 1922; Theweleit 1980, Bd. 1, S. 25 ff.; Craig 1979, S. 39; Zipfel 1965, S. 168 ff.; Wegner 1982, S. 36.

[35] Wangh 1982, S. 279.

[36] Neben der »Leibstandarte« und der Standarte »Deutschland« war sie Grundstock der bewaffneten SS-Verfügungstruppe, aus der später die Waffen-SS entstand; vgl. Stein 1978, S. 5 ff.; Reitlinger 1957, S. 88; Wegner 1982, S. 81.

[37] Zu den Auslesekriterien für die Politischen Bereitschaften vgl. Wegner 1982, S. 135 f.

[38] Ramme 1970, S. 85; Aronson 1967, S. 268; Wegner 1982, S. 149 ff., 158 ff.

[39] Reitlinger 1957, S. 88; zu Ausbildung und Laufbahn vgl. Wegner 1982, S. 140 ff., 159.

[40] Ramme 1970, S. 85.

[41] Anatomie des SS-Staates 1979, Bd. 1, S. 59 ff.

[42] Vgl. dazu Ramme 1970, S. 84; das Vorwort zu ›Meldungen aus dem Reich‹ 1984, S. XIII; Heinz' Postkarte vom 20. 4. 1937.

[43] Zipfel 1960, S. 16; Ramme 1970, S. 57; von Kotze 1963, S. 77; zur Charakteristik der Gestapo- und SD-Führer vgl. Zipfel 1965, S. 165 ff.; als achtundzwanzigjähriger Obersturmführer gehörte Heinz bei Beginn des Krieges 1939 nicht zur Spitze, sondern zum Nachwuchs dieser »Elite«, die ihre Karriere erst begann; vgl. Aronson 1967, S. 267 ff.; Wegner 1982, S. 153.

[44] Karte vom 15. 9. 1935.

[45] Karte vom 13. 9. 1936.

[46] Zur Rolle des SD-Auslandes bei der Annexion der Tschechoslowakei vgl. Ramme 1970, S. 100 ff.

[47] Vgl. zum Leitbild des »soldatischen Beamten« Wegner 1982, S. 147.

[48] Ramme 1970, S. 57; Vorwort zu ›Meldungen aus dem Reich‹ 1984, S. XII; Schellenberg 1959, S. 182 ff.

[49] Browder 1979, S. 299 ff.; 308 f.; Reitlinger 1957, S. 49 f.

[50] Nachrichtenblatt des Familienverbandes Nr. 22 vom Januar 1940.

[51] Briefliche Mitteilung von Richard Schulze-Kossens vom 10. 2. 1983.

[52] Max' Tagebuch; vgl. zu den Aufgaben des SD beim »Anschluß« Österreichs Ramme 1970, S. 98 ff.

[53] Nachrichtenblatt des Familienverbandes Nr. 21 vom März 1939.

[54] Nachrichtenblatt des Familienverbandes Nr. 22 vom Januar 1940.

[55] Max' Tagebuch.

[56] Richtig: Wilhelm Höttl, Abteilungsleiter im SD-Ausland, »Die geheime Front«.

[57] Hagen 1950, S. 388 f.; zur Tätigkeit des SD im Ausland vgl. von Kotze 1963, S. 75 ff.

[58] Vgl. zur Feldpost als historischer Quelle Knoch 1986, S. 154 ff.; Hagener 1986 und 1985, S. 287 ff.

[59] Brief Nr. 23 vom 15. 7. 1943.

[60] Nr. 1 vom 12. 5. 1941.

[61] Nr. 3 vom 21. 6. 1941; Nr. 4 vom 26. 8. 1941.

[62] Nr. 3 vom 21. 6. 1941.

[63] Nr. 2 vom 6. 6. 1941.

[64] Nr. 2 vom 6. 6. 1941.

[65] Nr. 24 vom 3. 7. 1944.
[66] Nr. 4 vom 26. 8. 1941.
[67] Nr. 4 vom 26. 8. 1941.
[68] Nr. 6 vom 25. 11. 1941.
[69] Nr. 7 vom 12. 12. 1941.
[70] Nr. 27 vom 27. 2. 1945.
[71] Nr. 6 vom 25. 11. 1941; Nr. 23 vom 15. 7. 1943.
[72] Nr. 6 vom 25. 11. 1941.
[73] Nr. 8 vom 3. 1. 1942.
[74] Nr. 17 vom 21. 1. 1943.
[75] Nr. 22 vom 5. 6. 1943.
[76] Nr. 24 vom 3. 6. 1944.
[77] Hitler versuchte, die Russen wieder aus den ungarischen Erdölfeldern zu vertreiben; vgl. Stein 1978, S. 211.
[78] Nr. 27 vom 27. 2. 1945.
[79] Nr. 16 vom 14. 12. 1942.
[80] Nr. 22 vom 5. 6. 1943.
[81] Nr. 23 vom 14. 7. 1943.
[82] Nr. 5a vom 23. 10. 1941.
[83] Nr. 9 vom 18. 1. 1942.
[84] Nr. 22 vom 5. 6. 1943; Nr. 9 vom 18. 1. 1942.
[85] Vgl. dazu Anatomie des SS-Staates 1979, Bd. 2, S. 140.
[86] Nr. 20 vom 24. 3. 1943.
[87] Nr. 21 vom 18. 4. 1943; vgl. dazu Stein 1978, S. 132.
[88] Nr. 24 vom 3. 7. 1944.
[89] Nr. 9 vom 18. 1. 1942; Nr. 23 vom 15. 7. 1943.
[90] Nr. 8 vom 3. 1. 1942.
[91] Nr. 21 vom 18. 4. 1943 und passim.
[92] Nr. 11 vom 24. 4. 1943.
[93] Nr. 5a vom 23. 10. 1941 und passim.
[94] Nr. 23 vom 17. 7. 1943.
[95] Nr. 18 vom 25. 2. 1943; auch Nr. 27 vom 27. 2. 1945.
[96] Briefliche Mitteilung von Wolfang Vopersal vom 27. 2. 1983. Meine Schilderung in ›Januskopf‹ 1982, S. 316, Heinz sei auf dem Weg zu einer Geburtstagsfeier von Sepp Dietrich gewesen, ist unzutreffend.
[97] Anatomie des SS-Staates 1979, Bd. 1, S. 231 f.; Ramme 1970, S. 84.
[98] Hans F. K. Günther, Sozialanthropologe an der Universität Jena, verfaßte eine ›Rassenkunde des jüdischen Volkes‹, erschienen 1930 in München; ders.: Rassenkunde des deutschen Volkes, München 1934; vgl. Richard Schulze-Kossens 1982, S. 84; bis auf dieses Detail redet der Autor um die Inhalte der »WS-Schulung« herum, da ihm daran gelegen ist, die Junkerschulen als normale Offiziersakademien hinzustellen. Daß Julius Streicher bei einem Vortrag in Tölz für eine komische Figur gehalten wurde, bestätigt lediglich die bekannte Tatsache, daß vielen Nationalsozialisten diese Spielart des Antisemitismus wegen ihrer plumpen Einbeziehung der »unteren Organe« zu pöbelhaft, nicht »anständig« genug war.
[99] Vgl. zum »Geist« der Freikorpsbewegung die Aufsätze von Nord, von Salomon und Hartmann bei Jünger 1952 und Jünger 1922, S. 113.
[100] Vgl. Hillgruber 1972, S. 133 ff., 137; Broszat 1961, S. 417 ff.
[101] Wegner 1982, S. 26 ff., 41 ff., 67 ff.
[102] Ebd., S. 136, 158 ff.
[103] Ebd., S. 41, 164 ff.

[104] Ebd., S. 248 ff., 253 f.
[105] Vgl. den Vorgang, durch den Eichmann zur SS-Verfügungstruppe kam; Das Eichmannprotokoll 1985, S. 20.
[106] Wegner 1982, S. 187.
[107] Sartre 1979, S. 114, 126 ff., 132 f.
[108] Arendt 1978, S. 54.
[109] Jäger 1982, S. 187 f., 194 ff., 259; zur Führergewalt vgl. Anatomie des SS-Staates 1979, Bd. 1, S. 15 ff., zur Mentalität der SS S. 231 ff.; zu Treue und Gehorsam Wegner 1982, S. 42 f.
[110] Wegner 1982, S. 48, Anm. 119; S. 166, Anm. 162; S. 295 ff.
[111] Nr. 11 vom 24. 4. 1942.
[112] Wegner 1982, S. 186.
[113] Im Jahrgang 1936 spielt zum Beispiel die Hetze gegen die katholische Kirche eine viel größere Rolle.
[114] Zum »SS-Dienstsport« vgl. Wegner 1982, S. 170.
[115] Das Schwarze Korps, 2/1936, 23. Folge, S. 1.
[116] Vgl. Wegner 1982, S. 169, Anm. 177: »Standespflichten des SS-Führers«.
[117] Hilberg 1982, S. 685.
[118] Ebd., S. 685 ff.
[119] Ebd., S. 695.
[120] Das Schwarze Korps, 1/1935; sowie mündliche Auskunft von Barbara Distel, Leiterin der KZ-Gedenkstätte in Dachau, vom 21. 1. 1987; vgl. auch Kogon 1979, S. 61 f.
[121] Briefliche Mitteilung von R. Schulze-Kossens vom 10. 2. 1983.
[122] Zipfel 1960, S. 13.
[123] Vorwort zu ›Meldungen aus dem Reich‹ 1984, S. XIV.
[124] Ramme 1970, S. 87 ff., 94 ff., 104 ff., Der Prozeß gegen die Hauptkriegsverbrecher, Bd. 20, S. 207 ff., insbesondere S. 239, 243, 249, 276, 284; Bd. 42, S. 433–472.
[125] Aronson 1967, S. 423, Anm. 37; zum Interieur vgl. Das Eichmannprotokoll 1985, S. 24.
[126] Bielenberg 1981, S. 248 ff., Kogon 1979, S. 45.
[127] Karte vom 19. 6. 1940.
[128] Anatomie des SS-Staates 1979, Bd. 2, S. 141 ff., 217 ff., Hilberg 1982, S. 209 ff.; Stein 1978, S. 237; Anatomie des SS-Staates 1979, Bd. 1, S. 71 ff.
[129] Vgl. Sydnor 1977, S. 37 ff.; Stein 1978, S. 233; Anatomie des SS-Staates 1979, Bd. 2, S. 289 ff.
[130] Vgl. Wegner 1982, S. 179 f.; vgl. Sydnor 1977, S. 81, Anm. 28, wonach erst im Frühjahr 1940 ein Ic bei Eickes Einheit auftauchte.
[131] Anatomie des SS-Staates 1979, Bd. 2, S. 223 ff.
[132] Stein 1978, S. 237.
[133] Reitlinger 1957, S. 171; Stein 1978, S. 119 f., 245 f.
[134] Stein 1978, S. 227 f., 250 f.; apologetisch Greil 1980, S. 24 ff.
[135] Stein 1978, S. 246.
[136] Vgl. Wegner 1982, S. 164.
[137] Vgl. dazu Hillgruber 1972, S. 140.
[138] Vgl. Wegner 1982, S. 41 und 295 ff. zu Himmlers Ideen und zu den Kriegszielen der SS.
[139] Vgl. Birn 1986, S. 186 ff.
[140] Vgl. zu dieser Unterscheidung Jaspers 1979, S. 137.
[141] Anatomie des SS-Staates 1979, Bd. 2, S. 297 ff., Jäckel 1981, S. 73.
[142] Jaspers 1979.

[143] Ebd., S. 30, 27, 21 und 35; vgl. auch Moser 1985, S. 75: »Der Ankläger nennt die Gesetze nicht.«
[144] Jaspers 1979, S. 47.
[145] Vgl. Jaspers 1979, S. 48.
[146] Jaspers 1979, S. 52.
[147] Vgl. Jaspers 1979, S. 22, 57 ff.
[148] Jaspers 1979, S. 22.
[149] Améry 1977, S. 124.
[150] Vgl. Jaspers 1979, S. 49 f., Wegner 1982, S. 182 f.
[151] Krüger 1966, S. 99.
[152] Jaspers 1979, S. 13.
[153] Jaspers 1979, S. 14.
[154] Vogt-Heyder 1986b, S. 893 f., Anm. 3.
[155] Von Baeyer-Katte 1962, S. 317.
[156] Es gibt allerdings ein Bild, auf dem »das zweite Gesicht« sichtbar wird. Es muß für irgendeinen offiziellen Zweck aufgenommen worden sein. Darauf ist der große Mund, der so gewinnend lachen konnte, zu einem schmalen Strich zusammengezogen, die Augen blicken kalt, die Kiefermuskulatur tritt markig hervor; Rücksichtslosigkeit, Grausamkeit und Härte sprechen aus diesem Bild.
[157] Höhne 1979, S. 111 ff.
[158] Jaspers 1979, S. 47.
[159] Grunberger 1982, S. 258; Wangh 1982, S 282.
[160] Zu den Unterschieden der Waffen-SS gegenüber den Totenkopf-KZ-Wachmannschaften vgl. Anatomie des SS-Staates 1979, Bd. 1, S. 242, 245 f.
[161] Jaspers 1979, S. 48.
[162] Das Eichmannprotokoll 1985, S. 21 f.
[163] Anatomie des SS-Staates 1979, Bd. 1, S. 253 ff.
[164] Anatomie des SS-Staates 1979, Bd. 1, S. 232; Wegner 1982, S. 41 ff.
[165] Brissaud 1975, S. 173.
[166] Siehe zum Beispiel ›Der Freiwillige‹, 25/1979, S. 56.
[167] Anatomie des SS-Staates 1979, Bd. 1, S. 275.
[168] Ebd., S. 168.
[169] Wahrscheinlich auch in Oranienburg bei Berlin, wo er ebenfalls einige Zeit kaserniert war.
[170] Brief Nr. 22 vom 5. 6. 1943.
[171] Brief vom 17. 3. 1939.
[172] Anatomie des SS-Staates 1979, Bd. 1, S. 279; Jäger 1982, S. 66.
[173] Jäger 1982, S. 259, 286 ff., Wegner 1982, S. 42 f.
[174] Wegner 1982, S. 48 f.
[175] Erdheim 1984, S. 229 ff.
[176] Jäckel 1981, S. 144.
[177] Anatomie des SS-Staates 1979, Bd. 1, S. 242.
[178] Ebd., S. 241.
[179] Vgl. Westernhagen: Der Januskopf, 1982, S. 323.
[180] Vgl. Anatomie des SS-Staates 1979, Bd. 2, S. 143 ff.
[181] Vgl. zum »Modell Steiner« Wegner 1982, S. 175 ff.
[182] Anders 1981, S. 16.
[183] Ebd., S. 10.
[184] Vgl. zu dieser Unkenntlichmachung der Verantwortung Eckstädt 1982, S. 215 ff.; Stierlin 1978, S. 202 ff.; Stierlin 1975, S. 108 ff., 133 ff.
[185] Wegner 1982, S. 25 ff., 56 ff.

[186] Das Schwarze Korps, 18. Folge vom 30. 4. 1942.
[187] Wangh 1982, S. 277, 279.
[188] Brief vom 28. 12. 1986, siehe Anhang S. 189; Haralds Brief ist nicht für dieses Buch geschrieben worden, sondern Teil einer Korrespondenz. Ich bin erst nach seinem Erhalt darauf verfallen, ihn hier aufzunehmen.
[189] Vgl. zum »Ethos des unaufhörlichen Angespanntseins« Anatomie des SS-Staates 1979, Bd. 1, S. 235.
[190] Brief Nr. 2 vom 6. 6. 1941.
[191] Max selbst hatte in den zwanziger Jahren – wie zur Kompensierung seiner Deklassierung – der Familie das seit etwa hundertzwanzig Jahren verlorengegangene Adelsprädikat durch Vorlage von Urkunden beim Braunschweiger Regierungspräsidenten wiederbeschafft.
[192] Brief Nr. 18 vom 25. 2. 1943.
[193] Jäger 1982, S. 309; Anatomie des SS-Staates 1979, Bd. 1, S. 281; vgl. Dicks 1972, S. 232 ff.
[194] Dicks 1972, S. 17 ff.
[195] Jäger 1982, S. 11, 380 ff.
[196] Hillgruber 1972, S. 133 ff., 136 ff., Jäckel 1981, S. 55 ff., 97 ff.
[197] Vgl. Grunberger 1982, S. 261.
[198] Hilberg 1982, S. 684.
[199] Hilberg 1982, S. 685.
[200] Kogon 1979, S. 405.
[201] Jäckel 1981, S. 158.
[202] Arendt 1978, S. 15 f.
[203] Vgl. Jäger 1982, S. 383 f.
[204] Jaspers 1979, S. 20.
[205] Briefliche Mitteilung eines »alten Kameraden«.
[206] So Jäckel 1981, S. 140, 144 f.; wozu der »Volksgenosse« »seinen Juden« brauchte vgl. Schneider 1981, S. 88.
[207] Theweleit 1980, Bd. 1, S. 7, über seinen Vater; für die hier beschriebene Spaltung verwendet er die Formulierung, wir seien »Opfer des hiesigen Verbots, den Faschismus und seine Vorläufer zu kennen«, ebd., S. 66.
[208] The Death Camp Treblinka 1979.
[209] Himmler bekam einen Schreikrampf, Eichmann drehte sich der Magen um, als sie Massenerschießungen und Tötungen in Gaswagen »beiwohnten«; trotzdem betrieben sie das Vernichtungsprogramm als »notwendige, schwere Pflicht« weiter, blieben sogar »anständig« dabei; Das Eichmannprotokoll 1985, S. 70 ff.
[210] Grubrich-Simitis 1979, S. 992.
[211] Jäckel 1981, S. 143.
[212] Döbler 1980, S. 92 ff., Kuby, einer der wenigen, die sich schämten: Kuby 1977, S. 16 ff., S. 171 und passim.
[213] Keilson 1959, S. 243 ff.

2. Teil: Die Kinder der Täter

[1] Niederland 1980, S. 7 ff.; Eissler 1984, S. 159 ff.; Kestenberg 1982, S. 62 ff.; Westernhagen 1984, S. 35.
[2] Grubrich-Simitis 1979, S. 991 ff. und 1984, S. 1 ff.; Klein 1983, S. 119 ff.
[3] Vgl. aber Arendt 1978, S. 173 ff.; Anatomie des SS-Staates 1979, Bd. 1,

S. 186 ff., 215 ff., Jäger 1982, S. 290 ff., Hilberg 1982, S. 683 ff.; vor allem Dicks 1972.
[4] Friedrich 1985, S. 393 f.
[5] Sereny 1980.
[6] Einen ersten, systematischen Versuch, hier mehr zu erfahren, unternahm der israelische Psychologe Dan Bar-On: 1985/86 reiste er mehrere Monate durch die Bundesrepublik, um das Geschehen in den Familien von Tätern, Mitläufern und ihren Kindern zu erkunden. An der Universität Gießen hat ein ähnliches Forschungsprojekt begonnen.
[7] Rosenkötter 1979 und 1981; Simenauer 1978 und 1981; Eickhoff 1986; Stierlin 1982; zur Generation der Ende der Zwanziger Geborenen A. und M. Mitscherlich 1980, S. 249 ff.
[8] Stimmen zum Kongreß vgl. ›Psyche‹ 10/1986.
[9] Siehe jetzt aber Sichrovsky 1986; Westernhagen 1986; die Literatur hat dieses Thema bereits Ende der Siebziger in einer Fülle autobiographischer Romane aufgenommen; allen vorweg Bernward Vesper in seinem 1971 erschienenen Buch ›Die Reise‹ 1971; seither auch germanistische Arbeiten dazu laut Leserbrief von Klaus Bredel an ›Die Zeit‹ vom 1. 4. 1986.
[10] Rosenkötter 1979, S. 1024 f.
[11] Vgl. auch Rosenkötter 1979, S. 1035 ff.
[12] Walser 1964, S. 308.
[13] Diesen entscheidenden Gesichtspunkt verdanke ich einem langen Gespräch mit der Psychoanalytikerin Gertrud Hardtmann, Berlin, im Frühjahr 1985.
[14] Richter 1986, S. 285 ff.
[15] Ich habe die Analyse der Geschlechtsbeziehungen in diesem Buch ausgespart, da ich mich deren mörderischer Aspekte noch nicht gewachsen fühle; vgl. aber dazu Theweleit 1980, Bd. 1, S. 11 ff.
[16] Briefliche Mitteilung vom 12. 11. 1986.
[17] Jäckel 1981, S. 142.
[18] Reichsbehörde für das Bauwesen.
[19] Displaced persons.
[20] Vgl. Jäckel 1981, S. 145.
[21] Vgl. Carola Sterns Schilderung der Deportation der Juden aus ihrem Heimatort und wie sie vierzig Jahre später Nähe und Ferne zusammenbringt: Stern 1986, S. 190 ff.
[22] Vgl. Moser 1985, S. 66 ff.
[23] Mitscherlich-Nielsen 1979, S. 990; Rosenkötter 1981, S. 598.
[24] Simenauer 1981, S. 51.
[25] Anders 1964, S. 73.
[26] Vogt-Heyder 1986 b, S. 894.
[27] Vgl. Walser 1964, S. 308.
[28] Vgl. Eckstädt 1982, S. 221.
[29] Vgl. Hardtmann 1982, S. 240.
[30] Eckstädt 1982, S. 202; Hardtmann 1982, S. 232.
[31] Rosenkötter 1979, S. 1027; siehe Anhang S. 209.
[32] Hardtmann 1982, S. 230.
[33] Rosenkötter 1979; Eckstädt 1982; Hardtmann 1982.
[34] Zur »entlehnten Schuld« vgl. auch Eickhoff 1986, S. 40.
[35] Christa Wolf: Kindheitsmuster, 1976; Renate Finckh: Mit uns zieht die neue Zeit, 1979; Carola Stern: In den Netzen der Erinnerung, 1986.
[36] A. und M. Mitscherlich 1980, S. 249 ff.; ein äußerst aufschlußreiches Dokument für die barbarische Vorstellungswelt und das deformierte Seelenleben

eines durchschnittlichen Dreizehnjährigen um 1945, dessen Eltern nicht einmal stramme Nazis waren, ist die Schrift von H. W. Sontag und E. Wollenberg, ›Als der Osten brannte‹, 1982.
[37] Siebenschön: Niemandskind, 1984; Kriegskinder 1984; Hagener 1985 und 1986; Eckstädt 1981.
[38] Hagener 1985.
[39] Unabkömmlichkeitsstellung: als Alleinstehender, der einen Hof bewirtschaftete.
[40] Westernhagen 1982.
[41] Moser 1985, insbesondere S. 59, 68, 71.
[42] Ebd., S. 75.
[43] Es scheint mir eine Gefahr zu sein, die Angst um unser Überleben heute als Abwehr für das Grauen von gestern zu benutzen; die atomare Bedrohung bietet unendliche Möglichkeiten, sich auf die Seite der Opfer zu schlagen, ohne die eigenen Täter-Anteile zu erkennen.
[44] Eckertz 1986, S. 118.
[45] Vgl. A. und M. Mitscherlich 1980, S. 36. ff.
[46] Brecht 1967, S. 2099.
[47] Jaspers 1979, S. 101.
[48] Ebd., S. 99, 105.
[49] Ebd., S. 104 ff.
[50] Anders 1964, S. 26 f., 55 ff., 59; zur mangelnden Vorstellungskraft und zum Nähe-Distanz-Problem bei Nazi-Tätern vgl. Jäger 1982, S. 290 ff.
[51] Grubrich-Simitis 1984, S. 22, Anm. 9.
[52] Vgl. Heenen-Wolff 1986, S. 937.
[53] Anders 1964, S. 59.
[54] Die Darstellung beruht auf Mitschriften während des Plenums und auf einem kurz danach angefertigten Erinnerungsprotokoll. Sie gibt nur die mir am wichtigsten erscheinenden Aspekte der dreistündigen Sitzung wieder.
[55] Auf der Tagung hatte sich der Initiator einer Aktion vorgestellt, in der Kinder aus aller Welt in Briefen an Gorbatschow und Reagan um Frieden und ihr Leben bitten.
[56] Vgl. auch Bauriedl 1986, S. 205 ff.
[57] Die Schrift von 1946 ist aus einer Vorlesungsreihe in Heidelberg hervorgegangen; vgl. Jaspers 1979, S. 11.
[58] Ebd., S. 78.
[59] Anders 1981, S. 10.

Literatur

Améry, Jean: Jenseits von Schuld und Sühne. Bewältigungsversuche eines Überwältigten. Stuttgart 1977.
Anatomie des SS-Staates. Bd. 1: Hans Buchheim: Die SS – das Herrschaftsinstrument. Befehl und Gehorsam. Bd. 2: Martin Broszat: Konzentrationslager. Hans-Adolf Jacobsen: Kommissarbefehl. Helmut Krausnick: Judenverfolgung. München 1979.
Anders, Günther: Wir Eichmannsöhne. München 1964.
Anders, Günther: Die atomare Drohung. Radikale Überlegungen. München 1981.
Arendt, Hannah: Eichmann in Jerusalem. Ein Bericht von der Banalität des Bösen. Reinbek bei Hamburg 1978.
Aronson, Shlomo: Heydrich und die Anfänge des SD und der Gestapo (1931–1935). Berlin 1967.
Baeyer-Katte, Wanda von: Nachträgliche Gedanken zu einem Symposium über die psychologischen und sozialen Voraussetzungen des Antisemitismus. In: Psyche 16/1962, S. 312ff.
Bauriedl, Thea: Die Wiederkehr des Verdrängten. Psychoanalyse, Politik und der einzelne. München und Zürich 1986.
Beck, J. u.a.: Terror und Hoffnung in Deutschland 1933–1945. Reinbek bei Hamburg 1980, S. 14.
Bielenberg, Christa: Als ich Deutsche war. 1934–1945. Eine Engländerin erzählt. München ²1981.
Birn, Ruth Bettina: Die Höheren SS- und Polizeiführer. Himmlers Vertreter im Reich und in den besetzten Gebieten. Düsseldorf 1986.
Brecht Bertolt: Der Kaukasische Kreidekreis. In: Gesammelte Werke, Bd. 5. Frankfurt/Main 1967.
Brissaud, André: Die SD-Story. Zürich 1975.
Broszat, Martin: Betrachtungen zu »Hitlers Zweitem Buch«. In: Vierteljahreshefte für Zeitgeschichte 9/1961, S. 417ff.
Browder, George C.: Die Anfänge des SD. Dokumente aus der Organisationsgeschichte des Sicherheitsdienstes des Reichsführers SS. In: Vierteljahreshefte für Zeitgeschichte 27/1979, S. 229ff.
Carell, Paul: Unternehmen Barbarossa. Der Marsch nach Rußland. Frankfurt/Main und Berlin 1963.
Craig, Gordon A.: Geschichte Europas im 19. und 20. Jahrhundert. Bd. 2: 1914–1975, München 1979.
The Death Camp Treblinka. A Documentary. Herausgegeben von Alexander Donat. New York 1979.
Dicks, Henry V.: Licensed Mass Murder. A Socio-psychological Study of some SS Killers. Edinburgh: Chatto Heinemann for Sussex University Press 1972.
Döbler, Hansferdinand: Kein Alibi. Ein deutscher Roman 1919–1945. Berlin, Frankfurt/Main, Wien 1980.
Eckertz, Rainer: Die Kriegsdienstverweigerung aus Gewissensgründen als Grenzproblem des Rechts - Zur Überwindung des Dezisionismus im demokratischen Rechtsstaat. Baden-Baden 1986.
Eckstädt, Anita: Eine klinische Studie zum Begriff der Traumreaktion. Ein Kindheitsschicksal aus der Kriegszeit. In: Psyche 35/1981, S. 600ff.
Eckstädt, Anita: A Victim of the Other Side. In: Generations of the Holocaust.

Herausgegeben von Martin S. Bergmann und Milton S. Jucovy. New York: Basic Books 1982, S. 197 ff.
Das Eichmannprotokoll. Tonbandaufnahmen der israelischen Verhöre. Herausgegeben von Jochen Lang. Berlin 1985.
Eickhoff, F.-W.: Identification and its Vicissitudes in the Context of the Nazi-Phenomenon. In: International Journal of Psycho-Analysis 67/1986, S. 33 ff.
Eissler, Kurt R.: Die Ermordung von wie vielen seiner Kinder muß ein Mensch symptomfrei ertragen können, um eine normale Konstitution zu haben? In: Psychoanalyse und Nationalsozialismus. Beiträge zur Bearbeitung eines unbewältigten Traumas. Herausgegeben von Hans-Martin Lohmann, Frankfurt/Main 1984, S. 159 ff.
Erdheim, Mario: Die gesellschaftliche Produktion von Unbewußtheit. Eine Einführung in den ethnopsychoanalytischen Prozeß. Frankfurt/Main 1984.
Finckh, Renate: Mit uns zieht die neue Zeit. Baden-Baden 1979.
Friedrich, Jörg: Die kalte Amnestie. NS-Täter in der Bundesrepublik. Frankfurt/Main 1985.
Der »Führerstaat«: Mythos und Realität. Studien zur Struktur und Politik des Dritten Reiches. Herausgegeben von Gerhard Hirschfeld und Lothar Kettenacker. Stuttgart 1981.
Gay, Peter: Freud, Juden und andere Deutsche. Herren und Opfer in der modernen Kultur. Hamburg 1986.
Generations of the Holocaust. Herausgegeben von Martin S. Bergmann und Milton E. Jucovy. New York: Basic Books 1982.
Greil, Lothar: Oberst der Waffen-SS Jochen Peiper und der Malmedy-Prozeß. München [5]1980.
Grubrich-Simitis, Ilse: Extremtraumatisierung als kumulatives Trauma. Psychoanalytische Studien über seelische Nachwirkungen der Konzentrationslagerhaft bei Überlebenden und ihren Kindern. In: Psyche 33/1979, S. 991 ff.
Grubrich-Simitis, Ilse: Vom Konkretismus zur Metaphorik. Gedanken zur psychoanalytischen Arbeit mit Nachkommen der Holocaust-Generation. In: Psyche 38/1984, S. 1 ff.
Grunberger, Bela: Der Antisemit und der Ödipuskomplex. In: Psyche 16/1982, S. 255 ff.
Hagen, Walter: Die Geheime Front. Organisation, Personen und Aktionen des deutschen Geheimdienstes. Linz und Wien [2]1950.
Hagener, Edith: Die unsichtbaren Verletzungen des Kriegs. In: Geschichte entdecken. Herausgegeben von Hannes Heer und Volker Ullrich. Reinbek bei Hamburg 1985, S. 287 ff.
Hagener, Edith: Es lief sich so sicher an Deinem Arm. Briefe einer Soldatenfrau 1914. Weinheim und Basel 1986.
Hardtmann, Gertrud: The Shadows of the Past. In: Generations of the Holocaust. Herausgegeben von Martin S. Bergmann und Milton S. Jucovy. New York: Basic Books 1982, S. 230 ff.
Heenen-Wolff, Susann: Buchbesprechung in ›Psyche‹ 40/1986, S. 935 ff.
Hilberg, Raul: Die Vernichtung der europäischen Juden. Die Gesamtgeschichte des Holocaust. Berlin 1982.
Hillgruber, Andreas: Die »Endlösung« und das deutsche Ostimperium als Kernstück des rassenideologischen Programms des Nationalsozialismus. In: Vierteljahreshefte für Zeitgeschichte 20/1972, S. 133 ff.
Höhne, Heinz: Der Orden unter dem Totenkopf. Die Geschichte der SS. München [2]1979.
Jäckel, Eberhard: Hitlers Weltanschauung. Stuttgart 1981.

Jäger, Herbert: Verbrechen unter totalitärer Herrschaft. Studien zur nationalsozialistischen Gewaltkriminalität. Frankfurt/Main 1982.

Jaspers, Karl: Die Schuldfrage. Für Völkermord gibt es keine Verjährung. München 1979.

Jünger, Ernst: Der Kampf als inneres Erlebnis. Berlin 1922.

Der Kampf um das Reich. Herausgegeben von Ernst Jünger. Essen 1952.

Keilson, Hans: Der Tod des Widersachers. Braunschweig 1959.

Keilson, Hans: Das Leben geht weiter. Eine Jugend in der Zwischenkriegszeit. Frankfurt/Main 1984.

Keilson, Hans: Sprachwurzellos. Gedichte. Gießen 1986.

Kestenberg, Milton: Discriminatory Aspects of the German Indemnication Policy. A Continuation of Persecution. In: Generations of the Holocaust. Herausgegeben von Martin S. Bergmann und Milton S. Jucovy. New York: Basic Books 1982, S. 62 ff.

Kettenacker, Lothar: Sozialpsychologische Aspekte der Führer-Herrschaft. In: Der »Führerstaat«: Mythos und Realität. Studien zur Struktur und Politik des Dritten Reiches. Herausgegeben von Gerhard Hirschfeld und Lothar Kettenacker. Stuttgart 1981, S. 98 ff.

Klein, Hillel: The Meaning of the Holocaust. In: Israel Journal of Psychiatry and Related Sciences 20/1983, S. 119 ff.

Knoch, Peter: Feldpost – eine unentdeckte historische Quellengattung. In: Geschichtsdidaktik 11/1986, S. 154 ff.

Kogon, Eugen: Der SS-Staat. Das System der deutschen Konzentrationslager. München ⁵1979.

Kotze, Hildegard von: Hitlers Sicherheitsdienst im Ausland. In: Die politische Meinung 8/1963, S. 75 ff.

Krausnick, Helmut und Hans-Heinrich Wilhelm: Die Truppe des Weltanschauungskrieges. Die Einsatzgruppen der Sicherheitspolizei und des SD 1938–1942. Stuttgart 1981.

Kriegskinder. Herausgegeben von Helmut Lessing. Frankfurt/Main 1984.

Krüger, Horst: Das zerbrochene Haus. Eine Jugend in Deutschland. München 1966.

Kuby, Erich: Mein Krieg. Aufzeichnungen aus 2129 Tagen. München 1977.

Loewenstein, Rudolph M: Psychoanalyse des Antisemitismus. Frankfurt/Main 1967.

Lucas, James und Matthew Cooper: Hitler's Elite Leibstandarte SS. London 1975.

Meckel, Christoph: Suchbild. Über meinen Vater. Düsseldorf 1980.

Medizin ohne Menschlichkeit. Dokumente des Nürnberger Ärzteprozesses. Herausgegeben von Alexander Mitscherlich und Fred Mielke. Frankfurt/Main 1978.

Meldungen aus dem Reich. Die geheimen Lageberichte des Sicherheitsdienstes der SS aus dem Reichssicherheitshauptamt 1938–1944. Herausgegeben von Heinz Boberach. Herrsching 1984.

Miller, Alice: Das Drama des begabten Kindes. Frankfurt 1979.

Mitscherlich, Alexander und Margarete: Die Unfähigkeit zu trauern. Grundlagen kollektiven Verhaltens. München ¹³1980.

Mitscherlich-Nielsen, Margarete: Die Notwendigkeit zu trauern. In: Psyche 33/1979, S. 982 ff.

Mommsen, Hans: Hitlers Stellung im nationalsozialistischen Herrschaftssystem. In: Der »Führerstaat«. Mythos und Realität. Studien zur Struktur und Politik des Dritten Reiches. Herausgegeben von Gerhard Hirschfeld und Lothar Kettenacker. Stuttgart 1981, S. 43 ff.

Moser, Tilmann: Ödipale Leichenschändung. Der Vater im Dritten Reich. Zu Christoph Meckels Roman ›Suchbild‹. In: Romane als Krankengeschichten. Über Handke, Meckel und Martin Walser. Frankfurt/Main 1985, S. 47ff.
Niederland, Wiliam G.: Folgen der Verfolgung: Das Überlebendensyndrom. Seelenmord. Frankfurt/Main 1980.
Der Prozeß gegen die Hauptkriegsverbrecher vor dem Internationalen Militärgerichtshof Nürnberg. 14. November 1945 bis 1. Oktober 1946. Bd. 20: 1948. Bd. 42: 1949.
Ramme, Alwin: Der Sicherheitsdienst der SS. Zu seiner Funktion im faschistischen Machtapparat und im Besatzungsregime des sogenannten Generalgouvernements. Ost-Berlin 1970.
Reitlinger Gerald: Die SS. Tragödie einer deutschen Epoche. München, Wien, Basel 1957.
Richter, Horst Eberhard: Die Chance des Gewissens. Erinnerungen und Assoziationen. Reinbek bei Hamburg 1986.
Rosenkötter, Lutz: Schatten der Zeitgeschichte auf psychoanalytischen Behandlungen. In: Psyche 33/1979, S. 1024ff.
Rosenkötter, Lutz: Idealbildung in der Generationenfolge. In: Psyche 35/1981, S. 593ff.
Sartre, Jean Paul: Betrachtungen zur Judenfrage. In: Drei Essays. Frankfurt/Main, Berlin, Wien 1979, S. 108ff.
Schellenberg, Walter: Aufzeichnungen. Die Memoiren des letzten Geheimdienstchefs unter Hitler. Wiesbaden und München 1959.
Schneider, Michael: Den Kopf verkehrt aufgesetzt oder Die melancholische Linke. Aspekte des Kulturzerfalls in den siebziger Jahren. Darmstadt und Neuwied 1981.
Schulze-Kossens, Richard: Militärischer Führernachwuchs der Waffen-SS. Die Junkerschulen. Osnabrück 1982.
Das Schwarze Korps. Zeitung der Schutzstaffeln der NSDAP. Organ der Reichsführung SS. Jahrgänge 1935ff.
Sereny, Gitta: Am Abgrund. Eine Gewissensforschung. Gespräche mit Franz Stangl, Kommandant von Treblinka, und anderen. Frankfurt/Main, Berlin, Wien 1980.
Sichrovsky, Peter: Schuldig geboren. Kinder aus Nazifamilien. Köln 1986.
Siebenschön, Leona: Niemandskind. Frankfurt/Main 1984.
Simenauer, Erich: A Double Helix – Some Determinants of the Self-Perpetuation of Naziism. In: The Psychoanalytic Study of the Child 33/1978, S. 411ff.
Simenauer, Erich: Die zweite Generation – danach. Die Wiederkehr der Verfolgermentalität in Psychoanalysen. In: Jahrbuch der Psychoanalyse 12/1981, S. 8ff.
Sontag, H.W. und E. Wollenberg: Als der Osten brannte. Die unglaublichen Erlebnisse eines Jungen 1944/45. Friedberg 1982.
Stein, George H.: Geschichte der Waffen-SS. Königstein/Ts. 1978.
Stern, Carola: In den Netzen der Erinnerung. Lebensgeschichten zweier Menschen. Reinbek bei Hamburg 1986.
Stierlin, Helm: Adolf Hitler. Familienperspektiven, Frankfurt/Main 1975.
Stierlin, Helm: Delegation und Familie. Beiträge zum Heidelberger Familiendynamischen Konzept. Frankfurt/Main 1978.
Stierlin, Helm: Vatersein – Das Vermächtnis der Väter, die Hitlers Deutschland möglich machten. Manuskript einer Sendung des Süddeutschen Rundfunks vom 3. Januar 1982.

Sydnor, Charles W.: Soldiers of Destruction. The SS Death's Head Division 1933–1945. Princeton 1977.

Theweleit, Klaus: Männerphantasien. 2 Bände. Reinbek bei Hamburg 1980.

Vogt-Heyder, Barbara: Barbarische Phantasien. In: Die Zeit Nr. 18 vom 28. März 1986, S. 18. (a)

Vogt-Heyder, Barbara: Und niemand hört ihnen zu, wenn die Deutschen über Psychoanalyse sprechen. In: Psyche 40/1986, S. 890 ff. (b)

Von deutscher Art. Was in den Köpfen derer steckte, die sich einen Führer wünschten. Ein Familienalbum vom Dachboden. Herausgegeben von Gert Loschütz. Darmstadt und Neuwied, 1982.

Waite, Robert G.L.: Vanguard of Naziism. The Free Corps Movement in Postwar Germany 1918–1923. Cambridge/Ma. 1952.

Walser, Martin: Der Schwarze Schwan. In: Spectaculum, Bd. 8. Frankfurt/Main 1964, S. 285 ff.

Wangh, Martin: Psychoanalytische Betrachtungen zur Dynamik und Genese des Vorurteils, des Antisemitismus und des Nazismus. In: Psyche 16/1982, S. 273 ff.

Wegner, Bernd: Hitlers Politische Soldaten. Die Waffen-SS 1933–1945. Paderborn 1982.

Weingartner, James J.: Hitler's Guard. The Story of the Leibstandarte SS Adolf Hitler 1933–1945. London und Amsterdam: Southern Illinois University Press 1974.

Werth, Alexander: Rußland im Krieg 1941–1945. 2 Bände. München und Zürich 1965.

Westernhagen, Dörte von: Die vererbte Verdrängung oder Das moralische Verlangen nach Umkehrung. In: die horen. Zeitschrift für Literatur, Grafik und Kritik 27/1982, S. 192 ff.

Westernhagen, Dörte von: Der Januskopf – Ergebnisse einer Grabung. In: Familiendynamik 7/1982, S. 316 ff.

Westernhagen, Dörte von: Wiedergutgemacht? In: Die Zeit Nr. 41 vom 5. Oktober 1984.

Westernhagen, Dörte von: Die Kinder der Täter. In: Die Zeit Nr. 14 vom 28. März 1986.

Wolf, Christa: Kindheitsmuster. Darmstadt und Neuwied ⁴1978.

Zipfel, Friedrich: Gestapo und Sicherheitsdienst. Berlin 1960.

Zipfel, Friedrich: Kirchenkampf in Deutschland 1933 – 1945. Berlin 1965.

Jürgen Müller-Hohagen
Verleugnet, verdrängt, verschwiegen
Die seelischen Auswirkungen
der Nazizeit
240 Seiten. Gebunden

Zum ersten Mal beschäftigt sich ein Psychotherapeut ausführlich mit den seelischen Auswirkungen der Nazizeit. In zahlreichen Originaldokumenten und Falldarstellungen zeigt er, wie sich Verleugnen, Verdrängen und Verschweigen bis heute auswirken.

Kösel-Verlag